ISBN 978-0-266-68869-3
PIBN 10353869

Mathis Lussy
Die Kunst des musikalischen Vortrags.

Auszeichnungen und Urtheile, die der Original-Ausgabe dieses Werkes u. d. T.:
„Traité de l'expression musicale" zu Theil wurden.

Einzige Medaille für Musik der Wiener Weltausstellung 1873.
Höchste Auszeichnungen an den Weltausstellungen von Paris 1878 und Melbourne 1880.
Eingeführt als Unterrichtsmittel im Brüßler Konservatorium und in den Parifer Stadtschulen.

... „Der pädagogische Theil des Buches des Herrn Lussy verdient die grössten Lobsprüche. Wir bedauern, dass der Raummangel uns verhindert, hier wenigstens einige der Notenbeispiele der grossen Meister wiederzugeben, welche die Lehre bestätigen und im Gedächtniss fixiren. Sie würden zeigen, mit welcher Klarheit, welcher Deutlichkeit, welchem Scharfsinn Lussy die Verschiedenheiten des Rhythmus, der rhythmischen Bindung, der musikalischen Phraseologie und Interpunktion, der Hemistichien und besonders der Einschnitte behandelt. Alles, was die Tonika und die Tonalität betrifft, würde citirt zu werden verdienen. Gern würde man endlich manche Stellen wiedergeben aus den Kapiteln, die von der pathetischen Tempoführung und den Nuancen handeln, wo die Analyse zugleich kühn, neu und richtig ist."
(*Bulletin des Comptes rendus des séances et travaux de l'Académie des sciences morales et politiques*, Dezember 1880.)

... „Die ganze Arbeit wird beherrscht von einer ausserordentlich richtigen Idee, welche ihre Einheit bildet und sie vom ersten bis zum letzten Wort durchleuchtet. Lussy hat das unbestreitbare Verdienst, sie in volles Licht gesetzt und aus ihr eine Reihe neuer Folgerungen gezogen zu haben. Der Scharfsinn, mit dem er diese Idee hin- und wiederwendet, die Sicherheit des Urtheils, mit welcher er sie bald auf die allgemeinsten, bald auf die speciellsten und feinsten Vorschriften des Musikunterrichts anwendet, haben ihm Lobsprüche eingetragen, denen ich mich mit Freuden anschliesse. Diese Idee ist, um ihr eine möglichst konzise Form zu verleihen, folgende: Der musikalische Ausdruck beruht wesentlich auf **metrischen, rhythmischen, tonalen und modalen Unregelmässigkeiten.**"
(Ch. Lévêque, Mitglied des *Institut de France*, Professor der Philosophie am *Collège de France*, im *Journal des Savants*, Juni 1880.)

... „Unter den Schriftstellern hat Herr Mathis Lussy die Aufmerksamkeit des Preisgerichts besonders erregt, wie übrigens auch die des Instituts, das seine Geschichte der Musikschrift (unter der Mitarbeiterschaft des Herrn Ernst David entstanden) gekrönt hat. Fast gleichzeitig hat es Herr Lussy unternommen, den musikalischen Ausdruck auf eine wissenschaftliche Theorie zurückzuführen. Hier findet man Kunst und Wissenschaft in ihren Beziehungen und ihren Rollen vereinigt.
Ein Tag wird kommen, wo die Musik mit der Philosophie verknüpft sein wird, wie sie es schon lange mit der Physik ist. Herr Lussy, der die erste Seite dieser neuen Wissenschaft geschrieben, hat es

*

verdient, dass sein Werk durch eine Belohnung mit den Erinnerungen an 1878 verbunden bleibe."
(*L'enseignement de la musique* à notre dernière Exposition universelle, 1878. Bericht von Emil Chasles, Generalinspektor des öffentlichen Unterrichts und Sekretär des Komités der Klasse VII.)

... „Sie haben sich das grosse Verdienst erworben, einen gänzlich vernachlässigten Theil der Musiktheorie zuerst wieder gründlich und mit solchem Glücke behandelt zu haben, dass Ihre Arbeit neben der Westphal'schen stets ihren selbständigen hohen Werth behaupten wird."
(Berlin, 7. März 1882. Dr. Ph. Spitta, Professor der Berliner Universität.)

Indem dies Buch einen bis jetzt unerforschten Gegenstand behandelt, offenbart es bei seinem Verfasser eine grosse Feinheit der Beobachtung und der Analyse, verbunden mit einem mächtigen Kombinationsvermögen und einer grossen Gelehrsamkeit. Ich möchte, es würde in's Italienische übersetzt, zum Vortheil aller meiner musiktreibenden Landsleute.
Casamorata, Präsident des königl. Musikinstituts zu Florenz.

... „Praktisch hat bekanntlich die Kunst der Phrasirung, d. h. des verständniss- und ausdrucksvollen Vortrags der einzelnen musikalischen Phrase und dadurch Belebung des Ganzen, stets einen wichtigen Platz im Studium der französischen Gesangs- und Instrumental-Virtuosen eingenommen, und es ist begreiflich, dass eine Arbeit wie die vorliegende gerade von französischer Seite her in Angriff genommen ist. In diesem Punkte haben wir Deutschen von unsern Nachbarn noch viel zu lernen, denn, nach dem pädagogisch höchst bedenklichen Grundsatz des Faust:

„Es trägt Verstand und grader Sinn
„Mit wenig Kunst sich selber vor!"

täuschen sich unsere ausübenden Künstler, wenigstens die jüngeren, nur zu leicht über den Werth der strengen Vortragsstudien und meinen genug gethan zu haben, wenn sie es dahin bringen, die sogenannten technischen Schwierigkeiten zu überwinden, da ja das Uebrige „von selbst" gehe; dass es zweierlei ist, innerlich zu empfinden und seine Empfindungen der Aussenwelt mitzutheilen, sehen sie häufig erst zu spät ein und pflegen dann das Publikum der Kälte und des Unverstandes zu beschuldigen, während die Ursache ihres Nichterfolges lediglich auf ihrer Seite in der Vernachlässigung der Grundregeln des Vortrages zu suchen ist Diesem Mangel in unserer musikalischen Erziehung abzuhelfen, ist das Lussy'sche Buch durchaus geeignet, indem es an hunderten von Beispielen nachweist, durch welche scheinbar geringe Mittel, Accentuirung dieser oder jener Note, Beschleunigung oder Zurückhalten der Melodié oder auch nur eines Theiles derselben, das grosse Ziel erreicht wird, den musikalischen Sinn des Hörers kräftig zu erregen.
(*Deutsche Musiker-Zeitung*. Berlin, 24. Juli 1880.)

... Ihr *Traité de l'expression* wird ohne Zweifel auf die musikalische Aesthetik einen grossen und glücklichen Einfluss haben.
Joachim Raff.

... Wir sind überzeugt, dass Lussy eine der werthvollsten Beiträge unserer Zeit zur Musikliteratur geliefert hat. Sein Werk füllt eine Lücke aus in der Musiktheorie. Es ist begründet auf natürlichen Gesetzen, welche, wenngleich sie immer bestanden haben, doch noch nie so aufgezeichnet worden sind, dass sie von allgemeinem Nutzen hätten sein können.
(Westminster Review, Januar 1876.

Die
Kunst des musikalischen Vortrags.

Anleitung

zur ausdrucksvollen Betonung und Tempoführung in
der Vocal- und Instrumentalmusik

von

Mathis Lussy.

Nach der fünften französischen und ersten englischen Ausgabe von
Lussy's „Traité de l'Expression musicale"
mit Autorisation des Verfassers übersetzt und bearbeitet

von

Felix Vogt.

Leipzig, Verlag von F. E. C. Leuckart
(Constantin Sander)
K. K. Oesterreichische und Grossherzogl. Mecklenburgische goldene Medaille für
Wissenschaft und Kunst.
1886.

MUS1

Herrn F. A. Gevaert,

Kapellmeister S. M des Königs der Belgier, Direktor des königl. Konservatoriums zu Brüssel,
Mitglied der belgischen Akademie, Auswärtigem Mitglied des Institut de France, etc.

Ihnen, theurer Meister, sei dieser Versuch gewidmet! Während berühmte Komponisten und Theoretiker mir erklärten, eine Lehre des musikalischen Ausdrucks sei unmöglich, haben Sie mich ermuthigt und mit Ihren werthvollen Rathschlägen unterstützt. Dank Ihrer Theilnahme hat sich die Musikwissenschaft um einen neuen Zweig bereichert: die Kenntniss der Gesetze des Ausdrucks; der Unterricht besitzt nunmehr eine Sammlung positiver Regeln, deren Beobachtung jedem Musiker in ausdrucksvoller, künstlerischer Weise alle musikalischen Kunstwerke vom einfachen Lied bis zu den grossartigsten Werken unserer unsterblichen Meister zu spielen erlaubt.

Wollen Sie daher, theurer Meister, diese bescheidene Arbeit als Ihr Pathenkind betrachten! Verleihen Sie ihm Ihren mächtigen väterlichen Schutz und genehmigen Sie den Ausdruck des wärmsten Dankes

Ihres Sie tief verehrenden

Mathis Lussy.

Lieber Herr Lussy!

Ich bin hoch erfreut, zu erfahren, dass der „Traité de l'expression" vollendet ist. Es ist eine bemerkenswerthe, originelle, wirklich nützliche Arbeit; Sie haben darin zum ersten Male die Grundprinzipien des Ausdrucks und der Diktion in der Musik formulirt . . .

Ich nehme mit Vergnügen die Widmung desselben an und verspreche Ihnen alles, was mir möglich ist, für dessen Ausbreitung in der musikalischen Welt zu thun. Seien Sie der grössten Sympathie versichert von Seiten

Ihres ganz ergebenen

F. A. Gevaert.

Vorrede des Verfassers.

ie Theorie sowohl als die Ausübung der Musik haben in diesen letzten Zeiten erstaunliche Fortschritte gemacht und nehmen täglich mehr das Interesse aller Gebildeten in Anspruch. Der Ausdruck allein, die Seele der Musik, ist das natürliche Privilegium einiger besonders befähigten Individuen geblieben. So findet man denn auch gewöhnlich weit mehr geschickte Spieler, als mit Ausdruck spielende Musiker. Das hat zwei Gründe:

Einmal wollen unsere heutigen Sitten und gesellschaftlichen Zustände, im Gegensatz zu früher, wo sich allein die Personen, die sich durch künstlerische Begabung gedrängt fühlten, der Musik widmeten, dass jedermann diese Kunst kultivire.

Andrerseits besitzt der Musikunterricht kein Buch, das Regeln oder praktische Anleitungen für Betonung, Nuancirung und Tempoführung böte, das mit einem Wort dazu anleitete, in ausdrucksvoller Weise auch nur das leichteste Thema, geschweige denn ein schwieriges Werk zu spielen.

Gewiss sind hervorragende Lehrer den Ausübenden, denen das feinere musikalische Gefühl abgeht, zu Hülfe gekommen. Sie haben einen Theil der Vokal- und Instrumentalwerke unserer unsterblichen Komponisten mit Betonungszeichen versehen, nuancirt und rhythmisirt. Durch genaue Beachtung ihrer Angaben gelangt selbst der wenig begabte Spieler dazu, sich einen gewissen künstlerischen Anstrich zu geben. Aber diese Lehrer können nicht alle Musik mit solchen Zeichen und Anmerkungen versehen, und wenn sie's auch könnten, so würde das noch immer nicht den Spielenden den Grund dieser Anmerkungen erkennen lassen.

In der That haben diese Lehrer in keinem Werke die Gründe, auf denen ihre Angaben beruhen, auseinandergesetzt; diese Angaben richten sich daher mehr an das Auge, als an den Verstand. Ihre Zeichen geben vortrefflich an, wo man betonen, verlangsamen, beschleunigen u. s. w. soll, aber sie erklären nicht, warum man so spielen muss. Nun handelt es sich aber gerade darum, zu wissen, warum das Gefühl dazu anregt, lieber so als anders zu spielen, lieber piano als forte, lieber rallentando als accelerando. Die Musiker glauben, sie geben sich bei dieser Wahl der Laune ihrer Einbildung hin, ohne zu wissen, dass auch im musikalischen Vortrag alles Ursache und Wirkung, Gesetz und Folge ist, und dass in einem wirklich künstlerischen Vortrage keine Note willkürlich betont werden kann.

Der Zweck dieses Buches ist, diese bis jetzt unbekannt gebliebenen Gründe darzustellen, welche die Künstler und Lehrer in ihren Accentuirungen leiten und eine Summe von Regeln zu liefern, deren Beobachtung jeden Ausübenden in den Stand setzen wird, jede Art Vocal- oder Instrumentalmusik mit den richtigen Vortragszeichen zu versehn und mit Ausdruck vorzutragen.

Fern sei uns die Anmassung, uns zum Gesetzgeber aufwerfen zu wollen. Diese Regeln gehören nicht uns an. Die grössten Meister haben sie jederzeit unbewusster Weise beobachtet; instinktiv haben sich Künstler und Leute von Geschmack nach ihnen gerichtet. Unsere Arbeit beschränkt sich darauf, sie entdeckt, klassifizirt und formulirt zu haben. Durch diese Entdeckung darf trotz der Unvollkommenheit unseres Versuches die Lücke, die wir in der Musiklehre nachgewiesen, als ausgefüllt gelten; der individuelle Empirismus macht wissenschaftlichem Verfahren Platz, der musikalische Ausdruck verlässt das exclusive Gebiet des Gefühles und tritt in das des Verstandes über.

Da nun der Verstand ebenso allgemein und beständig, als das Gefühl individuell und intermittirend ist, so ist es eine wesentlich popularisirende That, das letztere durch den ersteren aufzuklären und zu unterstützen.

Wäre es nicht werthvoll, wenn einige dem Studium dieser Wissenschaft gewidmete Monate alle Musiker in Stand setzten, sich nicht nur den Grund der Accente, Nuancen, Rallentandos, Accelerandos, mit einem Wort alles dessen, was wir die Phaenomene des Ausdrucks nennen möchten, zu erklären, sondern auch in ausdrucksvoller, künstlerischer Weise vorzutragen? Wir hoffen, hierfür wenigstens einen tüchtigen Grund gelegt zu haben, auf dem andere mit uns fortbauen können.

Februar 1886. **Mathis Lussy.**

Anmerkung: Um aus diesem Buche den grösst möglichen Nutzen zu ziehen, rathen wir unsern Lesern, dasselbe am Klavier zu lesen und während der Lektüre sofort die vorkommenden Beispiele zu spielen.

Selbstverständlich muss das Buch nicht nur gelesen, sondern auch studirt werden, damit die Regel nicht nur im Kopfe sitze, sondern in Fleisch und Blut übergehe. Vieles darin wird bei erster Lektüre vielleicht seltsam, vielleicht sogar falsch erscheinen. Man beobachte aber hierauf einige grosse Künstler, wie Rubinstein und Bülow, und man wird unsere Aufstellungen als vollständig gerechtfertigt anerkennen.

Vorwort des Uebersetzers.

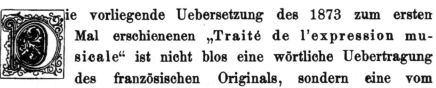

ie vorliegende Uebersetzung des 1873 zum ersten Mal erschienenen „Traité de l'expression musicale" ist nicht blos eine wörtliche Uebertragung des französischen Originals, sondern eine vom Verfasser und vom Uebersetzer gemeinsam unternommene Neubearbeitung. Zwei Gesichtspunkte waren bei dieser Neubearbeitung hauptsächlich massgebend: einmal wurden mehrere Resultate des nach dem Traité de l'expression publizirten Werkes „Le Rhythme musical" (Paris 1883) hier schon verwerthet und anderweitige ergänzende und berichtigende Zusätze vom Verfasser eingeschoben; dann bemühte sich der Uebersetzer, das Kapitel über den rhythmischen Accent und insbesondere die auf den Gesangsrhythmus bezüglichen Partien für das Bedürfniss des deutschen Musikers umzuändern. Die Beispiele französischer Vokalmusik wurden thunlichst ersetzt durch deutsche Kompositionen und hierbei in erster Linie Mozart und Schubert berücksichtigt. Es liegt in der Natur der Sache dass der Paragraph über die musikalische Prosodie dabei am stärksten in Mitleidenschaft gezogen wurde.

Wir wollen dem Leser nicht verhehlen, dass eine wesentliche Schwierigkeit für den Uebersetzer durch die technischen Ausdrücke geboten wurde. Der Verfasser war genöthigt, da er ein bis dahin durchaus nicht methodisch bearbeitetes Gebiet der Musiktheorie als kühner Pionier zu erschliessen wagte, sich eine eigene Nomenclatur zu bilden, die nicht beim ersten Wort verständlich ist und daher manchen abschrecken könnte. Der Uebersetzer hielt es in zweifelhaften Fällen für das Beste, sich möglichst eng an die Ausdrücke des Originals zu halten, selbst da, wo ein etwas ferner liegender deutscher Ausdruck vielleicht auf mehr unmittelbares Verständniss hätte rechnen können. Um aber selbst oberflächliche Leser vor jedem Missverständniss zu bewahren, wollen wir an dieser Stelle die wichtigsten Neuerungen, die wir hiermit in die musikalische Terminologie einführen und die um so entschuldbarer sind, als ein feststehender gemeingültiger Gebrauch in der jungen Disziplin, mit der wir uns hier beschäftigen, noch nicht existirt, in gedrängter Form zusammenstellen:

Die Ausdrücke Metrum, metrisch beziehen sich bei Lussy durchweg auf den Takt. Der metrische Accent ist daher der Accent, der den Zuhörer den Takt fühlen und erkennen lässt.

Der Ausdruck Rhythmus ist im vorliegenden Werk als ein durchaus konkreter Begriff anzusehen. Er bedeutet rhythmisches Ganzes, rhythmische Einheit.*) Das was andere Rhythmus nennen, heisst hier Zeichnung des Rhythmus *(dessin du rhythme)*. Einschnitt *(incise)* heisst die Unterabtheilung des Rhythmus, d. h. des rhythmischen Ganzen. Rhythmischer Accent heisst die stärkere Hervorhebung,

---

*) Bussler nennt in seiner Musikalischen Formenlehre (Berlin 1878) das, was Lussy Rhythmus nennt, Phrase; Westphal dagegen in seiner Allgemeinen Theorie der musikalischen Rhythmik (Leipzig 1880) Kolon.

welche der Anfangs- und Schlussnote eines Rhythmus oder
eines Einschnittes zu Theil wird.

In den Ausdrücken pathetischer Accent und pathetische Tempoführung ist der Begriff pathetisch in weites-
tem Sinne zu nehmen. Er bezieht sich hier auf jeden seelischen
Zustand, der mehr oder minder vom ruhigen Normalzustand
verschieden ist, und nicht blos auf die ganz spezielle Eigenthümlichkeit, die der Deutsche wie der Franzose gewöhnlich
damit bezeichnet. Pathetische Tempoführung entfernt sich
zwar ziemlich weit vom französischen Ausdruck mouvement
passionnel, den es hier vertritt; es bezeichnet aber nach der
Ansicht des Verfassers selbst deutlicher als die französische
Wendung das Prinzip der Veränderung des Tempos im gleichen
Stück als eines Mittels des Ausdrucks.

Wiederschlag *(répétition temporelle)* bezeichnet die
Wiederholung einer Note auf dem starken Takttheil, welche
schon auf dem vorhergehenden schlechten Takttheil erklungen
ist. Benachbarte Gipfelnote *(note voisine aiguë)* heisst
eine Note, die einen Ton oder Halbton höher steht, als die ihr
vorhergehende und die ihr folgende Note (*c d c, c des c*).

Lussy's „Traité de l'expression musicale" ist schon im
französischen Gewande von allen massgebenden Autoritäten
Deutschlands so günstig aufgenommen worden, dass es uns
völlig überflüssig erscheint, dasselbe hier nochmals zu empfehlen.
Wir wollen nur bemerken, dass einige deutsche Kritiker zu
stark betont haben, das Werk sei eine durchaus französische
Leistung. Zwar hat Lussy während einer dreissigjährigen
musikpädagogischen Thätigkeit in Paris sich vollständig in französische Sprache und Kunstanschauungen hineingelebt, aber für
den deutschen Leser wird es doch nicht ohne Interesse sein,
zu erfahren, dass Lussy aus Stanz, d. h. aus der deutschen
Schweiz stammt und seine Jugend daselbst zugebracht hat, bis

er, anfänglich zum Studium der Medizin, nach Paris kam und dort alsbald sich ganz der Musik zu widmen beschloss. Unsere Pflicht ist es ferner, in des Verfassers wie des Uebersetzers Namen dankbar anzuerkennen, dass Herrn Dr. Hans von Bülow das Hauptverdienst zukommt, wenn nach der englischen heute eine deutsche Uebersetzung des Traité erscheint, denn nicht nur gab er dem Verfasser den ersten Anstoss, sondern übernahm auch die Vermittlung mit der Firma F. E. C. Leuckart, welche dem Werk die vorliegende, ebenso praktische als elegante äussere Form verliehen hat.

Aus seiner persönlichen Erfahrung möchte der Uebersetzer noch hinzufügen, dass ihm die Uebersetzung des Werkes als eine ausserordentlich interessante und zu weiterer Forschung anregende Arbeit erschienen ist und dass er die Fülle der in dem Werke niedergelegten Beobachtungen um so staunenswerther fand, je einlässlicher er sich mit demselben beschäftigte. Mögen recht viele deutsche Leser an sich die gleiche Entdeckung machen!

Paris, im Februar 1886.

Dr. Felix Vogt.

Inhaltsverzeichniss.

Kunst des musikalischen Vortrags.

Erstes Kapitel.

Entstehungsgründe des musikalischen Ausdrucks.

Als mir vor dreissig Jahren die Ehre zu Theil wurde, die Stelle Ravinas als Klavierlehrer in einem der grossen, von den Schwestern der Congregation de la Mère de Dieu geleiteten Pensionate von Paris anzutreten, richtete die Oberin folgende Worte an mich: „Ich wünsche, dass Sie meine Zöglinge mit den Grundsätzen und Regeln vertraut machen, deren Beobachtung sie befähigt, nicht dieses oder jenes Musikstück, das ebenso leicht vergessen wird, als es mühsam erlernt wurde, sondern alle Musikstücke ohne Unterschied mit Ausdruck vorzutragen."

Diese Worte klangen mir wie eine Offenbarung und da ich mich unfähig fühlte, ein solches Programm zu erfüllen, so sah ich mich nach einem Lehrbuch des musikalischen Vortrages um.

Gross aber war mein Erstaunen, als ich erfahren musste, dass ein solches Werk in gar keiner Sprache vorhanden wäre.

So musste ich denn aus den **Thatsachen** das zu schöpfen suchen, was mir die Bücher nicht geben konnten. Dreissig Jahre lang habe ich die ersten Künstler unserer Zeit aufmerksam studirt, die Entwickelung ihrer Inspirationen verfolgt und mir die Noten und Wendungen gemerkt, welche mehr als andere ihr Gefühl in Anspruch zu nehmen und anzuregen schienen; ferner habe ich die verschiedenen **Bezeichnungen** und **Accentuirungen** verglichen, welche die bedeutendsten Lehrer, wie **Moscheles, Benedict, Marmontel, Köhler, Hallé, Bülow** u. A. in ihren Ausgaben der Werke **Beethovens, Mozarts** u. s. w. angegeben haben. In Folge dieser unausgesetzten Beobachtung und eingehender Studien konnte ich zur Ueberzeugung gelangen, dass unter identischen Umständen, das heisst, in gleichgeformten Stellen die Künstler identische Ausdrucksweisen hören lassen ohne weitere Unterschiede, als die, welche von der verschiedenen Zartheit ihres Gefühls und ihrer mehr oder minder grossen Virtuosität herrühren.

Aus dieser **Identität** des Ausdrucks sowohl im Vortrag als auch in der Notirung von Seite der verschiedenen Künstler bin ich zu nachfolgenden Resultaten gelangt:

1) Alle haben in verschiedenem Massstabe bei gleichen Musiktexten die gleichen Eindrücke empfunden, denn die gleichen Wirkungen müssen gleichen Ursachen zugeschrieben werden.

2) Da diese Ausdrucksarten je nach den verschiedenen Tonsätzen und nicht je nach den Individuen, welche sie hervorbringen, verschieden sind, so muss nothwendigerweise auf der **Struktur der musikalischen Phrase,** auf den **Noten** die Ursache des Ausdrucks beruhen und hat man sie also dort zu suchen.*)

3) Dem Gefühl dieser Künstler war es nicht freigestellt, die empfangenen Eindrücke anzunehmen oder sie abzulehnen. In der Uebereinstimmung ihrer Ausdrucksweise liegt der Beweis, dass das Gefühl genöthigt ist wiederzugeben, was es empfindet, ohne sich vielleicht dieser äusseren Noth-

---

*) Struktur nennen wir das Bild, das eine rhythmische Zeichnung dem Auge darbietet. Sie bildet das Unterscheidungsmerkmal zwischen zwei Rhythmen und beruht auf der Notenzahl, die jeder Takt einschliesst, auf dem Werth der Noten, auf der auf- oder absteigenden Fortschreitung der Töne, auf ihrer schrittweisen oder sprungweisen Aufeinanderfolge, auf den Vorzeichen ♯ oder ♭, welche die Melodie enthält, auf der Zahl der Stimmen u. s. w.

wendigkeit bewusst zu sein, welcher es sich gleichwol
nicht zu entziehen vermag. *)

Es gibt also nichts Willkürliches im Ausdruck, dessen Erscheinungen unter der Herrschaft eines Gesetzes stehen, wie
alle Naturerscheinungen. Die Komponisten gehorchen, indem
sie ihre Werke ihrem Gefühle gemäss accentuiren, unbekannten
Gesetzen und nicht den Launen ihrer Phantasie. Jedes Vortragszeichen, das sie anwenden, drückt Empfindungen aus
und hat den Zweck, die Aufmerksamkeit des Vortragenden auf
gewisse Noten zu lenken, die er besonders empfinden und seine
Zuhörer empfinden lassen soll. Wäre aber auch kein einziges
Vortragszeichen vorhanden, so würde dennoch der wahre
Künstler so spielen, als ob sie alle vorhanden wären, denn der

---

*) Es ist überhaupt erstaunlich, wie man dem Gefühl und der Laune
die Rolle zutheilen konnte, den Ausdruck hervorzubringen. Empfinden
heisst, dem Stachel der Nothwendigkeit sich unterwerfen; man empfindet
nicht, wie man will, sondern wie man muss. Jedes feinfühlende Wesen
wird durch gewisse Thatsachen erschüttert. Die wirksamsten Erscheinungen vermögen nicht den geringsten Eindruck auf eine empfindungslose,
abgestumpfte Natur auszuüben, während anderseits das zarteste Gefühl
unthätig verbleibt, wenn dasselbe nicht durch gewisse Thatsachen geweckt,
in Thätigkeit versetzt wird. In Folge dessen entspricht sowohl der Eindruck als auch der Ausdruck der Kraft jener Thatsachen, die den Anstoss geben, und der Zartheit des Gefühls, welches letzteren empfängt
und wiedergibt. Wenn der Vortragende Gefühl für Ausdruck besitzt,
wird er sich betroffen fühlen von den unregelmässigen, scheinbar
falschen Noten und diese Empfindung zum Ausdrucke bringen; ist er
aber unempfindlich, so wird sein Vortrag, vielleicht sonst korrekt, jedenfalls kalt und mechanisch sein.
Wenn daher die Musiker das Tempo beschleunigen und verlangsamen,
bald Kraft und Leidenschaft entfalten, bald ihr Ungestüm mässigen, indem sie die Weichheit des Ausdrucks vorziehn, so thun sie das alles nicht
aus Laune und freiwillig, sondern weil sie hiezu durch gewisse Noten
und Notenverbindungen unwiderstehlich genöthigt sind. So kommt also
dem Gefühle lediglich die Aufgabe zu, die empfangenen Eindrücke wiederzugeben.
Was den Komponisten anbetrifft, so besteht seine einzige Freiheit
darin, dass er in dem bereits vollendeten Tonsatz jene Noten oder Notenverbindungen kennzeichnen kann oder nicht, die auf ihn selbst einen besonderen Eindruck gemacht haben.
Es ist sogar möglich, dass Noten und Notenverbindungen auf den
Komponisten selbst gar keinen Eindruck gemacht haben, während sie lebhaft das Gefühl desjenigen anregen, der seine Komposition vorträgt; dieselbe ruft auf diese Art Ausdruckseffekte hervor, die dem Komponisten
selbst unbekannt geblieben sind.
Was ist also schliesslich im musikalischen Vortrag Phantasie und
Laune? Blinder Gehorsam gegenüber einer unbewussten Nothwendigkeit.
So unangenehm diese Behauptung eiteln und für sich allein eingenom-
menen Virtuosen auch sein mag, wahr ist sie darum nicht minder. Was
wir glauben entdeckt zu haben, das sind blos die Gesetze dieser Nothwendigkeit.

Grund ihres Vorhandenseins bestände nicht minder. Die Logik will es so und die Beobachtung bestätigt es täglich.

Da die Entstehungsgründe des Ausdrucks in der musikalischen Phrase zu suchen sind, so müssen dieselben offenbar rein materielle Formen annehmen können, welche geeignet sind, befolgt und der Analyse und Synthese unterworfen zu werden. Eine Lehre vom musikalischen Ausdruck ist daher ebenso möglich, wie eine Harmonielehre oder eine musikalische Formenlehre.*)

Um eine solche Arbeit zu verwirklichen, genügt es, die Noten und Wendungen hervorzuheben, welche besonders die Fähigkeit besitzen, das Gefühl des Vortragenden in Anspruch zu nehmen und anzureizen, sie zu klassificiren, die Ursache dieser Fähigkeit zu entdecken und die Art ihrer Einwirkung auf das Gefühl festzustellen; endlich das Gesetz dieser Einwirkung zu formuliren.

Gerade dies wurde im vorliegenden Versuche angestrebt und hoffentlich nicht ohne einigen Anschein von Erfolg, denn die Erfahrung bestätigt und sanktionirt in schlagender Weise und unter allen Gesichtspunkten die Regeln, die hier formulirt erscheinen.

Man gebe uns irgend eine Seite Vokal- oder Instrumentalmusik ohne Anmerkungen und Accentbezeichnungen und nach einer einfachen Uebersicht, wobei wir einen aufmerksamen Blick werfen auf die allgemeine Haltung der musikalischen Phrasen, auf die Zeichnung der Rhythmen, auf die steigenden oder fallenden Entwickelungen, sei es in der Melodie oder in der Begleitung, auf die Unterbrechung der schrittweisen oder sprungweisen Gänge, auf die chromatischen Vorzeichen, auf die Noten von ungewöhnlichem Werth u. s. w., werden wir die Noten und Wendungen herausfinden und angeben, wo jeder Künstler, wenn er unbefangen ist, Accente aufsetzen, Schwung und Wärme entwickeln, wo er beschleunigen, wo er verlangsamen wird u. s. w. Nie haben die grössten Künstler Italiens, Deutschlands und

---

*) Einige Schriftsteller haben sich nicht gescheut, diese Aufgabe als unerfüllbar hinzustellen und auf diese Weise von vornherein jeden derartigen didaktischen Versuch zu verwerfen. Ihrer Ansicht nach ist der Ausdruck etwas so Unbestimmtes, Flüchtiges, Ungreifbares, dass er nicht auf positive, wissenschaftliche Formeln zurückgeführt werden kann. Allerdings sind die Thatsachen, welche das musikalische Gefühl erwecken und anregen, flüchtig, jedoch nicht ungreifbar. Man empfindet nicht, was nicht existirt. Das Vorhandensein dieser Thatsachen bestätigt sich gerade durch die Eindrücke und Empfindungen, die sie hervorrufen. Sie müssen doch wohl eine materielle Realität besitzen und daher beobachtungsfähig sein, wenn sie vermögen, das Gefühl derart anzuregen und den Ausdruck aus demselben hervorzulocken.

Frankreichs durch ihre Interpretation unsere Vorherbestimmungen Lügen gestraft. *)

Man nehme anderseits in der ersten besten unbezeichneten Ausgabe die verschiedenen Stücke, welche irgend eine von einem berühmten Künstler veröffentlichte und adnotirte Sammlung bilden, z. B. die École du chant von Madame Viardot-Garcia **), füge die Nuancen, die Rallentandos und Accelerandos u. s. w. hinzu, so wie es unsere Regeln lehren, dann vergleiche man die so gewonnene Bezeichnung mit der, welche Madame Viardot-Garcia für dasselbe Stück gibt, und wenn man dabei einige Abweichungen findet, so werden dieselben, wie uns dünkt, erkennen lassen, welchen Vortheil die Unterstützung der Theorie dem persönlichen Instinkt und Gefühl gewährt.

Man nehme endlich einige Sonaten von Beethoven, Mozart u. s. w. in Originalausgaben, man accentuire sie nach unseren Regeln und vergleiche die auf diesem Weg erhaltene Accentuirung mit der, welche Moscheles, Marmontel, Bülow geben und das Resultat wird dasselbe sein. Da nun Moscheles Beethoven persönlich gekannt hat — seine Ausgabe der Werke Beethovens, Mozarts u. s. w. besitzt einen Weltruf — da er besser als irgend wer weiss, wie Beethoven seine Werke accentuirt hat, und er uns so die richtige Art und Weise, wie sie interpretirt werden sollen, angibt, da wir anderseits auch in diesen Fällen das Richtige treffen, so sei uns erlaubt, anzunehmen, dass wir ebenso gut überall, immer und bei allen Autoren das Richtige treffen werden.

Man wird vielleicht einwenden, dass diese Regeln der freien Aeusserung des Gefühls Eintrag thun. Davon kann keine Rede sein. Dem Künstler bleibt es immer überlassen, das Vortragsverfahren, die Stärke, die Zartheit zu wählen, welche dieser oder jener Wendung seinem Urtheil nach angemessen sind. Ausserdem werden ihm diese Regeln dank der Natur und Farbe des Klanges, dank dieser Art magnetischen Fluidums, das sich

---

*) Man könnte vielleicht glauben, diese Fähigkeit sei unser persönliches Eigenthum, und wir verdanken sie blos einer langen Uebung. Das ist ein Irrthum. Alle Musiker werden nach einigen Stunden, die sie dem Studium des vorliegenden Werkes gewidmet haben, dasselbe thun können. Täglich sind wir in der Lage auf einer schwarzen Tafel Lieder oder auch einfache Solmisationsübungen niederzuschreiben, und nach wenigen Lehrstunden bezeichnen Schüler von 12 bis 15 Jahren ganz genau alle Accente, Nuancen und Tempi.

**) Paris, bei Gérard. Man sehe auch: Le Répertoire du Chanteur bei Brandus. Voix d'Italie, französische Worte von A. Azévédo bei Girod. Les Gloires d'Italie von Gevaert u. V. Wilder bei Heugel.

der Analyse entzieht, jede wünschbare Freiheit gewähren, um seiner Individualität Geltung zu verschaffen.

Die Freiheit der Interpretation hat übrigens ihre Grenzen, wie alle Freiheiten, Grenzen, welche durch die Gesetze des Ausdrucks gezogen sind. Wenn die hier aufgestellten Gesetze die genaue Formel der Beziehungen zwischen dem Gefühl und den Ursachen der Phänomene des Ausdrucks sind, dann darf sich Niemand ihnen entziehen, ohne der Willkürlichkeit zu verfallen. Man muss aber die Gesetze kennen, bevor man sich denselben unterwirft. Daher paart sich Unwissenheit mit Willkür, wie Wissen mit Freiheit!

Soll man etwa, unter dem Vorwand der Freiheit, lieber wie die Strassenmusikanten vortragen, als nach den Regeln, die unseren unsterblichen Künstlern zur Richtschnur gedient haben?

Was die Künstler anbetrifft, deren durchdringender Geist diese Gesetze durch Intuition besitzt und deren Werke uns die Elemente unserer pädagogischen Induktion lieferten, so können unsere Regeln in keinem Widerspruche mit ihrem Gefühle stehen, da sie blos die Verallgemeinerung ihres intuitiven Verfahrens sind. Im Gegentheile wird ihnen die Theorie, von der diese gesetzliche Regelung ausgegangen, durch die vernunftgemässe Analyse der empfangenen Eindrücke, ein deutlicheres Bewusstsein ihres Genies verschaffen.

Zweites Kapitel.

Theorie des musikalischen Ausdrucks.

Die Musik oder vielmehr die moderne Melodie besteht aus drei Hauptelementen:

1) Die Tonleiter oder Tonalität in ihrem doppelten Geschlecht: Dur und Moll, d. h. die Vereinigung der sieben Funktionen, welche die verschiedenen Klänge nach einander zu erfüllen im Stande sind, die Anziehung, welche diese Funktionen unter· sich ausüben und ihre Unterordnung unter die Tonica oder erste Note der Tonleiter.*)

---

*) Die Tonica allein besitzt die Eigenschaft, einen musikalischen Gedanken definitiv abschliessen zu können. Man nehme einer Melodie oder auch einer blossen Tonleiter die letzte Note weg und der Sinn bleibt in der Schwebe, er ist verstümmelt; die letzte Note einer Melodie ist aber immer eine Tonica. Auch ist zu bemerken, dass am Ende einer Melodie die Tonica keine Anziehung ausübt, sondern im Gegentheil sie ist es. welche von den übrigen Noten angezogen und verlangt wird.

Tonleiter und Tonalität (Tonart) sind gleichbedeutend. Doch scheint uns, dass das Wort Tonleiter eher eine physikalisch-akustische Thatsache bezeichnet, nämlich die in allen Tonleitern, von wo immer sie ihren Ausgang nehmen mögen, bewahrte Stetigkeit der numerischen Verhältnisse zwischen den sieben Noten, die sie bilden; das Wort Tonalität dagegen bezieht sich auf eine psychologische Thatsache, auf die Wirkung, welche diese Noten auf das Gefühl ausüben,

2) Der Takt, d. h. die periodische Wiederkehr in kurzen Distanzen eines stärkeren Tones, der ein Tonstück in kleine Fragmente zertheilt, die man Takte nennt und die alle gleichen Werth, d. h. gleiche Dauer haben.

3) Der Rhythmus, d. h. die periodische Wiederkehr von 2 zu 2, von 3 zu 3 oder von 4 zu 4 Takten gleichen Werthes und gleicher Struktur, welche auf diese Weise Gruppen, symmetrische Zeichnungen bilden, von denen jede ein Glied eines musikalischen Gedankens enthält, das einem Vers der Poesie entspricht und deren letzte Note dem Ohr einen Ruhepunkt gewährt.

Diese drei Elemente haben unserem Gefühl das dreifache Bedürfniss der Anziehung, der Regelmässigkeit und der Symmetrie eingeflösst und haben es an eine äusserst rasche,

---

auf ihre Fähigkeit, in uns den Wunsch zu erregen, einen bestimmten Ton lieber als einen andern zu hören.

Wir sagen, die Zahl der Funktionen sei sieben, diese Funktionen sind aber beweglich. Jeder Ton ist fähig alle sieben der Reihe nach auszuüben. Es kann also vorkommen, dass man im Verlauf eines Stückes die Funktion der Tonica auf einen höhern oder tiefern Ton verlegt, als es der war, der im Anfang des Stücks diese Funktion inne hatte. Diese Verschiebung nennt man Modulation. Die Veränderung der Tonica zieht natürlich eine entsprechende Verschiebung aller anderen Funktionen nach sich, da die numerischen Verhältnisse zwischen ihnen fest und unveränderlich sind. Es ist das gerade so, als wenn man eine Leiter je nach Bedürfniss höher oder tiefer anstellt. Da jeder Ton nach Belieben als Tonica genommen werden kann und da die Zahl der Töne unbegrenzt ist, so ist es möglich, eine unendliche Zahl von Tonleitern oder Tonarten zu bilden, von denen jede einen verschiedenen Ausgangspunkt hat, die aber alle die gleiche Melodie hervorbringen.

Hiebei möchten wir uns erlauben, die Aufmerksamkeit der Komponisten auf die Charakteristik der Tonarten zu lenken, welcher die klassischen Komponisten eine grosse Wichtigkeit beilegen. Sie suchen so viel als möglich eine Tonart, welche den Gefühlen entspricht, die sie ausdrücken wollen. Gewiss bewahrt eine Melodie, die in allen Tonarten gesungen wird, ihre Identität. Auf dieser Thatsache beruht die Transponirung, ein Verfahren, das den Zweck hat, in allen Tonarten zu spielen oder zu singen und irgend ein Gesangstück allen Stimmen anzupassen. Darum ist aber nicht minder wahr, dass das geübte Ohr des Künstlers eine Tonart erkennt und sie von der andern zu unterscheiden weiss, denn jede besitzt ihr eigenthümliches Gepräge, ihre eigene Klangfarbe, Zartheit oder Härte, welche sie kennzeichnet. Auf dem Klavier klingen die ♭-Tonarten zarter als die ♯-Tonarten. Der Grund beruht auf der temperirten Stimmung, d. h. auf dem gesammten Verfahren, das die Stimmer anwenden, um die zwei enharmonischen Noten, welche Theorie und Praxis zwischen zwei eine grosse Sekunde oder einen Ganzton bildenden Noten nachweisen, durch eine einzige chromatische Note zu ersetzen. Auf der Violine weist man evident nach, dass cis nicht denselben Klang erzeugt wie des, dass cis höher ist als des. Diese beiden Noten sind folglich durch ein kleines Intervall getrennt, das man Komma nennt. Klavier, Orgel und Harmonium aber bieten statt zweier schwarzen Tasten zwischen c und d, zwischen d

aber beschränkte, kurzsichtige und gewohnheitsmässige Logik gewöhnt. Mit anderen Worten, die moderne Musik hat unserem Ohr das dreifache Bedürfniss eingeprägt:

1) Lieber den als jenen Ton zu hören, besonders als Schlussnote;

2) Regelmässig von 2 zu 2, von 3 zu 3, von 4 zu 4 Tönen einen starken Ton wahrzunehmen;

3) In der Anordnung der Töne, aus welchen die aufeinander folgenden Gruppen bestehen, eine gewisse Symmetrie vorauszuahnen.

Kaum hat das Ohr eine Folge von Tönen, die den Gesetzen der Tonalität, des Taktes und des Rhythmus unterworfen sind, wahrgenommen, so verlangt es schon die Reihenfolge einer **analogen Gruppe** in derselben Tonart, in demselben Tongeschlecht und mit der gleichen Anordnung der Noten voraus.

Doch meist wird das Ohr in seiner Erwartung getäuscht. Oft enthält die erwartete Gruppe entweder Noten, die der Tonart und dem Tongeschlecht der vorhergehenden Gruppe fremd und daher im Stande sind, **die Tonica zu verschieben** oder **das Tongeschlecht zu verändern**, oder aber unsymmetrische Noten, welche fähig sind, **die Regelmässigkeit der Taktaccente zu brechen** oder **die Symmetrie der ursprünglichen rhythmischen Zeichnung zu zerstören.**

---

und *e* u. s. w. nur eine einzige, die weder *cis* noch *des* ist, sondern ein **Mittelton**. Es ist zu bemerken, dass man seit einiger Zeit auf den Klavieren die ♭ fast rein stimmt. Je mehr aber das ♭ sich der vollkommenen Reinheit nähert, um so falscher wird das von derselben Taste dargestellte ♯. Die Folge dieser Stimmungsart ist, dass die Tonarten *as*, *des*, *ges* sanft, fast weichlich klingen, während die Tonarten *e*, *h* hart und energisch erscheinen. So stehen denn auch die Genrestücke, die Nocturnes, Rêverien u. s. w. meist in ♭-Tonarten. Freilich würde man, wenn man mit einigen Theoretikern für jedes Gefühl streng eine bestimmte **Tonalität** vorschreiben wollte, der Uebertreibung oder gar der Absurdität verfallen. Eigentlich sollte eine Tonleiter um so sanfter sein, je mehr ♭ sie enthält, um so härter, je mehr ♯ sie enthält. Nun bringen aber auf dem Klavier die Tonleitern, welche die meisten ♭ haben, *des* und *ges*, genau die gleichen Töne zu Gehör, wie, welche die meisten ♯ haben, *cis* und *fis*. Es ist also unmöglich, dass die gleichen Tasten, die gleichen Saiten bald eine harte, bald eine weiche Tonleiter erzeugen. Nichtsdestoweniger scheint es uns gewagt, eine „Douce Pensée" (süsser Gedanke) in *E dur* zu komponiren, denn die Tonleiter *e* ist eine der glänzendsten und energischsten. So oft wir eine derartige Anomalie antreffen, benutzen wir sie, um dem Schüler das Gefühl für die charakteristische Verschiedenheit der beiden benachbarten Tonarten, wie *e* und *es* beizubringen und ihn mit der Transponirung vertraut zu machen. So lassen wir ihn diese „Douce Pensée" von Ravina zuerst im ursprünglichen *E dur* spielen und dann sofort nach *Es dur* transponiren,

Oft bieten sich sogar Noten, welche zugleich die Tonica verschieben, das Tongeschlecht verändern und die Regelmässigkeit der Taktaccente und die Symmetrie der Rhythmen zerstören.

Gerade diese unvorhergesehenen, unregelmässigen, ausnahmsweise erscheinenden, von der konsequenten Richtung abweichenden Noten sind es aber, welche mehr als alle übrigen die Fähigkeit besitzen, auf das Gefühl Eindruck zu machen.

Sie sind es, welche als Elemente der Aufreizung, der Bewegung, der Kraft, der Wärme, des Kontrasts den musikalischen Ausdruck erzeugen.

Die Art ihrer Wirkung ist folgende:

Das Gefühl, vom Bedürfnisse der Anziehung, der Regelmässigkeit und der Symmetrie durchdrungen, wird durch diese unvorhergesehenen, befremdenden Noten überrascht und verwirrt. Sie täuschen seine Erwartung, strafen seine Logik Lügen, hemmen und lähmen seinen regelmässigen, gewohnheitsmässigen Gang. Sie stellen sich ihm als Hindernisse dar.

Noch unter der Herrschaft der Anziehungskraft der ersten Tonica, die ihm Stetigkeit und Ruhe gab, und im Zauberbann der anfänglichen metrischen und rhythmischen Regelmässigkeit, ist das Gefühl nicht geneigt sich davon zu trennen. Vor allem

---

indem wir ihn in Gedanken statt 4♯ 3♭ vorzeichnen lassen. Das Stück gewinnt an Weichheit an einigen Stellen, es verliert an Energie an anderen. Auf alle Fälle gewinnen das Ohr und das Gefühl des Schülers bei einer solchen Praxis. Dies Verfahren trägt, wenn es bei mehreren Stücken wiederholt wird, mächtig dazu bei, dem Schüler das Gefühl der Tonalität zu geben, welches in der Fähigkeit besteht, bei einfachem Hören einer Melodie zu erkennen: 1) welche Rolle jeder Ton darin spielt, ob er Tonica oder erste Note der Tonleiter ist, in der die Melodie steht, ob er Dominante oder fünfte Note der Tonleiter, Leitton oder siebente Note der Tonleiter ist u. s. w.; 2) die Anziehung und Oberherrschaft zu empfinden, welche die Tonica auf die anderen Noten ausübt; 3) die Anziehung zu empfinden, welche die Noten einer Tonleiter auf einander ausüben; 4) endlich, beim einfachen Zuhören zu erkennen, in welcher Tonleiter man spielt. Diese letzte Fähigkeit gehört zu den seltensten, sie ist wesentlich spontan, künstlerisch; sie ist selbst durch eifrigste und verständigste Kunstpraxis schwer zu erwerben. Die Erklärung dafür ist sehr einfach, die Zahl der Tonalitäten ist unbegrenzt, obgleich man versucht hat, durch die Annahme der Normalstimmung und durch die Temperirung der Instrumente mit unbeweglichen Saiten dieselbe auf zwölf zu reduciren. Immerhin kommt diese Fähigkeit vor. Wir haben Schüler gehabt, welche auf zufällig gewählten und verschieden gestimmten Klavieren nicht nur erkannten, in welcher Tonart man spielte, sondern auch den Namen jedes einzeln angegebenen oder in der unerwartetsten Verbindung erscheinenden Tones zu nennen im Stande waren.

macht das Gefühl Anstrengungen, sich an jene festzuklammern und acceptirt die Noten, welche es loszureissen suchen, nur dann, wenn sie ihm durch die Macht des Klanges sozusagen aufgenöthigt werden. Erst in Folge der Wahrnehmung, dass diese Noten nicht falsch sind, sondern nur darauf ausgehen, eine andere Tonleiter zu bestimmen oder eine andere rhythmische Zeichnung zu bilden, gibt das Gefühl nach und acceptirt die neue Tonica oder schmiegt sich der Form der neuen rhythmischen Zeichnung an, durch ihre attraktive oder coercitive Gewalt unterjocht. Es lässt sich vergewaltigen und überliefert sich der Nothwendigkeit.*)

Die Anstrengungen, welche das Gefühl macht, um sich an die Anfangstonica oder an die Form des ersten Rhythmus festzuklammern, der Widerstand, den es der neuen Tonica und dem neuen Rhythmus entgegensetzt, die Energie, die Kraft, die entfaltet werden müssen, um es seinen Wünschen und seinen Gewohnheiten zu entreissen und ihm andere aufzuerlegen, drücken sich natürlicherweise durch eine Aufregung aus, d. h. durch ein Crescendo oder grössere Tonstärke, durch eine Beschleunigung der Bewegung, durch eine stärkere Entwickelung von Wärme, auf welche nothwendig ein abgestuftes Decrescendo, das tausend feine Nuancen durchläuft, sowie eine entsprechende Verlangsamung folgen.

Dies sind die Thatsachen, welche auf die Seele des Vortragenden einwirken, dies ist die Art, in der sie diese Einwirkung auf ihn geltend machen.

Je mächtiger sich das Gefühl des Vortragenden äussert, d. h. je mehr dasselbe von der Anziehungskraft, welche die Tonica auf die anderen Noten ausübt, sowie vom Bedürfnisse der Regelmässigkeit der starken Töne des Takts und der Symmetrie der Rhythmen durchdrungen ist, je kräftiger, mannigfaltiger und eindringlicher die Noten sind, welche die ursprüngliche Tonica, den ursprünglichen Modus, Takt und Rhythmus zerstören und verwirren, und je mehr der Vortragende davon betroffen ist, je mehr die Thätigkeit seiner Empfindung davon angeregt und aufgeregt wird, um so intensiver, durchdringender, grossartiger gestaltet sich auch der Ausdruck, der aus diesen Elementen entsteht.**)

---

*) Man vergleiche „Der pathetische Accent". Es ist sonderbar, dass je weniger eine Note dem Ohr erwünscht, je antipathischer sie ihm ist, dieselbe um so stärker vorgetragen werden muss. Man gelangt sozusagen nur durch die Gewalt dazu, dem Ohr seine Wünsche in Vergessenheit zu bringen und ihm andere aufzuerlegen.

**) Wir sind überzeugt, dass in der Malerei, in der Bildhauerei der Ausdruck ebenfalls von ausnahmsweisen Thatsachen herrührt, welche

Das Gefühl für den musikalischen Ausdruck besteht also nicht allein in der Fähigkeit die Phänomene der Tonalität, der Modalität, des Taktes und des Rhythmus lebhaft zu empfinden, sondern hauptsächlich in der äussersten Empfänglichkeit, der äussersten Feinfühligkeit, die geringsten tonalen, modalen, metrischen und rhythmischen Unregelmässigkeiten wahrzunehmen. *)

Der musikalische Ausdruck ist die Manifestation der Eindrücke, welche die unregelmässigen, Tonart, Tongeschlecht, Takt und Rhythmus durchbrechenden Noten auf das Gefühl hervorbringen: er ist die Offenbarung der Kämpfe und Aufregungen, deren Sitz die Seele ist.

Der Geschmack endlich ist die Fähigkeit, dem Ausdruck die Kraft, die Wärme, die Bewegtheit zuzuführen, welche der Intensität des Eindrucks vollkommen entsprechen. In der Praxis geht das Wort Geschmack in das Wort Stil über, das nichts Anderes sagen will, als: der ohne Uebertreibung und unablässig beobachtete Gebrauch derjenigen Mittel der Stärke, der Leidenschaft, der Accentuirung, der Nuancirung und der Bewegung, welche der Struktur jedes Stückes und jeder Phrase angemessen sind.

Leider ist das Gefühl für den Ausdruck weder allgemein noch beständig; sehr viele Musiker entbehren desselben gänzlich; andere besitzen es nur in geringer Entwickelung; selbst bei denjenigen, welche von der Natur am besten damit ausgestattet, ist es bedauerlichen Unterbrechungen und Schwächen unterworfen. Auf den Vortragenden, der alsdann weder die Anziehungskraft der Tonica, noch das Bedürfniss der Regelmässigkeit der starken Töne des Taktes und der Symmetrie der Rhythmen, noch die Forderungen der Logik, von denen

---

die Regelmässigkeit der Linien, die Symmetrie der Zeichnung u. s. w. aufheben. Sagt man nicht täglich von Gesichtern mit allzu regelmässigen Zügen, dass sie kalt sind, des Ausdrucks entbehren? Worin bestehen in einer andern Ideenreihe die erhabenen Schönheiten Shakespeares?

*) Das musikalische Gefühl ist eine der vielseitigsten Fähigkeiten. Um hier von demselben nur in seinen Beziehungen zu den Phänomenen des Ausdrucks zu reden, beschränken wir uns darauf, zu erwähnen, dass sogar unter hervorragenden Künstlern die Einen des Gefühls für das richtige Tempo, die Anderen desjenigen für die Nuancen entbehren; wieder Anderen fehlt das Taktgefühl oder auch das rhythmische Gefühl. Einige empfinden die Tonalität, andere die Modalität nicht. Wir nennen die Vereinigung dieser verschiedenen Fähigkeiten: Gefühl für die Erscheinungen des Ausdrucks, oder mit Abkürzung: Ausdrucksgefühl, so befremdend, so paradox das Wort auch klingen mag.

wir soeben gesprochen, empfindet, werden die unregelmässigen Noten keinen besonderen Eindruck machen, und nicht nur die Noten, welche die Tonalität, die Modalität und den Takt aufs Entschiedenste durchbrechen, sondern auch die disparatesten rhythmischen Unregelmässigkeiten werden von ihm passiv und ohne Widerstand angenommen werden. Auch gibt er sie unter diesen Umständen ohne Wärme, ohne Kraft, ohne Geist, ohne Leben, ohne Poesie wieder: er vermag eben nicht auszudrücken, was auf ihn keinen Eindruck gemacht hat!*)

Dies wird fortan nicht mehr der Fall sein. Da der Wissenschaft nunmehr sowohl die Noten, welche die Fähigkeit besitzen auf den Künstler einen besonderen Eindruck zu machen und ihn anzuregen, als auch die Ursache und die Art ihrer Einwirkung auf das Gefühl bekannt sind, so kann sie auch dieselben zum Voraus dem Vortragenden anzeigen, damit er sie mit Kraft und Wärme wiedergebe.

Fortan werden, man möge uns dies zu wiederholen gestatten, die Wissenschaft und die Kunst des Ausdrucks durch klar bestimmte Formeln, durch leicht anwendbare Kunstgriffe, selbst bei einem wenig empfänglichen Spieler oder Sänger künstlich Wärme, Accentuirung, Bewegung hervorrufen, die denjenigen analog sind, welche die erzeugenden Ursachen des Ausdrucks in der entflammten Seele der begabtesten Künstler instinktiv hervorbringen.

Der Lehrer möge daher die Aufmerksamkeit des Schülers auf die Struktur der Phrasen, auf die harmonischen und melodischen Entwickelungen, auf die tonalen, modalen, metrischen und rhythmischen Unregelmässigkeiten, mit einem Wort, auf die ausnahmsweisen, unvorhergesehenen Noten lenken, welche

---

*) Man erlaube uns eine Vergleichung! Das musikalische Gefühl ist in seinem Verhältnisse zu den Noten, welche den Ausdruck erzeugen, wie eine Art photographische — wir würden gern sagen, phonographische — Platte (vom griechischen φωνή (phoné) Stimme; φῶς, φωτός (phos, photós) Licht). Je nach seiner grösseren oder geringeren Empfänglichkeit, welche nicht vom Willen des Künstlers, sondern von seinem augenblicklichen seelischen Zustand abhängt, ist diese Platte mehr oder minder geeignet, den Eindruck aufzunehmen und ihn hinwiederum mehr oder minder stark und treu wiederzuspiegeln. Ist sie verblasst, empfindungslos, so werden die feinen Ausnahmen und Unregelmässigkeiten auf ihr dahingleiten ohne Spuren zu hinterlassen; blos die energischsten werden sich auf ihr abdrücken. Wenn sie im Gegentheil reizbar und empfänglich ist, werden sich auch die unmerklichsten Unregelmässigkeiten, die flüchtigsten Thatsachen klar darauf abdrücken, diese werden, indem sie ihre Thätigkeit rege machen, von ihr mit Energie und Kraft wiedergespiegelt. Der Künstler sowie der einfache Vortragende spielt also je nach dem augenblicklichen Zustand seines Gefühls; seine Anstrengungen entsprechen der vorhandenen Empfänglichkeit.

als die wahren, ästhetischen, den Ausdruck erzeugenden Keime
besondere Anstrengung und Sorgfalt erfordern und hervorgehoben werden müssen, wenn der Vortrag a u s d r u c k s v o l l
sein soll.

Auf diese Weise wird er die Aufmerksamkeit des Schülers
wach erhalten, seine Empfänglichkeit, seine Geschicklichkeit
entwickeln und in ihm die kostbare Gewohnheit zu beobachten,
zu vergleichen, zu analysiren pflegen.

Wer weiss? vielleicht wird dann der Lehrer die Ueberzeugung gewinnen, dass es beim Schüler oft weniger an Gefühl,
als vielmehr an dessen Pflege und an der Gewohnheit fehlt, zu
beobachten, zu überlegen und die empfangenen Eindrücke wiederzugeben.

Der Schüler selbst wird sich freier fühlen, indem er sich die
Kenntniss der Entstehungsgründe des Ausdrucks sowie die
Kunstgriffe des Vortrags aneignet, welche die grossen Künstler
anwenden, um ihre Empfindungen a u s z u d r ü c k e n. Er wird
dann nicht mehr blindlings in den Vorschriften des Lehrers,
sondern in seinem eigenen, durch Verstand und Studium ge-
läuterten Bewusstsein das Geheimniss suchen, wie die Werke,
die er vorträgt, belebt und dichterisch verklärt werden sollen.

Drittes Kapitel.

Die Erscheinungen des musikalischen Ausdrucks.

enn man dem Vortrage irgend eines Musikstückes mit Aufmerksamkeit zuhört, so wird man von folgenden Thatsachen betroffen werden: Die Melodie scheint bald zu steigen, bald zu fallen; gewisse Töne treten stark hervor, andere hingegen bleiben schwach; auf die einen wird man Gewicht legen, über die anderen mit Blitzesschnelle hinweggehen. In Kurzem wird man bemerken, dass stärkere Töne mit einer gewissen periodischen Regelmässigkeit wiederkehren. Wenn die Bewegung des Stückes etwas lebhaft ist, wird man instinktiv mit dem Kopf wiegen oder die Füsse in eine Bewegung setzen, die mit der Wiederkehr dieser starken Töne übereinstimmt; mit einem Wort, man wird den Takt schlagen, so unwiderstehlich ist die Anregung, welche die Regelmässigkeit dieser starken Töne, von denen jeder einen Takt beginnt, hervorbringt. Ihr Zweck ist daher, gleichsam durch eine tönende Wand, die Töne, welche zu einem Takt gehören, abzutrennen von denen, die zu einem anderen Takt gehören, und so ein Stück in Taktgruppen zu zerlegen.

So gering auch der musikalische Instinkt des Zuhörers

sein mag, so ist letzterer doch damit bereits im Besitz des **metrischen oder Taktaccents**. *) Dieser Accent bezeichnet den
Takt und bringt ihn zum Bewusstsein; er leitet die Schritte des
Turners; er regelt den Marsch der Soldaten und verschafft den
Trommlern ihr Gefolge von grossen und kleinen Dilettanten;
er bringt endlich die Bewegungen der Matrosen, der Drescher,
der Schmiede, der Ruderer u. s. w. in Uebereinstimmung.

Bei grösserer Aufmerksamkeit wird man eine Art mehr
oder minder symmetrischer Tongruppen wahrnehmen. Phonische
Figuren, wahrhafte tönende Arabesken werden sich im Ohre
des Zuhörers abzeichnen. In Kurzem bemerkt man, dass die
starken Töne, welche diese Gruppen abgrenzen, ebenfalls **mit einer gewissen periodischen Regelmässigkeit** sich
einstellen. Diese Grenztöne fallen nicht immer mit den starken Tönen zusammen, welche den Takt bezeichnen, sie wirken
ihnen gelegentlich entgegen; sie fallen aber mit dem Anfang
und Ende der Verse und Halbverse zusammen, deren Interpunktion sie darstellen.

Ihr Zweck ist, diese Tongruppen, von denen jede eine mehr
oder minder vollständige musikalische Idee enthält und das
Glied einer musikalischen Phrase, Rhythmus genannt, ausmacht,
zu trennen und zu isoliren. Damit ist der Zuhörer im Besitz
des **rhythmischen Accents****), welcher sich an den Verstand
richtet.

Noch eine Anstrengung ist zu machen! Man bemerke jene
Töne, auf die der Künstler seine ganze Energie koncentrirt! Wie
er sie heraushebt! Wie er auf ihnen verweilt! Wie er sie anschwellen, sie bis zum Platzen vibriren lässt! ... Man fühle
nur, wie die solcher Weise übertriebenen Töne unabhängig
sind sowohl von den starken Tönen, welche den Takt bezeichnen, als auch von denjenigen, welche die Rhythmen abgrenzen.
Kein Zusammenfallen, keine Regelmässigkeit; diese starken
Töne zerstören die Taktaccente sowie die rhythmischen Accente,
um ihre eigene Kraft und ihren eigenen Glanz zu erhöhen.

Würden mehrere solcher Töne ohne Unterbrechung folgen,
dann müsste der Vortragende, um sie auszudrücken, all' seine
Energie, all' seinen Schwung erschöpfen. Wie er sich belebt,
wie er in Leidenschaft geräth, wie er sich hinreissen lässt!
Auch uns reisst er athemlos mit, bis endlich seine Stimme,
nachdem sie in einem letzten Anlauf die letzten Flammen

---

*) Siehe Der metrische Accent.
**) Siehe Der rhythmische Accent.

der Seele hinausgeschleudert, zusammensinkt und verhaucht, indem sie einen Schauer in uns zurücklässt. Das ist der **pathetische Accent***) und die **pathetische Tempoführung**. Sie rühren von der Anstrengung des Künstlers her, gewisse **unregelmässige Noten** herauszuheben, d. h. solche Noten, welche der Tonart oder dem Tongeschlecht, in denen sich die musikalische Phrase befindet, fremd sind, oder welche die Regelmässigkeit der metrischen Accente aufheben, oder die Symmetrie der Rhythmen stören und in Folge dessen das **Gefühl verletzen, ihm einen Stoss geben.**

Bemerkt man endlich die Kontraste, welche aus der Aufeinanderfolge von **starken**, durch übermässige Anstrengung der Empfindung hervorgebrachten und von **schwachen**, in seiner Erschöpfung gemurmelten Tönen entstehen, ferner die Gegensätze, welche von der Verkettung von **Forte**- und **Pianophrasen** herrühren, verfolgt man die unmerklichen Abstufungen, welche vom **Pianissimo** zum **Fortissimo** führen, die Schattirungen, welche ein Künstler von der Entfesselung grösster Heftigkeit bis zu den sanftesten Lauten der Zärtlichkeit durchläuft, so wird man im Besitz der hauptsächlichsten Elemente eines ausdrucksvollen Vortrags sein!

Dies sind die Erscheinungen, welche das aufmerksame Anhören eines schönen, ausdrucksvollen Musikstückes uns nahe bringt.

Wir wollen sie noch einmal kurz aufzählen: Die starken Töne, welche unsern Kopf und unsere Hände in Bewegung versetzen, lassen uns den Takt fühlen: sie sind **metrische Accente** und richten sich vorzugsweise an den **musikalischen Instinkt.**

Die starken Töne, welche mit dem Anfang der Verse und Halbverse zusammenfallen, bezeichnen die Schlüsse und Ruhepunkte, welche von den Phrasen und Phrasentheilen herrühren: sie sind **rhythmische Accente** und richten sich vorzugsweise an den **musikalischen Verstand**; sie leisten in der Musik den gleichen Dienst, wie die Interpunktion in der Rede.

Die starken Töne endlich, welche ohne Rücksicht auf die metrischen und rhythmischen Accente ausnahmsweise und unvorhergesehen auftreten, bezeichnen die Noten, welche fähig sind, die Tonica zu verschieben, das Tongeschlecht zu ändern, die Regelmässigkeit des Taktes und des Rhythmus zu stören;

---

*) Pathetisch, vom griechischen $\pi\acute{\alpha}\vartheta o\varsigma$ (pathos), Gefühl, Leidenschaft; das was tief bewegt und ergreift.

diese Töne sind pathetische Accente und richten sich vorzugsweise an das musikalische Gefühl.

Auch hier begegnen wir wieder den drei Elementen, von denen wir schon in unserem ersten Versuch sprachen.*)

Dem Instinkt weisen wir den metrischen Accent, dem Verstand den rhythmischen Accent, dem Gefühl den pathetischen Accent zu.

Obschon der Takt eine Hauptsache ist, so muss doch der metrische Accent dem rhythmischen Accent den Vortritt lassen.**)

Diese beiden Accente müssen hinwiederum dem pathetischen Accent den Platz räumen, der die beiden anderen überragt und beherrscht.

Die Veränderungen des Tempo, die Beschleunigungen, welche entweder aus der Erregung des Künstlers, aus seinem Bestreben hervorgehen, eine Folge von sich wiederholenden pathetischen Noten wiederzugeben, oder aus der hinreissenden Wirkung einer gleichförmigen, abwärtsgehenden Notenstruktur; das Rallentando, welches durch Ermüdung, durch Abspannung der in einer leidenschaftlichen Phrase ausgegebenen Kräfte oder durch das Hinzutreten eines plötzlichen, unvorhergesehenen Hindernisses, einer komplicirten pathetischen Struktur entsteht, dies alles bildet die pathetische Tempoführung.

Die Gegensätze der Kraft, die Kontraste, welche von der Folge von Forte- und Pianophrasen, von ihrem Crescendo und Decrescendo herrühren, machen die Nuancen aus.

Wir werden zunächst jeder dieser Erscheinungen eine

---

*) Exercices de Piano, S. 11.

**) Es ist richtig in der Theorie, dass die erste Note jedes Taktes stark sein soll. Aber es ist erstaunlich, wie selten diese Regel in der Praxis beobachtet werden kann. Man trifft in der Instrumentalmusik häufig ganze Seiten, ja ganze Stücke, wo die erste Note jedes Taktes als Endnote eines Einschnittes oder eines Rhythmus schwach ist. (Man vergleiche das Finale von Beethovens Dmoll-Sonate und Die Elfen Schumanns, Op. 124 Nr. 17.) Sogar in der Tanzmusik ist die erste Note des Taktes schwach, wenn sie die Endnote eines Einschnittes ist. Gerade das häufige Verschwinden des metrischen Accents am Anfang des Taktes gibt einigen modernen Walzern ein so duftiges Gepräge, wie z. B. dem Faustwalzer von Gounod, dem Juif errant von Burgmüller, dem Rosenwalzer von Métra u. s. w. Die Musiker finden diese Walzer bezaubernd, Andere aber, welche kaum den Taktinstinkt besitzen, entsetzlich. Das erklärt sich dadurch, dass die hinreissende Wirkung, welche aus der Stärke und Regelmässigkeit des metrischen Accents hervorgeht, verschwunden ist. Daher verlassen diese Kompositionen das Gebiet des Instinkts und gehen in das des Verstandes über. Es findet eine Erweiterung und Erhebung des Gedankens statt.

eigene Untersuchung widmen; dann werden wir die allgemeinen Bedingungen prüfen, unter denen sie vorkommen. Die wichtigste derselben ist das allgemeine Tempo des Stückes.

Vom allgemeinen Tempo, das für den Vortrag eines Stückes gewählt werden muss, hängen in der That nicht nur die Stärke der metrischen, rhythmischen und pathetischen Accente ab, sondern der Stil und der ganze Vortrag überhaupt.

Das allgemeine Tempo ist die Seele jedes guten Vortrags. Wir möchten ihm die Wichtigkeit zuschreiben, welche Archimedes dem Stützpunkt gab, und sagen: „Man gebe uns das genaue Tempo eines Stückes und unsere Regeln werden unfehlbar seine Accentuirung, seine pathetische Tempoführung und seine Nuancen angeben.“

Viertes Kapitel.

Der metrische Accent.

Da ein Ton mehr oder minder lang sein kann, so bedarf man eines Massstabes der Vergleichung, einer Einheit, um seine Dauer zu messen.

Dieser Massstab für die Dauer der Töne hat den Namen Takteinheit, Zeiteinheit oder Takttheil (französisch *temps*) erhalten.*) Der Takttheil (*temps*) ist eine willkürliche und daher veränderliche Einheit, die aber, einmal gewählt, sich gleich bleibt bis zur Anzeige eines Wechsels.

Lässt man eine Reihe von Schlägen von gleicher Stärke und in gleichen Zwischenräumen folgen, so bezeichnet und stellt jeder derselben eine Zeiteinheit dar. Allein unsere musikalische Empfindung verlangt, durchdrungen vom instinktiven Bedürfniss der Regelmässigkeit, in einer Reihe von Schlägen einen stärkeren, energischeren Schlag von 2 zu 2, 3 zu 3 oder 4 zu 4 Schlägen wahrzunehmen. Durch dieselben entstehen

---

*) Das französische Wort temps hat also einen ganz andern Sinn, als das italienische, ins Deutsche übergegangene Wort Tempo. Jenes bedeutet Zeiteinheit, dies die zeitliche Bewegung, die Schnelligkeit, in der ein Stück auszuführen ist.

Gruppen, deren regelmässige Folge von unserem Ohr wohlgefällig aufgenommen werden. Jede dieser Gruppen trägt den Namen Takt und jeder Einzelschlag heisst Takttheil (temps).

Die Takte sind also zusammengesetzt aus 2, 3 oder 4 Schlägen oder Takttheilen; sie sind beim Vortrag durch eine stärkere Betonung erkennbar, welche der auf den ersten Takttheil fallenden Note gegeben wird, weshalb auch dieser erste Takttheil starker oder guter Takttheil heisst.

Nehmen wir für einen Augenblick den bescheidenen Trommelschlägel zum Werkzeug; er schlage in gleichen Zwischenräumen, gebe jedoch abwechselnd einen starken und einen schwachen Schlag. Der Zuhörer erhält dann den Eindruck der Gruppirung zu zweien, oder des zweizeitigen Taktes

u. s. w.) Geschieht die Abwechselung durch einen starken Schlag, auf den zwei schwache folgen, so ist der Eindruck aufs Ohr der einer Gruppirung

von drei zu drei, oder des dreizeitigen Taktes.

Lässt sich endlich der starke Schlag nur von vier zu vier hören, so nimmt man eine Gruppirung zu vieren oder einen vierzeitigen Takt wahr

Ein zweizeitiger Takt umfasst also einen guten (starken) Takttheil (Schlag) und einen schlechten (schwachen) Takttheil; ein dreizeitiger Takt einen guten und zwei schlechte Takttheile; ein vierzeitiger Takt einen guten und drei schlechte Takttheile.

Dem Zeichen, das in diesem Beispiel der starke Schlag des Schlägels gibt, entspricht in der Vokal- und Instrumentalmusik die verstärkte Accentuirung der ersten Note des Taktes.

In der geschriebenen Musik setzt man, damit das Auge nicht irre, sondern ohne Zögern die Note erkenne, welche den Takt beginnt, vor dem ersten Takttheile einen vertikalen Strich, Taktstrich genannt.

Um dem Takt die grösstmögliche Regelmässigkeit zu geben, markirt man ihn durch Bewegungen der Füsse oder Hände. Man nennt dies den Takt schlagen. Der starke Schlag oder Niederschlag soll zusammenfallen mit der ersten Note, welche auf den Taktstrich folgt; er bezeichnet den guten Takttheil.

Schlägt man nun zwei-, drei- oder vierzeitige Takte und lässt man auf jeden Schlag nur einen Ton (♩) hören, so wird man Takte erhalten, von denen jeder Takttheil nur eine Note (♩) haben wird. Lässt man hingegen auf jeden Schlag zwei Töne gleicher Dauer hören (♫), so wird man Takte bekommen, wo jeder Takttheil zwei Noten enthält, z. B. im zweizeitigen Takt vier Noten (♫ ♫). Lässt man endlich auf jeden Schlag drei gleichlange Töne (♪♪♪) erklingen, so wird man Takte haben, wo jeder Takttheil drei Noten enthält, z. B. im zweizeitigen Takt sechs Noten (♪♪♪ ♪♪♪)*).

Die Untertheilungen der Zeiteinheit in Halbe (♫) und Drittel (♪♪♪) und ihre binäre und ternäre Derivate: Viertel, Achtel, Sechszehntel, Zweiunddreissigstel, Vierundsechszigstel — Sechstel, Zwölftel, Vierundzwanzigstel, Achtundvierzigstel — Neuntel, Achtzehntel, Siebenundzwanzigstel, Sechsunddreissigstel, Zweiundsiebzigstel u. s. w. sind allein als regelmässig anzusehen.

In den Takten mit zwei Noten für jeden Takttheil, wie in denen mit drei Noten für jeden Takttheil ist die Untertheilung durch zwei (die binäre) die hauptsächlichste Theilung; die Untertheilung durch drei (die ternäre) ist nur nebensächlich, d. h. die Halben (♫) werden häufiger in Viertel (♫♫) als in Sechstel (♪♪♪♪♪♪) und die Drittel (♪♪♪) häufiger in Sechstel (♪♪♪♪♪♪) als in Neuntel (♪♪♪♪♪♪♪♪♪) zerlegt.

Zerlegt man also jeden Takttheil (♩) zuerst in zwei Untertheile oder Halbzeiten und in drei Untertheile oder Drittelzeiten, theilt man dann wieder jede Halbzeit und jede Drittelzeit zuerst in zwei, dann in drei Theile, so wird man auf diese Weise alle als regelmässig anzusehenden Gruppirungen erhalten:

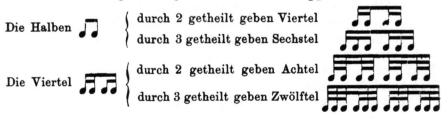

Die Halben ♫ { durch 2 getheilt geben Viertel
{ durch 3 getheilt geben Sechstel

Die Viertel ♪♪♪ { durch 2 getheilt geben Achtel
{ durch 3 getheilt geben Zwölftel

---

*) Die vollkommene, für den Takt nothwendige Regelmässigkeit lässt sich nur durch eine Maschine herstellen, daher müssen unsere Bewegungen möglichst maschinenmässig erfolgen.

Ebenso geben die Drittel durch zwei getheilt Sechstel, durch drei getheilt Neuntel; die Sechstel durch zwei getheilt Zwölftel, durch drei getheilt Achtzehntel; die Achtel durch zwei getheilt Sechszehntel, durch drei getheilt Vierundzwanzigstel; die Neuntel durch zwei getheilt Achtzehntel, durch drei getheilt Siebenundzwanzigstel u. s. w. Das sind die regelmässigen Gruppen, Theilungen und Untertheilungen, welche entstehen, wenn man die Zeiteinheit (♩) als Einheit fasst.

Die Takte, in denen zwei Noten auf den Takttheil kommen, oder ihre binären Untertheilungen (4, 8, 16 u. s. w.) heissen einfache Takte; die Takte, in denen drei Noten auf den Takttheil kommen, oder ihre binären Untertheilungen (6, 12, 18 u. s. w.) heissen zusammengesetzte Takte. Die hauptsächliche oder binäre Zeittheilung beherrscht also die einfachen Takte; die nebensächliche oder ternäre beherrscht die zusammengesetzten Takte.

§ 1. Der einfache Takt.

Hat man eine bestimmte Note, die Viertelnote (♩) z. B. gewählt, um die Zeiteinheit darzustellen, dann würden auf den zweizeitigen Takt, mit einer Note auf jeden Takttheil zwei Viertel (♩♩); auf den dreizeitigen Takt drei Viertel (♩♩♩); auf den vierzeitigen Takt vier Viertel (♩♩♩♩) kommen. Die halbe Note (♩), als Abkürzung für zwei Viertel (♩♩), die punktirte Halbe (♩.), als Abkürzung für eine Halbe und ein Viertel (♩ ♩), endlich die Ganznote (○), als Abkürzung für zwei Halbe (♩ ♩) oder vier Viertel (♩♩♩♩) würden in diesem Fall genügen, die Dauer von 1, 2, 3 und 4 Zeiteinheiten auszudrücken.

Der horizontale Strich
$$
\left\{
\begin{array}{ll}
\rule{4cm}{2pt} & = \text{Einheit} \\
\rule{1.8cm}{2pt}\ \ \rule{1.8cm}{2pt} & = \text{Halbe} \\
\rule{0.8cm}{2pt}\ \rule{0.8cm}{2pt}\ \rule{0.8cm}{2pt}\ \rule{0.8cm}{2pt} & = \text{Viertel} \\
\text{- - - - - - - -} & = \text{Achtel}
\end{array}
\right\}
$$

mit gebrochenen Strichen darunter ist im Stande, alle diese Zerlegungen oder Untertheilungen der Zeiteinheit zu veranschaulichen. *)

Allein anstatt immer die gleiche Note, die Viertelnote,

---

*) Siehe unsere Exercices de piano S. 107. Paris, bei Heugel.

oder eine andere als Zeiteinheit*) zu nehmen, haben die Musiker die Ganznote ( ) nicht als Zeiteinheit, sondern als Wertheinheit für die Noten genommen, die Halbenote ( ) als Hälfte, die Viertelnote ( ) als Viertel, die Achtelnote ( ) als Achtel u. s. w. Sie haben überdies der Ganznote und jeder ihrer Theilungen, der Halben ( ), der Viertel ( ), der Achtel ( ) und der Sechszehntel ( ) die Fähigkeit verliehen, je nach Belieben eine Zeiteinheit darzustellen, was fünf verschiedene Zeichen ausmacht, um die gleiche Thatsache auszudrücken, nämlich eine Note, die einen Schlag oder einen Takttheil werth ist. Daher rührt die Mannigfaltigkeit der Formeln, die man antrifft, um die verschiedenen Taktarten zu bezeichnen.

Wir müssen jedoch bemerken, dass ursprünglich jede dieser Formeln ganz genau entweder ein langsameres, oder ein schnelleres Tempo ankündigte; es war z. B. $\frac{3}{8}$ schneller als $\frac{3}{4}$ und $\frac{3}{4}$ schneller als $\frac{3}{2}$. Erst seit Mozart haben die Formeln eine ganz andere Bedeutung erhalten, indem die $\frac{3}{8}$, $\frac{4}{8}$, $\frac{6}{8}$ Takte im Allgemeinen die langsameren Tempos andeuten, $\frac{3}{4}$, $\frac{4}{4}$, $\frac{6}{4}$ für die schnellen verwendet werden.

Tabelle der einfachen Takte.**)

*) In Frankreich heisst die Viertelpause (oder) „soupir" (Seufzer), die Achtelpause „demi-soupir", die Sechszehntelpause „quart de soupir" u. s. w., was als ein Zeichen dafür gelten kann, dass die Viertelnote als Einheit empfunden wird.

**) Man bezeichnet auch einige einfache Takte durch andere Zeichen als durch Brüche: so den $\frac{4}{4}$ Takt durch C oder einfach durch 4; den $\frac{2}{2}$ Takt durch ₵ oder einfach durch 2; den $\frac{3}{8}$ Takt durch 3 u. s. w. Rossini bezeichnet im Christe eleison seiner Messe den $\frac{4}{2}$ Takt durch ₵. Nägeli im Christenglauben den gleichen Takt durch ₵₵.

Der Bruch $\frac{2}{2}$ bedeutet einen Takt von zwei Zeiteinheiten, von denen jede eine Halbe gilt, d. h. einen Takt, der zwei Halbe oder zweimal die Hälfte einer Ganzen enthält; der Bruch $\frac{3}{8}$ bedeutet einen Takt von drei Zeiteinheiten, von denen jede eine Achtel gilt, d. h. dreimal den achten Theil einer Ganznote u. s. w.

Man sieht, bald wird eine Ganze, bald eine Halbe, bald eine Viertelnote u. s. w. angewandt, um die Zeiteinheit darzustellen.

Bei allen diesen Formeln hängt die absolute Dauer jedes Takttheils einzig vom allgemeinen Tempo ab. So kann bei gleicher metronomischer Bezeichnung die Halbe ($\downarrow$) im $\frac{2}{2}$ Takt genau die gleiche Dauer haben, wie die Achtel ($\eighthnote$) im $\frac{3}{8}$ Takt. Ebenso besitzt bei gleicher metronomischer Bezeichnung die Ganze ($\circ$) im $\frac{2}{1}$ Takt genau die gleiche Dauer wie die Viertel im $\frac{2}{4}$ Takt u. s. w.

Den einfachen Takten ist der Umstand eigenthümlich, dass in dem Bruch, der sie anzeigt, der Zähler die Zahl der Takttheile angibt, die der Takt enthält, und der Nenner den Werth oder Ganzenbruchtheil derjenigen Note, durch die jeder Takttheil ausgefüllt wird; überdies lassen ihre Takttheile in der Regel nur binäre Untertheilung zu, d. h. Theilung in 2, 4, 8, 16 Noten.

Kommt in diesen Takten ein Takttheil vor mit 3, 5, 6, 7 Noten, so bildet er eine Ausnahme. Diese unregelmässigen Untertheilungen werden durch Wortbildungen mit -ole bezeichnet. Man spricht von Triolen, Quintolen, Sextolen, Septolen u. s. w.

In der Klavier-, Orgel- und Gesangsmusik trifft man oft ganze Seiten von Triolen in der einen Stimme gegen je zwei Noten in der andern. In diesen Fällen bezeichnet man die Triolen auf den Takttheilen des ersten Taktes und setzt danach das Wort simile, um anzuzeigen, dass überall Triolen sind, wenn sie auch nicht besonders bezeichnet werden. Es sind das offenbar eigentlich gemischte Takte, einfach in einer Stimme oder Hand, zusammengesetzt in der andern.*)

Diese Schreibart ist nur als Abkürzung angenommen worden; um den Punkt (.) zu ersparen, setzt man in eine Stimme ein Viertel statt eines punktirten Viertels, eine Halbe statt einer punktirten Halben. Nicht selten wird dieser Ausnahmezustand durch gar kein Zeichen angedeutet.

---

*) Man sehe Czerny 100 Uebungsstücke, Op. 139, 15, 22 u. s. w. Schubert, Lob der Thränen, Erlkönig u. s. w.

§ 2. Der zusammengesetzte Takt.

Unserer Ansicht nach haben sich die zusammengesetzten
Takte instinktiv gebildet. Das Gefühl, nicht der Verstand hat
sie erzeugt; der letztere hat nur nachträglich eingegriffen, um sie
zu erklären und zu legitimiren. Zwei Thatsachen haben zu
dieser Schöpfung geführt:

1) Die Identität der Wirkung eines dreizeitigen Taktes und
   eines dreigetheilten Takttheils. In der That ist die
   Stärke, welche ein, einen dreizeitigen Takt, in dem eine
   Note auf jeden Takttheil kommt, beginnender Ton erhält,
   derjenigen gleich, welche eine einen ternär getheilten
   Takttheil beginnende Note erhält: ♩♩♩ ist z. B.
   ähnlich ♩♩♩*).

2) Die Uebelstände, die sich bei sehr schnellem Schlagen
   von dreizeitigen Takten einstellen. Diese Schwingungen
   oder Bewegungen haben etwas Eckiges, Krampfhaftes. So
   lange nur eine Person allein spielt, ist der Uebelstand nicht
   gross, wenn aber ihrer mehrere zusammenspielen, dann wird
   ein Kapellmeister nöthig, um den Takt zu schlagen und die
   Bewegungen zu centralisiren. Wenn nun diese Bewegungen
   gross und weitläufig sind, so wird es ihm unmöglich sein,
   sie rasch auszuführen, ohne sie widerwärtig, krampfhaft
   werden zu lassen; macht er sie klein, so unterscheidet sie
   das Orchester nicht genügend und geht somit der Takt
   verloren. Der Kapellmeister wird, er mag wollen oder
   nicht, gezwungen sein, die drei Bewegungen fahren zu
   lassen, sie in eine zu verschmelzen, wobei man jedoch
   noch immer den ersten Drittel des Takttheils oder den
   starken Ton unterscheiden wird, welcher bis zu einem
   gewissen Grad noch die Rolle des guten (starken) Takttheils des ursprünglichen, dreizeitigen Taktes spielt. Durch
   diese einfache Veränderung der Bewegung beim Takt-
   schlagen wird er zwei, drei und sogar vier dreizeitige
   Takte zu einem einzigen Takt vereinigen.

Auf diese Art entsteht, wie von selbst, der zusammengesetzte Takt, der Takt zu zwei, drei und vier dreigetheilten

---

*) Man vergleiche unsere Exercices de piano, S. 112. Der Unter-
schied zwischen Takttheil und Takt beruht einzig auf der Geschwindigkeit, dem Tempo. Langsam gespielte Takttheile werden zu Takten,
schnell gespielte Takte zu Takttheilen.

Takttheilen. Dabei ist im Grunde genommen im Charakter des Taktes oder des Stückes nichts verändert worden. So aufregend die schnellen, dreizeitigen Takte sind, so ruhig, abgerundet und voll sind ihre Ableitungen. Dies kommt daher, dass die starken Noten wie zuvor, von 3 zu 3 accentuirt werden, mit dem einzigen Unterschiede, dass mit diesen starken Noten statt Takten nur noch Takttheile anfangen.

So findet man jetzt häufig die Walzer, welche früher ausschliesslich im $\frac{3}{8}$ oder $\frac{3}{4}$ Takt geschrieben wurden, im $\frac{6}{8}$ oder $\frac{6}{4}$ Takt; und wenn sie vom Orchester gespielt werden, so schlägt der Dirigent sicher einen zweizeitigen Takt; er gibt für zwei Takte nur zwei Schläge anstatt sechsen, indem er zwei einfache dreizeitige Takte zu einem zusammengesetzten zweizeitigen Takt verbindet.

Die Aufforderung zum Tanz von Weber ist z. B. im $\frac{3}{4}$ Takt geschrieben; führt man sie im Theater oder im Concert in der bewundernswerthen Orchestration von Berlioz auf, so bildet sie zusammengesetzte, sehr beschleunigte $\frac{6}{4}$ Takte, d. h. zweizeitige Takte. Der Dirigent gibt für 8 Takte statt 24 blos 8 Schläge.

Man nennt demnach gemeinhin zusammengesetzte Takte diejenigen, welche aus einfachen Takten gebildet sind. Die einfachen dreizeitigen Takte in sehr lebhaftem Tempo sind die einzigen Takte, aus denen man zusammengesetzte Takte bildet.

Wenn man einfache Takte in zusammengesetzte Takte umwandeln will, muss man in den Stücken mit einfachem dreizeitigen Takt auf je zwei Taktstriche einen streichen; so wird man zusammengesetzte zweizeitige Takte erhalten, z. B.:

WEBER. Aufforderung zum Tanz.

Für Orchester gleich:

Indem man von je drei Taktstrichen zwei streicht, erhält man zusammengesetzte dreizeitige Takte.

Wenn man endlich von je vier Taktstrichen drei streicht, erhält man zusammengesetzte vierzeitige Takte.

Man hüte sich jedoch zu glauben, man könne ohne Weiteres alle Stücke in einfachem dreizeitigen Takt in zusammengesetzte zwei-, drei-, vierzeitige Takte umschreiben.

Die Aufforderung zum Tanz z. B. kann wohl in zusammengesetzte zweizeitige Takte gebracht werden, aber nicht in dreizeitige, denn die nothwendige Koincidenz, dass die Anfangsnote des Rhythmus immer auf den gleichen Takttheil fallen muss, würde nicht mehr statthaben; die Anfangsnote des Rhythmus würde bald auf den ersten, bald auf den zweiten und bald auf den dritten Takttheil fallen, was einen hinkenden Rhythmus entstehen liesse. Der Rhythmus zeigt also an und entscheidet, ob die in einfachen Takten geschriebenen Stücke in zwei-, drei- oder vierzeitige zusammengesetzte Takte umgeschrieben werden können oder nicht. Selbstverständlich könnte man, ebenso gut wie man einfache Takte zu zusammengesetzten verbinden kann, diese durch Hinzufügung neuer Taktstriche in einfache auflösen.

Wenn wir in einen einzigen Takt zwei einfache dreizeitige Takte von den Formeln $\frac{3}{2}$, $\frac{3}{4}$, $\frac{3}{8}$, $\frac{3}{16}$ vereinigen, so erhalten wir folgende Formeln zusammengesetzter Takte: $\frac{6}{2}$, $\frac{6}{4}$, $\frac{6}{8}$, $\frac{6}{16}$.*) Wenn wir deren drei verbinden, so erhalten wir die Formeln: $\frac{9}{2}$, $\frac{9}{4}$, $\frac{9}{8}$, $\frac{9}{16}$. Wenn wir endlich deren vier nehmen, so ergeben sich uns die Formeln: $\frac{12}{2}$, $\frac{12}{4}$, $\frac{12}{8}$, $\frac{12}{16}$. Man sieht, die Zähler 6, 9, 12 deuten zusammengesetzte Takte an, d. h. Takte, welche aus zwei, drei oder vier einfachen dreizeitigen Takten gebildet sind.

Auch in diesen Takten bezeichnet der Zähler die Anzahl der Noten, welche der Takt enthält, aber jede derselben ist der dritte Theil eines Takttheils.

Der Nenner zeigt die Natur dieser Noten an: Ganze, Halbe, Viertel, Achtel u. s. w.

In allen diesen Taktarten hängt die absolute Dauer jedes Takttheils (jeder Zeiteinheit), wie in den einfachen Taktarten, lediglich vom Tempo ab, das entweder durch die metronomische Zahl oder durch italienische Wörter angegeben wird. So hat bei einem gleichen Tempo die punktirte Halbe im $\frac{6}{4}$ Takt genau die gleiche Dauer, wie die punktirte Viertel im $\frac{6}{8}$ Takt.

---

*) Die zusammengesetzten Takte $\frac{6}{1}$, $\frac{9}{1}$ und $\frac{12}{1}$ haben wir nicht berücksichtigt, da die moderne Musik sich des Zeichens nicht mehr bedient, um drei Ganze als Zeiteinheit darzustellen.

Tabelle der zusammengesetzten Takte.

Zusammengesetzte zweizeitige Takte, die aus zwei einfachen dreizeitigen Takten entstanden sind.

Drei Halbe oder eine punktirte Ganze auf den Takttheil. — $\frac{6}{2}$

Drei Viertel oder eine punktirte Halbe auf den Takttheil. — $\frac{6}{4}$

Drei Achtel oder eine punktirte Viertel auf den Takttheil. — $\frac{6}{8}$

Drei Sechszehntel oder eine punktirte Achtel auf den Takttheil. — $\frac{6}{16}$

Zusammengesetzte dreizeitige Takte, die aus drei einfachen dreizeitigen Takten entstanden sind.

Drei Halbe oder eine punktirte Ganze auf den Takttheil. — $\frac{9}{2}$

Drei Viertel oder eine punktirte Halbe auf den Takttheil. — $\frac{9}{4}$

Drei Achtel oder eine punktirte Viertel auf den Takttheil. — $\frac{9}{8}$

Drei Sechszehntel oder eine punktirte Achtel auf den Takttheil. — $\frac{9}{16}$

Zusammengesetzte vierzeitige Takte, die aus vier einfachen dreizeitigen Takten entstanden sind.

Drei Halbe oder eine punktirte Ganze auf den Takttheil. — $\frac{12}{2}$

Drei Viertel oder eine punktirte Halbe auf den Takttheil. — $\frac{12}{4}$

Drei Achtel oder eine punktirte Viertel auf den Takttheil. — $\frac{12}{8}$

Drei Sechszehntel oder eine punktirte Achtel auf den Takttheil. — $\frac{12}{16}$

Die **zusammengesetzten Taktarten** werden dadurch gekennzeichnet, dass die Takttheile (Zeiteinheiten) darin der ternären Theilung unterworfen sind und dass die Note, welche die Zeiteinheit darstellt, eine zusammengesetzte Note ist, nämlich eine punktirte Halbe (♩.) oder punktirte Viertel (♩.) u. s. w. Findet sich in diesen Taktarten eine Zeiteinheit, die aus 2, 4, 5, 8 gleichwerthigen Noten zusammengesetzt ist, so bildet sie eine Ausnahme, die durch eine Ableitung mit -ole bezeichnet wird. Daher die Ausdrücke: **Duole, Quartole, Quintole, Septole, Octole** u. s. w.

Beispiele:

TH. RITTER. Les Courriers.

An dieser Stelle verwendet Chopin Quartolen, 4 Achtel statt 3; einige Takte früher verwendet er Quintolen und Septolen, d. h. 5 Achtel statt 3 und 7 Sechszehntel statt 6.

Diese Theorie der zusammengesetzten Taktarten rechtfertigt endlich den Gebrauch der doppelten Zeichen, der punktirten Halben, punktirten Viertel u. s. w. zur Bezeichnung der Zeiteinheit. Da nämlich die Zeiteinheit in den zusammengesetzten Takten einen condensirten einfachen dreizeitigen Takt darstellt, so muss er nothwendig die Spuren seines Ursprunges an sich tragen. Da nun in allen einfachen dreizeitigen Takten die Note, die einen ganzen Takt ausfüllt, sich nicht mit einem einfachen Zeichen wiedergeben lässt, es vielmehr einer punktirten Halben bedarf, um einen $\frac{3}{4}$ Takt, einer punktirten Ganzen, um einen $\frac{3}{2}$ Takt auszufüllen u. s. w., muss nothwendig in den zusammengesetzten Takten, wo die Zeiteinheit einen vollen einfachen Takt ausmacht, dieses Doppelzeichen, diese punktirte Halbe oder Ganze u. s. w. zum Ausdruck der Zeiteinheit beibehalten werden.

Im Gegentheil ist zu bemerken, dass in den zusammengesetzten Takten keine punktirte Note einen vollen Takt darzustellen vermag. Eine punktirte Halbe kann, obgleich sie 6 Achtel
enthält, nicht deutlich einen $\frac{6}{8}$ Takt darstellen, denn diese Takte
erfordern, um rationell dargestellt zu werden, dass die Note,
d. h. das Notenzeichen, welches einen ganzen Takt ausfüllt, ein
deutliches Merkmal der Theilbarkeit in zwei Hälften oder zwei
Zeiteinheiten an sich trage. Die punktirte Halbe besitzt aber, obschon sie 6 Achtel enthält, kein augenfälliges Kennzeichen der
Theilbarkeit in zweimal 3 Achtel oder zwei punktirte Viertel an
sich. Mit einem Wort, in den zusammengesetzten Taktarten soll,
um den ganzen Takt darzustellen, die zusammengesetzte Note,
welche die Zeiteinheit darstellt, so oft mal hintereinander geschrieben werden, als Zeiteinheiten vorhanden sind, z. B.

Meist werden die zusammengesetzten Takte korrekt und
die Zeiteinheiten deutlich geschieden. Doch lässt man sich
auch hier Nachlässigkeiten zu Schulden kommen, z. B.:

4. CLEMENTI. Gradus, Nr. 75.

statt:

Zweite Periode eines Offertoriums.

5.

Es ist unmöglich korrekt zu betonen, wenn man dieser Schreibweise folgt. Diese Stelle müsste folgendermassen geschrieben werden:

Werfen wir nun einen Blick auf die beiden Tabellen, die wir S. 24 und S. 29 gegeben, so sehen wir, dass es 15 verschiedene Formeln für die einfachen und 12 für die zusammengesetzten, im Ganzen 27 Arten gibt, um die einfache Thatsache auszudrücken, dass auf einen starken Ton ein, zwei oder drei schwache Töne folgen.*)

Hierzu kommt die üble Gewohnheit, diejenigen Noten, welche zusammen eine Zeiteinheit darstellen, nicht übersichtlich zu gruppiren, wodurch die Schwierigkeiten, welche den Vortragenden oft genug in Verlegenheit setzen, noch vermehrt werden.

Die 27 Taktarten sind freilich nicht alle gleich gebräuchlich; diejenigen, welche die meiste Seltsamkeit bieten, trifft man zum Glücke selten; aber gerade in diesen begehen die Schüler und der unvorbereitete Lehrer selbst die meisten Betonungsfehler, wenn sie nicht sichere und vernunftgemässe Prinzipien besitzen, um sich in diesem Labyrinth zurechtzufinden.

---

§ 3.   Die gemischten und alternirenden Takte.

Wenn einige dieser 27 Taktarten nicht gebräuchlich sind, so gibt es auch welche, die in unseren Tabellen nicht vorkommen. Man darf hierüber nicht erstaunen. Durch zweideutige und verwirrte Prinzipien in die Irre geführt, schreckt man vor keiner Seltsamkeit mehr zurück. Man macht nicht nur fünfzeitige Takte, die wir **alternirende Takte****) nennen, in denen entweder

---

*) Es ist bemerkenswerth, dass Mozart in allen seinen Klaviersonaten nicht e n einziges Mal einen neuntheiligen Takt anwendet (im Andante der C dur-Sonate (Nr. 9), das im $\frac{9}{8}$ Takt hätte geschrieben werden können, zieht er $\frac{6}{4}$ Takt mit Triolen vor) und dass Beethoven in seinen Klaviersonaten sich nur zwei- oder dreimal eines solchen bedient.

**) Man findet Beispiele in der Weissen Dame, in der Kavatine: „Komm', oh holde Dame“; in Gounods Mireille „Lied der Magali“, wo $\frac{6}{8}$ und $\frac{9}{8}$ Takte mit einander abwechseln und im Quartett von Delibes Le Roi l'a dit. Wir glauben nicht, dass diese Bizarrerien viel zum Erfolg dieser Opern beigetragen haben.

auf einen dreizeitigen Takt ein zweizeitiger, oder auf einen
zweizeitigen ein dreizeitiger folgt, sondern sogar gemischte
Takte, welche auf dem Klavier für jede Hand verschiedene
Taktarten bieten.*)

Man ist noch weiter gegangen; man hat sogar die kleinsten
Theile der Ganznote genommen, um Nenner daraus zu machen.
Im ersten Heft von Cramers Etüden Nr. 31 findet man in der
rechten Hand einen $\frac{24}{16}$ Takt und in der linken einen $\frac{4}{4}$ Takt.

Dem Anscheine nach ist das eine gemischte Taktart. In
Wirklichkeit ist es aber nur ein $\frac{4}{4}$ Takt mit 6 Sextolen auf
jede Zeiteinheit in der rechten Hand; nur hat man, statt die
Sechszehntel als Sextolen zu gruppiren, sie als Triolen gruppirt.
Zum grossen Glück ist der Takt korrekt geschrieben und die
8 Gruppen von 3 Sechszehnteln sind scharf abgegrenzt, wodurch jeder Schwierigkeit der Betonung vorgebeugt wird.

In der 7ten Etüde des zweiten Buches bezeichnet Cramer
einen analogen Takt mit **C**

In der C moll-Sonate (op. 111) von Beethoven findet man
einen $\frac{12}{32}$ Takt.**) Letzthin fanden wir zwei Prières für Orgel,

---

*) Man sehe Lucie von E. Prudent, S. 14, wo in der rechten Hand
ein $\frac{6}{8}$, in der Linken ein $\frac{2}{4}$ Takt steht. H. Herz, Op. 168, Ecume de mer
S. 10 wendet für die rechte Hand die Formel $\frac{6}{4}$ und für die linke die
Formel **C** an. Im Don Juan erster Akt „Vieni con me, mia vita" hat
Don Juan einen $\frac{2}{4}$ Takt, während Leporello im $\frac{3}{8}$ Takt singt.

**) Ein flüchtiger Blick auf das Stück zeigt uns, dass Beethoven sich
in der Ansetzung dieses $\frac{12}{32}$ Taktes ebenso sehr geirrt hat, wie kurz zuvor
in der des $\frac{6}{16}$ Taktes. Der Takt bleibt im ganzen Stücke ein dreizeitiger,
wie die erste Taktvorzeichnung $\frac{9}{16}$ richtig andeutet, während die Zähler
6 und 12 nur zweizeitige Takte anzeigen können. Aus dem Anfangstakte $\frac{9}{16}$

weder als $\frac{18}{32}$ Takt ($\frac{6}{32} + \frac{6}{32} + \frac{6}{32}$) oder als $\frac{3}{8}$ Takt mit Zweiunddreissigstel-

sextolen [Notenbeispiel] bezeichnet werden sollte. Dann wird durch

weiter Variation hieraus gebildet: [Notenbeispiel]
was entweder als $\frac{36}{64}$ Takt ($\frac{12}{64} + \frac{12}{64} + \frac{12}{64}$) zu bezeichnen war, oder als $\frac{3}{8}$ Takt
mit Vierundsechzigstel Duodezimolen:

[Notenbeispiel $\frac{3}{8}$]

Da jedoch im Falle der Sextolen- und Duodecimolenschreibung schon die
erste Taktbezeichnung statt $\frac{9}{16}$ logischerweise $\frac{3}{8}$ Takt mit Sechszehntel-
Triolen hätte sein müssen ($\frac{3}{8}$ [Notenbeispiel]), so scheinen uns die Be-

von denen eine im $\frac{5}{4}$ Takt, die andere im $\frac{41}{4}$ Takt war. Die letztere ist offenbar nichts Anderes als Cantus planus.

Es ist überflüssig, den Leser mit grösseren und mehreren Seltsamkeiten bekannt zu machen.

§ 4. Regeln der metrischen Betonung.

Da der metrische Accent den Zweck hat, den Takt, die Zeiteinheit und ihre Theilungen fühlbar zu machen, muss man vor Allem die Anfangsnoten der Takte, Takttheile und Untertheile zu erkennen wissen.

Im Interesse ihrer eigenen Werke sollten die Komponisten, um dem Vortragenden zu Hülfe zu kommen, die Note, welche betont werden soll, möglichst kenntlich machen und sie hervorheben. Dies Ziel würde erreicht werden, wenn sie zur Darstellung der in mehrere Noten zertheilten Zeiteinheit einen horizontalen Strich mit rationell durchbrochenen, eingetheilten Unterstrichen adoptirten. Leider ist dies nicht der Fall.*)

In der Vokalmusik insbesondere isoliren sie, statt die Noten nach Takttheilen zu gruppiren, jede Note, die einer Silbe entspricht; auf der andern Seite binden sie, wenn mehrere Noten, obschon verschiedenen Takttheilen und Untertheilen angehörend, auf eine Silbe gesungen werden, dieselben zusammen, ohne dass die dadurch hervorgebrachte Gruppe die Abgrenzung des Takttheils oder seiner Untertheilungen zu erkennen gibt.

Man kann unmöglich die Verwirrung, die ein solches Verfahren in die Interpretation bringt, noch auch die Verlegenheiten, die dem Vortragenden daraus erwachsen, in Abrede stellen; besitzt dieser nicht ein sehr feines Gefühl oder rationelle Prinzipien, so begeht er in jedem Takte Verstösse, Betonungsfehler, welche der Klarheit und der Poesie des vorzutragenden Werkes Eintrag thun.

---

zeichnungen $\frac{18}{32}$ und $\frac{36}{64}$ die einzig richtigen für die Fortsetzung dieses im $\frac{9}{16}$ Takte begonnenen Musikstückes. Beethovens Irrthum rührt daher, dass er stillschweigend der Gruppe ♫ den Werth eines Sechszehntels und der Gruppe ♫ denjenigen eines Zweiunddreissigstels beilegt, was doch nur bei Triolennotation möglich ist.

Jedenfalls sind diese Takte leichter zu spielen, als zu erklären. Wir empfehlen Lehrern und Schülern sie aufzulösen, jede Gruppe oder Zeiteinheit als einen Takt zu betrachten und für jede im ersten Falle zwei, im letzteren Falle vier zu zählen.

*) Siehe Seite 22 und 23.

Die Taktlehre, die wir hier dargelegt haben, wird uns alle nöthigen Anhaltspunkte liefern, um uns in diesem Labyrinthe metrischer Formen zurechtzufinden und wird uns erlauben mit Einsicht und Sachverständniss zu accentuiren. Wir wollen sie in einige Regeln zusammenfassen, welche unter allen Umständen den Vortragenden leiten können.

1) Die erste Note jedes Taktes muss stark sein, d. h. betont werden.

2) In den zweizeitigen Takten mit einer Note auf jeden Takttheil ist der zweite Takttheil schwach.

3) In den dreizeitigen Takten mit einer einzigen Note auf jeden Takttheil sind der zweite und dritte Takttheil schwach. Beispiele:*)

*) Was auch J. J. Rousseau, Castil-Blaze und viele Andere sagen mögen, in den dreizeitigen Takten ist der dritte Takttheil metrisch schwach und nur ein im Rhythmus oder im pathetischen Ausdrucke gelegener Grund kann ihm Stärke verleihen. Beispiele:

In diesen Beispielen sind die mit f markirten Noten stark, nicht weil sie auf das dritte Takttheil fallen, sondern weil sie entweder einen Rhythmus oder einen Einschnitt (Theilrhythmus) beginnen.

Auch in diesen Beispielen sind die mit einem Accent (ʌ) und einem f versehenen Noten stark, nicht weil sie auf den dritten Takttheil fallen,

4) In den einfachen vierzeitigen (doppeltzweizeitigen) Takten mit je einer Note auf den Takttheil ist der erste Takttheil stark, der zweite, dritte und vierte schwach.

17. DONIZETTI. Lucia.

Fur le   noz - ze a lei   fu - ne - ste.

18. BEETHOVEN. Op. 49, 2.

5) In den zusammengesetzten Takten, welche Takttheile mit Untertheilungen enthalten, erhält jede Note, die einen ganzen Takttheil, d. h. einen zusammengezogenen einfachen dreizeitigen Takt ausmacht, den Accent:

19.

sondern vielmehr, weil ihnen ein in zwei Noten getheilter Takttheil vorangeht. Im Beispiel 11 ist überdies die letzte Note jedes Taktes Wiederholung.

So ist in der rhythmischen Formel ♩ ♫ ♩ die letzte Viertel stark; ebenso in der Formel ♩. ♪ ♩ oder ⌐♫ ♩. Sogar in den zwei- und vierzeitigen Takten erhält die Viertel nach zwei Achteln den Accent, z. B.:

♫ ♩│♫ ♩‖♩ ♩ ♫ ♩‖ ♫ ♩ ♫ ♩‖ (Siehe S. 77 und 90).

14.   **15.**

16.

In diesen Beispielen sind die mit einem Accent (ᴧ) versehenen Noten stark, nicht weil sie auf den dritten Takttheil fallen, sondern weil sie als benachbarte Gipfelnoten pathetische Betonung erhalten. (Siehe: Der pathetische Accent.)

6) Sowohl in den dreizeitigen als in den zwei- und vierzeitigen Takten erhält die Note, welche einen in mehrere Noten getheilten Takttheil (Lauf oder Gruppe) beginnt, den Accent:

7) Jede Note, welche durch die erste Note des folgenden Taktes oder Takttheils verlängert wird, wird äusserst stark betont, welches auch ihr Werth sein mag, z. B.:

8) Die Note, welche zu Anfang eines Taktes, eines Takttheils oder einer Untertheilung unter oder auf eine Verlängerung (uneigentlich Synkope genannt), unter oder auf eine Pause in einer andern Stimme fällt, wird sehr stark betont, z. B.:

28. BEETHOVEN. Trauermarsch.

29. BEETHOVEN.   Op. 27.

30. BEETHOVEN.   Op. 27.

9) Je seltener sich eine notenreiche Gruppe oder Takttheil einstellt, um so stärker wird die Anfangsnote betont, z. B.:

31. GOTTSCHALK.   Bananier.

10) Wenn die Endnote eines Taktes, eines Takttheils oder einer Untertheilung wiederholt wird, d. h. wenn mit dieser Note der folgende Takt, Takttheil oder Unterabtheilung beginnt, so ist sie sehr stark; wir nennen sie Wiederschlag, z. B.:

32. WEBER.   Aufforderung zum Tanz.   **33.** STRADELLA.

34.   **35.**

11) Je mehr Werth, d. h. Dauer, eine Note und besonders die erste Note des Taktes hat, um so stärker wird sie betont, z. B.:

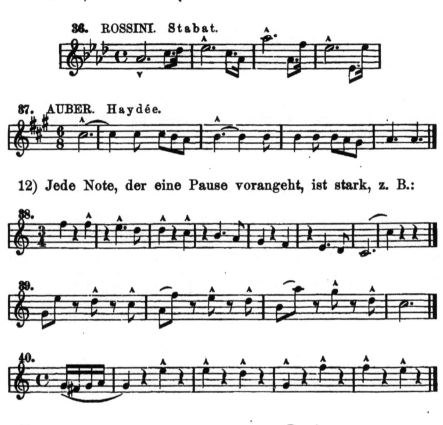

12) Jede Note, der eine Pause vorangeht, ist stark, z. B.:

Betonung der Gruppen von sechs Achtelnoten.

Da die Gruppen von 6 und 12 Noten besondere Schwierigkeiten für die Betonung bieten, wollen wir ihnen unsere besondere Aufmerksamkeit widmen.

Sechs Achtelnoten ♪♪♪♪♪♪ oder ♫♫♫ in einem Dreivierteltakt erfordern die Betonung von zwei zu zwei und sollten geschrieben werden: ♫ ♫ ♫.

Sechs Achtelnoten in einem $\frac{6}{8}$, $\frac{9}{8}$ oder $\frac{12}{8}$ Takt erfordern die Betonung von drei zu drei und sollten geschrieben werden:

Sechs Achtelnoten in einfachen Takten zu $\frac{2}{4}$, $\frac{3}{4}$ und $\frac{4}{4}$, die Triolen bilden, erfordern die Betonung von drei zu drei und sollten geschrieben werden:

Sechs Achtelnoten in $\frac{6}{4}$, $\frac{9}{4}$ und $\frac{12}{4}$ Takten erhalten den Accent von zwei zu zwei und sollten geschrieben werden:

Betonung der Gruppen von sechs Sechszehntelnoten.

Sechs Sechszehntel oder auf einen Takttheil bilden im $\frac{2}{4}$, $\frac{3}{4}$ und $\frac{4}{4}$ Takt Sextolen oder Doppeltriolen und erfordern eine Betonung von drei zu drei. Sie sollten geschrieben werden: oder.

Sechs Sechszehntel auf den Takttheil erfordern in den zusammengesetzten $\frac{6}{8}$, $\frac{9}{8}$ und $\frac{12}{4}$ Takten eine Betonung von zwei zu zwei; sie sollten geschrieben werden: . Wenn sie in diesen Takten nur zwei Drittel eines Takttheils, d. h. zwei Achtelnoten einnehmen, so bilden sie Sextolen und erhalten den Accent von drei zu drei; sie sollten alsdann geschrieben werden: oder.

Sechs Sechszehntel verlangen im $\frac{8}{8}$ Takt eine Betonung von zwei zu zwei; sie sollten geschrieben werden: .

Sechs Sechszehntel, welche in $\frac{6}{4}$, $\frac{9}{4}$ und $\frac{12}{4}$ Takten eine Viertelnote oder das Drittel eines Takttheils gelten, werden von drei zu drei betont; sie sollten geschrieben werden: .

Sechs Sechszehntel erfordern in den zusammengesetzten Takten $\frac{6}{16}$, $\frac{9}{16}$ und $\frac{12}{16}$ den Ton von drei zu drei; sie sollten geschrieben werden: .

Betonung der Gruppen von zwölf Sechszehntelnoten.

Zwölf Sechszehntel erfordern in einfachen $\frac{2}{4}$ oder $\frac{4}{4}$ Takten eine Betonung von sechs zu sechs; sie sollten geschrieben werden:

denn sie bilden zwei Sextolen- oder vier Triolengruppen.

Zwölf Sechszehntel, die einen ganzen $\frac{3}{4}$ Takt ausfüllen, erfordern eine Betonung von vier zu vier; sie sollten geschrieben werden:

Zwölf Sechszehntel erfordern in den zusammengesetzten Takten $\frac{6}{8}$ und $\frac{9}{8}$ bei lebhaftem Tempo eine Betonung von sechs zu sechs, bei langsamem Tempo eine solche von zwei zu zwei; sie sollten geschrieben werden:

Zwölf Sechszehntel erfordern im $\frac{12}{16}$ Takt eine Betonung von drei zu drei; sie sollten geschrieben werden:

Der gleichen Analyse unterwerfe man die Gruppen von Zweiunddreissigstel- und Vierundsechszigstelnoten.

Man muss also, um uns kurz zu fassen, bevor man die Betonung feststellt, namentlich bei sechs- und zwölftheiligen Gruppen, zuerst prüfen, ob letztere sich in einem einfachen oder zusammengesetzten Takte befinden, ob sie von einer (regelmässigen) Zweitheilung einer ternären Gruppe, oder aber von einer (ausnahmsweisen) Dreitheilung der einzelnen Noten einer binären Gruppe herrühren.

Wenn sechs Noten ausnahmsweise vier vertreten, werden

sie von drei zu drei betont { }; wenn zwölf Noten

an die Stelle von achten treten, so werden sie von sechs zu

sechs betont { }.

Wenn sechs oder zwölf Noten drei oder sechs vertreten,
so werden sie von zwei zu zwei betont:

Mit anderen Worten: Sechs Noten statt einer einfachen (nicht zusammengesetzten) Zeiteinheit erfordern
eine Betonung von drei zu drei; sechs Noten statt einer
zusammengesetzten (mit Punkt versehenen ♩., ♪., ♪)
Zeiteinheit erfordern eine Betonung von zwei zu zwei.

Dies sind die Betonungsregeln, welche sich von den Prinzipien des Taktes ableiten lassen und welche den Vortragenden
zu leiten haben.

§ 5.   Anwendung der Regeln der metrischen Betonung.

Wir könnten hier abschliessen; doch halten wir es für
nützlich, diese Prinzipien auf einige Werke anzuwenden, die
wir leider gar zu oft haben verstümmeln hören.   Der Leser
wird dabei erkennen, dass eine Menge sonst trefflicher Kompositionen in Betreff des Taktes flüchtig geschrieben sind
und dem Vortragenden nicht erlauben selbst die erste Be-
dingung eines guten Vortrags zu erfüllen, welche darin besteht,
den Takt fühlen zu lassen, die metrischen Accente, d. h. die
Anfangsnoten der Takte, Takttheile und Unterabtheilungen
hervorzuheben.

In einer vielverbreiteten kleinen Phantasie über Norma
für Anfänger finden wir folgende Stelle:

Nicht einmal Accente auf den Bässen, um den Takt anzu-
deuten! Keine Gruppirung, keine Scheidung der Takttheile;
Wie soll da ein Anfänger die starken Noten, die metrischen
Accente aus einem solchen Durcheinander herausfinden? Der
Lehrer darf nicht zögern Takt und Takttheile herzustellen; er
muss lieber die Scheidung der Takttheile übertreiben, als sie

verwischen. Rationell wiederhergestellt, wird die Stelle folgendermassen aussehen:

Die erste Etüde von Clementis Gradus ad Parnassum ist ohne Angabe von Triolen folgendermassen geschrieben:

Es ist ein einfacher Takt, daher bilden die sechs Noten eine Ausnahme, indem sie an die Stelle von vieren getreten, und verlangen den metrischen Accent von drei zu drei. Wie oft haben wir sie nicht gehört falsch vortragen, d. h. mit einem Accent von zwei zu zwei, mit drei Accenten auf die Gruppe, statt mit zweien! Folgendermassen geschrieben:

wird die Stelle vollkommen klar, die vier Takttheile springen in die Augen, verlangen und erhalten ihre Accente.

Auch die 9te Etüde des gleichen Buches wird oft verstümmelt: es ist ein $\frac{3}{2}$ Takt, den man meist als $\frac{6}{4}$ spielt, denn alles verleitet dazu, die Noten der rechten Hand nach drei Viertelnoten zu gruppiren statt nach zweien. Nun würde aber ein $\frac{6}{4}$ Takt in der rechten Hand einen Accent auf die erste und vierte Viertelnote des Taktes legen, während hier ein Accent auf das den dritten Takttheil beginnende h nöthig ist:

In nachfolgender Weise geschrieben, würde das Stück
keine Schwierigkeit mehr in der Betonung bereiten, trotz der
Synkope, d. h. trotz der Verlängerung der zweiten Hälfte des
ersten Takttheils auf die erste Hälfte des zweiten:

Die 33ste Etüde des ersten Buches der Etüden von Cramer
fängt an:

Es ist ein zusammengesetzter Takt; drei $\frac{3}{16}$ Takte sind mit
Weglassung zweier Taktstriche zu einem $\frac{9}{16}$ Takt geworden.
Jeder Takttheil sollte daher ternären Charakter tragen. Doch
schon im ersten Takttheil finden wir sechs 64tel als Sextolen
bezeichnet. Diese Bezeichnung ist irrig und verleitet die Schüler
die Gruppen nun von drei zu drei, statt von zwei zu zwei
zu accentuiren. Cramer hätte in jedem Takt drei Gruppen ab-
sondern sollen, die Ziffer 6, weil diese sechs Noten das erste
Resultat der Zweitheilung von Drei sind und keine Sextolen
bilden (es ist das Resultat einer Regel und nicht einer Ausnahme) streichen und endlich den einzelnen Takttheil so gliedern

sollen: , d. h. zwei 32stel auf jeden Sechszehntel, mit binärer, nicht ternärer Theilung, sechs 32stel für die Zeiteinheit, die punktirte Achtel. Wie oft haben wir nicht diese Etüde sogar von Schülern erster Meister falsch spielen hören. Das Gleiche ist der Fall in der sechsten Etüde des zweiten Buches; der $\frac{6}{4}$ Takt ist zwar korrekt geschrieben, da aber im Anfang des ersten Taktes eine Gruppe von drei *a* vorkommt, ist der Schüler versucht, Triolen zu machen, den ersten Accent dem ersten *a*, den zweiten dem *c* zu geben. Dagegen bietet sich in den zwei ersten Takten kein Hinderniss, doch vom dritten an werden die Takte hinkend. Welches Prinzip kann uns die richtige Betonung dieses Stückes lehren? Das folgende: wir haben einen aus zwei $\frac{3}{4}$ Takten zusammengesetzten Takt; also muss jeder der beiden Takttheile, die zwei Takten mit drei Viertelnoten gleichkommen, in drei und nicht in zwei Theile getheilt werden; also müssen die sechs Achtelnoten, welche einen Takttheil ausmachen, von zwei zu zwei und nicht von drei zu drei betont werden. Dies wird in der Schrift so ausgedrückt:

Wir wollen diese Zusammenstellung durch einige Beispiele falscher Schreibart abschliessen, die wir einem in Deutschland und in der Schweiz sehr bekannten und sehr populären Klavierstücke entlehnen: Die Lauterbacherin, steirische Idylle von Richard Löffler. Vielleicht sind in dem ganzen Stück von 81 Takten keine zehn Takte von metrischem und rhythmischem Gesichtspunkte aus korrekt geschrieben:

Die Taktvorzeichnung, die wir in der französischen Ausgabe zu Anfang dieses Stückes finden, ist offenbar unrichtig; $\frac{3}{8}$ für einen Takt, der in jedem Takt im Bass sechs Achtelnoten

enthält, ist offenbar ein Irrthum. Welcher Takt ist's? $\frac{6}{8}$ oder $\frac{3}{4}$?
ein einfacher dreizeitiger oder ein zusammengesetzter zweizeitiger
Takt? Jeder dieser beiden Takte kann nämlich den Werth von
6 Achtelnoten in sich fassen. Kein Anzeichen vermag den Leser
auf die richtige Fährte zu bringen. Wenn ein Engländer oder
Franzose, dem die Melodie „Zu Lauterbach hab' ich mein' Strumpf
verlor'n" unbekannt ist, das Stück spielen wollte, wäre er in
grosser Verlegenheit. Der Deutsche hat die Melodie im Kopf
und spielt daher instinktiv richtig, ohne sich um die Schreibart
zu kümmern. Wie aber sollen sich die Anderen aus der Affäre
ziehen? Die Variation, die auf S. 3 beginnt, zeigt in der Oberstimme 12 Noten auf den Takt in zwei Gruppen zu sechs
Sechszehnteln. Dieser Takt schliesst also die Möglichkeit eines
$\frac{3}{4}$ Taktes aus und bedingt einen $\frac{6}{8}$ Takt, dem aber die Schreibweise
des Basses widerspricht. Auf S. 5 endlich finden wir ebenfalls
sechs Sechszehntel in der Oberstimme allein gegen zwei punktirte
Viertel im Bass. Diese Takte heben alle Zweideutigkeit und
können den Spieler retten. Bis hieher wird er, so gut es gehn
kann, durchhinken, von hier an aber wird sich der wahre Takt
seinem Ohr einprägen und nun wird er das Vorhergehende demgemäss gestalten. Die korrekte Schreibart des Anfangs wäre:

So finden wir kaum einen korrekten Takt, kaum einen
Takttheil, wo die Noten nach den metrischen Gesetzen gruppirt
wären. Die Noten besitzen zwar ihren richtigen Werth, aber
die Takttheile sind auseinandergerissen, die Rhythmen verstümmelt. Die Anakruse (Auftakt), welche auf das sechste
Achtel fallen sollte, fällt auf das fünfte und sechste, was den
Rhythmus vollständig entstellt, ihm Kraft und Schwung benimmt.
Uebrigens ist die ganze Gruppe von sechs Sechszehnteltriolen
fehlerhaft — was hieher gehört, ist das Zeichen ∾ auf dem
sechsten Achtel des Taktes. Die Anakruse der Variation S. 3
ist noch schlimmer:

Man nehme Suppés bekannte Ouverture zu Dichter und Bauer und man wird sehen, dass die dritte Strophe oder das dritte Thema mit einer Anakruse (Auftakt) auf dem ersten Takttheile beginnt, was ein Unsinn ist, und dass der Takt überhaupt falsch geschrieben ist, denn statt eines $\frac{4}{4}$ Taktes bedurfte es zweier $\frac{6}{8}$ Takte.

Man nehme Czibulkas Stephanie-Gavotte! Die zweite Strophe in A dur fängt mit einem vereinzelten $\frac{2}{4}$ Takte an. Der Autor hat nicht gemerkt, dass diese Noten eine Anakruse (Auftakt) bilden und sich daher am Ende eines Taktes befinden sollten, wie das vier Takte später geschieht.

Dergleichen Ungeheuerlichkeiten wimmeln sowohl in Deutschland als auch in Frankreich und in England. Ueberall grobe Unwissenheit und Mangel an Geschmack!

Man hat uns vorgeworfen, wir wählten unsere Beispiele mitunter in den tiefsten Tiefen des Vulgären. Gerade diese Werke sind aber überall zu finden, sie verderben am meisten den Geschmack des Publikums und machen es dadurch unfähig, sich zu erheben und an wahrhaft schönen und künstlerischen Werken Geschmack zu finden. Hier vor Allem muss man daher heilend eingreifen.

§ 6. Vom Tempo oder Zeitmasse.

Der Leser muss wohl überrascht sein, von der Wichtigkeit der Rolle, die im Taktsystem der Zeiteinheit (dem Takttheil, le temps) zufällt.

Die Zeiteinheit erfüllt in der Musik die gleiche Funktion, wie die Zelle in der Physiologie. Sie ist das zeugende Element für die Takte und infolge dessen auch für die Rhythmen und Perioden, welche den Grundstock jener Klanggebäude bilden, welche Männer wie: Bach, Händel, Haydn, Mozart, Beethoven, Weber und Rossini zum Ruhme des Menschengeistes errichtet haben.

J. J. Rousseau gebührt, wie wir glauben, die Ehre, die Natur und die Rolle der musikalischen Zeiteinheit entdeckt zu

haben. Er war der Erste, der daraus die Dauer- und Takteinheit gebildet; als der Erste hat er seine beiden Formen, die
binäre und ternäre, durchschaut, deren Kombinationen und
Theilungen die Vielfältigkeit der metrischen und rhythmischen
Eintheilungen erzeugen.

Fern sei uns die Anmassung, die Zeiteinheit in ihrem
innersten Wesen zu analysiren. Indem wir uns auf einen rein
praktischen Standpunkt stellen, wollen wir lediglich den Leser
mit den verschiedenen Formen bekannt machen, in welchen sie
zumeist vorkommt.

Wir bezeichnen jede Form oder Vortragsmanier mit
ihrem gebräuchlichen Namen.*)

Binäre Formen.

1. Form: ♫ genannt legatissimo.

2. Form: ♫ genannt legato.

3. Form: ♩♩ oder ♫♫ ♪ genannt staccato.

4. Form: ♩♩ genannt pizzicato.

5. Form: ♩♩ genannt portato.

6. Form: ♩♩ genannt tenuto.

7. Form: ♩.♩ oder ♫♫ genannt verlängert.

8. Form: ♩♪♩ genannt geschleift.

Es ist klar, dass die
sechs letzten Formen
oder Vortragsmanie-
ren von der Vier-
theilung der Zeitein-
heit herrühren.

Der Punkt unter oder über der Note vertritt eine Pause;
er nimmt der Note, unter oder über der er steht, die Hälfte
ihres Werthes. Der vertikale Strich unter oder über der Note
nimmt ihr Dreiviertel ihres Werthes. Der Punkt mit dem
Legatobogen ♫ nimmt der Note den vierten Theil ihres Werthes.

Auf dem Klavier erfordern diese verschiedenen Formen
verschiedene technische Verfahren: Die erste Form wird hervorgebracht mit den etwas gestreckten Fingergliedern: Arm, Hand-

---

*) Man vergleiche: Histoire de la Notation Musicale, par
Ernest David et Mathis Lussy. S. 166.

gelenk und Hand bleiben unbeweglich. Sie wird an ausdrucks-
vollen Stellen und bei langsamem Tempo angewandt. Die zweite
Form wird hervorgebracht mit halb gerundeten Fingern. Dies
Verfahren ist anzuwenden in Uebungen, Tonleitern, Arpeggien,
Läufen und brillanten Stellen. Die dritte Form mit Bewegung
des Handgelenks, mit „todter Hand“ und geringer Kraft in der
Bewegung: Hand und Finger bewegen sich nicht. Die vierte
Form wie die dritte, aber mit kräftigerer, kühnerer Bewegung:
man wirft die Hand höher empor. Die fünfte Form verlangt,
dass die Finger kaum die Tasten verlassen, sie noch streifen:
Das Handgelenk hebt sich und bringt gleichsam eine Athmungs-
bewegung hervor und drückt im Niederfallen die Taste mit einem
äusserst zarten Anschlage nieder. Die sechste Form verlangt
gewichtige Armbewegung: Arm, Handgelenk, Hand und Finger
sind wie aus einem Stück gegossen.

Ternäre Formen.

1. bis 6. Form: Entsprechen genau den sechs ersten
   binären Formen.

7. Form: ♪ oder ♪ , Verlängerung des
    ersten Drittels.

8. Form: ♪ oder ♪ , Verlängerung des zwei-
    ten Drittels.

9. Form: ♪ , Schleifung mit Pause auf dem
    dritten Sechstel.

10. Form: ♪ , Schleifung mit Pause auf dem
    fünften Sechstel.

Es ist klar, dass
die fünf letzten
Formen auf der
Sechstheilung der
Zeiteinheit be-
ruhen.

Schon von der ersten Lehrstunde an muss man die
Uebungen in den folgenden vier Manieren spielen lassen, wenn
sie auch nur in der ersten, der Legatomanier, geschrieben sind.
Man wende sie zuerst auf die Fünfnotenübungen an, welche
den Anfang jeder Methode bilden, z. B.:

49.

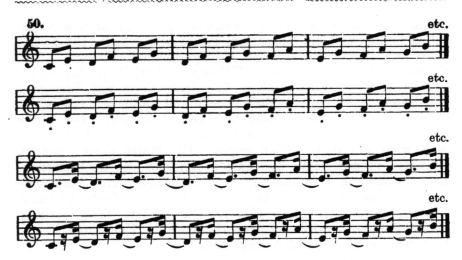

Man passe diese vier Manieren den ersten Uebungen irgend
einer Methode an. Sobald der Schüler dies zu thun im Stande
ist, und die Stücke in diesen vier Manieren geläufig spielt,
dehne man dieselben auf die Tonleitern aus, indem man darauf
achtet, der untern und obern Tonica die Dauer einer Zeiteinheit
zu geben. Im Weiteren verbinde man sie mit Arpeggienübungen.

Auf dem Klavier und der Orgel bieten diese Formen eine
grosse Menge von Kombinationen, indem die linke Hand in
einer Manier, die rechte aber in einer andern Manier spielen
kann; was für die binären Formen, selbst wenn man die sekundären Formen 1, 4, 5 und 6 aus dem Spiel lässt, 16 nicht nur
mögliche, sondern häufig vorkommende Kombinationen ergibt,
wie folgt:

Rechte Hand.

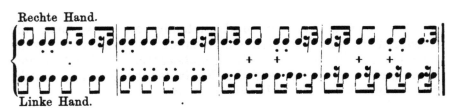

Linke Hand.

Wir empfehlen besonders die mit Kreuz (+) bezeichneten
Formen; denn so oft die linke Hand der rechten nachschlägt,
bietet die Form, besonders beim Abwärtsgehen, grosse Schwierigkeiten. Man wird ihrer leicht Herr, indem man Eins und,
Zwei und u. s. w. zählt, wobei man Nachdruck legt auf Eins,
Zwei u. s. w. und den Sechszehntel auf das Bindewort und
fallen lässt.

Die dritte Form (staccato) ist ebenfalls schwierig beim Abwärtsgehen in der linken Hand.

Wir geben hier ein Beispiel der sechszehn Formen in ihrer Anwendung auf den Grundakkord von C dur:

Mit der zweiten Form in der linken Hand:

Mit der dritten Form in der linken Hand:

Mit der siebenten Form in der linken Hand:

Mit der achten Form in der linken Hand:

4*

Sobald die Uebung in Dur gut gespielt wird, muss man sie in Moll spielen mit Erniedrigung der Terz; man muss sie auch im Umfang von zwei, drei und vier Oktaven spielen, in allen Dur- und Molltonarten und zwar in den verschiedensten Manieren.

Wir empfehlen dem Leser, auf dieselbe Weise auch die ternären Formen zu kombiniren.

Was die Gruppen von 4, 6, 8 Noten anbetrifft, so bieten sie offenbar keine neuen Kombinationen, denn 4 Noten sind das Produkt von 2 mal 2, 6 Noten von 2 mal 3 oder von 3 mal 2 u. s. w.

Die Kombinationen, die wir gegeben, bilden die Elemente für alle metrische Zeichnungen. Sobald Jemand sie rationell erfasst und studirt hat, kann er in Betreff des Taktes nicht mehr auf metrische Schwierigkeiten stossen; wer aber nicht einmal eine einfache Tonleiter oder das einfachste Uebungsstück in diesen 16 Manieren spielen kann, wird auf jedem Schritt unübersteigliche Hindernisse finden.

Es ist wirklich erstaunlich, dass Niemand bis jetzt auf den Gedanken gekommen ist, irgend ein Uebungsstück allen möglichen metrischen Kombinationen zu unterwerfen. Und doch, wieviel Schwierigkeiten werden hinweggeräumt, zum Voraus überwunden durch diese einfachen Kombinationen! Der Schüler, der sich diese Formen ganz angeeignet, wird sich, wenn er dieselben in den verschiedenen Kombinationen anwendet, weniger mit dem Werth jeder einzelnen Note an sich beschäftigen, als mit der Gruppe, der sie angehört und mit der Form, in der diese wiederzugeben ist. Zugleich wird er der Note und der Gruppe die Dauer und den Anschlag geben, die ihnen eigen sind.

Der Schüler soll die Formen auch auf die Gesangsübungen und Instrumentalmusik (Récréations und Etüden) von einförmiger und gleichmässiger Struktur anwenden. Er soll, bevor er irgend ein Stück vorträgt, die verschiedenen Manieren und Kombinationen unterscheiden und benennen, die darin angewendet sind.

Man wird uns fragen, woher es komme, dass die Komponisten bald die, bald jene Form vorziehen. Dies rührt daher, dass die Form der Zeiteinheit die Fähigkeit besitzt, den Charakter einer Melodie, ihre expressive, psychische Tragweite vollkommen zu verändern. Nehmen wir z. B. die Melodie aus Herolds Zweikampf:

55.

Mit der ersten Form hat die Melodie etwas Klagendes, Flehendes. Setzt man die siebente Form an die Stelle, so erhält die Melodie einen herrischen, drohenden, energischen Charakter:

Dies Beispiel möge genügen, um zu zeigen, dass der Komponist genöthigt ist, je nach den Umständen eine metrische Form einer andern vorzuziehen. Im Allgemeinen bedeuten die zwei ersten Formen Ruhe, Leidenschaftslosigkeit; die dritte und vierte Leichtigkeit, Beweglichkeit, Sichgehenlassen; die fünfte (portamento) Bedrücktheit, Beklemmung; die sechste Schwere, Rauhheit; die siebente Energie, Heftigkeit, Drohung; die achte Leichtigkeit und kräftigen Aufschwung, jedoch ohne Rauhheit. Eine interessante Untersuchung würden die Beziehungen abgeben, welche zwischen gewissen musikalischen Strukturen und den Gebärden existiren, die sie hervorrufen. Doch eine Abhandlung hierüber würde uns leider zu weit führen. Wir wollen blos konstatiren, dass gewisse Strukturen nicht nur bei den Sängern, sondern auch bei den Instrumentalisten ganz bestimmte, unwillkürliche Gesten und Zuckungen hervorrufen.

---

§ 7. Praktische Uebungen.

Die wenigst kultivirte Fähigkeit und die mehr als jede andere (wenigstens in Frankreich) fehlt, ist das Taktgefühl, d. h. die Fähigkeit jeder Note genau ihre Dauer zu geben und auf irgend eine Zeitdauer 2, 3, 4, 6, 8 gleich- oder ungleichwerthige Noten zu vertheilen.

Dieser Mangel lähmt die Fortschritte der Schüler und hindert sie vom Blatt zu spielen.

Hat man ihnen daher erst einmal den Takt ins Ohr getrommelt, d. h. hat der Lehrer ihnen eine Seite eingetrichtert, so bieten ihnen meist die mechanischen Schwierigkeiten im engeren Sinne keine ernsthaften Hindernisse mehr.

Es ist wesentlich, beim Zählen keinen zu grossen Zwischenraum zwischen den Takttheilen zu machen. Je näher die metrischen Accente einander stehen, um so empfindlicher ist das Ohr für die mindeste Unregelmässigkeit.

Unser Auge kann nicht einen allzu grossen Raum übersehen und braucht Haltepunkte; um so weniger ist das Ohr fähig, das Gefühl der Einheit und Regelmässigkeit zu bewahren, wenn die als Anhaltspunkte dienenden Töne zu entfernt von einander sind.

Wir empfehlen daher Lehrern und Schülern Takte, deren Takttheile allzu überladen sind, auseinanderzulegen. In den Adagios, Andantes, Largos z. B., wo 8, 12, 16 bis 24 Noten auf den Takttheil kommen, muss man jeden Takttheil, oft sogar jeden halben Takttheil als einen Takt betrachten.

Wenn die rhythmische Zeichnung, die metrische Form sich ändert, so muss auch die Zählweise geändert werden, die keineswegs für ein ganzes Stück, sondern für jede einzelne Phrase festzustellen ist. Oft zählt man auf drei, vier verschiedene Arten auf der gleichen Seite. Diese Aenderung hat am Anfang jeder Phrase stattzufinden, wenn sie Notengruppen oder Zeichnungen herbeiführt, die von den früheren abweichen. Beispiele: *Les Adieux* von Dusseck, das Adagio der *Sonate pathétique*.

So weit als möglich muss man beim Zählen die Zahl der gezählten Takttheile in Uebereinstimmung bringen mit der Zahl der Takttheile, die der Rhythmus enthält; bei den Walzern z. B., wo die Rhythmen sechszeitig sind, d. h. zwei Takte zu drei Zeiteinheiten enthalten, ist es besser, für zwei Takte sechs als zweimal drei zu zählen.

Bei jedem zu singenden oder zu spielenden Stück prüfe man schon beim ersten Lesen, ob die Taktbezeichnung korrekt ist, ob es ein 2, 3 oder 4 zeitiger Takt ist; man sehe nach, durch welche Note (Bruchtheil der Ganzen) die Zeiteinheit vertreten wird.

Dann prüfe man:

1) ob der Takt einfach ist;
2) ob die Untertheilung der Takttheile regelmässig oder ausnahmsweise binär oder ternär ist;
3) wieviel metrische Accente in jedem Takt, in jedem Takttheil sind;
4) auf welche Noten jeder metrische Accent zu fallen hat;
5) man sehe vor Allem nach, ob die Takttheile korrekt geschrieben sind. Man korrigire, trenne, gruppire die Noten, damit diejenigen, die zusammen einen Takttheil bilden und diejenigen, welche den metrischen Accent erhalten

sollen, ins Auge springen. Die geringste Nachlässigkeit in dieser Hinsicht kann die Betonung fälschen. Wieviel muss man zählen und wie muss man abtheilen?

Man sehe nach, ob in den einfachen Takten sechs Noten vorkommen, die vier ersetzen; in den zusammengesetzten sechs, die drei ersetzen!

Man trage den Triolen, Sextolen u. s. w., allen ausnahmsweisen Vorkommnissen, die auf den Takt Bezug haben, Rechnung!

Man betone vor Allem energisch die erste Note des Taktes in den Tänzen, Rondos, Polonaisen, Boleros, Allegros, Prestos, in den Fugen und Kanons, denn in dergleichen Kompositionen muss der metrische Accent dominiren und sich fühlbar machen. Weniger ist dies in den Adagios, Andantes, Largos u. s. w. der Fall.

Um die erste Note jeden Taktes und Takttheiles energisch angeben zu lassen und die metrischen Accente hervorzuheben, schreiben einige Komponisten vor: Gut zu rhythmisiren. Diese übelgewählte Ausdrucksweise hat keinen Bezug auf das, was wir in diesem Werke Rhythmus nennen, sondern auf das, was bei uns Metrum heisst.

Wir beenden diese Rathschläge mit der Empfehlung unserer *Exercices de piano;* sie lassen sich auf alle Instrumente anwenden und verleihen ein kräftiges Taktgefühl. Alle metrischen Formen (Taktstrukturen), die in der modernen Musik gebräuchlich sind, finden sich dort auf Tonleitern und Arpeggien angewandt.

Fünftes Kapitel

Der rhythmische Accent.

Die Notenschrift hat kein specielles Zeichen zur Andeutung der Rhythmen; der Bogen ⌢, den man ebenso wohl zur Bezeichnung des legato verwendet als zum Zweck der Gruppirung verschiedener Noten, welche einen Rhythmus oder ein Glied einer musikalischen Phrase ausmachen, wird meist falsch gesetzt.

Es ist daher nothwendig, dem Vortragenden die Mittel an die Hand zu geben, jeden einzelnen Rhythmus zu erkennen, damit er die Anfangs- und Endnote eines jeden zum Verständniss bringen und sie besonders hervorheben kann. Schlecht rhythmisiren heisst schlecht interpungiren und schlecht accentuiren; und wie es in der Sprache nothwendig ist, jedem Wort, jedem Satztheile und jedem Satze seine besondere Bedeutung zu geben, ebenso ist es in der Musik nöthig, gemäss der natürlichen Tendenz der Noten, gemäss den Gesetzen der Anziehung, welche ihre Gruppirungen beherrschen und ihnen einen bestimmten Sinn verleihen, zu rhythmisiren und zu accentuiren.

Um richtig vorzutragen, muss man daher vor Allem gut rhythmisiren, d. h. die verschiedenen Rhythmen, die einen Satz bilden, von einander zu trennen lernen.

Um dies zu erreichen, nehme man einige Arien, Lieder oder Chöre, setze nach der Note, welche auf die letzte Silbe jedes Verses fällt, irgend ein Zeichen, Komma oder vertikalen Strich, und man wird Notengruppen erhalten, von denen eine jede den Namen Rhythmus trägt. Ein Rhythmus ist also eine Notengruppe, welche einem Vers entspricht. Nehmen wir an, der Leser nehme die vorgeschriebene Operation an folgenden Stücken vor:

1. Rhythmen von einem einfachen vierzeitigen Takt.

56. MOZART. Zauberflöte.

Wir wandelten durch Feuersgluthen, Bekämpften muthig die Gefahr.

2. Rhythmen von einem einfachen dreizeitigen Takt.

57. SCHUBERT.

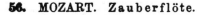

Lau - e   Lüf - te, Blu-men - düf - te.

3. Rhythmen von zwei einfachen zweizeitigen Takten.

58. SCHUBERT.

Ich hört' ein Bächlein rauschen Wol aus dem Fel - sen - quell.

4. Rhythmen von zwei zusammengesetzten zweizeitigen Takten.

59. SCHUBERT.

Am Bach viel klei-ne Blumen stehn, Aus hellen blauen Augen sehn.

5. Rhythmen von zwei einfachen dreizeitigen Takten.

60. FLOTOW.

Letzte Ro - se des Sommers, Blü-het hier — noch al - lein.

6. Rhythmen von drei einfachen dreizeitigen Takten.

61. MOZART. Zauberflöte.

Zum Leiden bin ich auserkoren, Denn meine Tochter fehlet mir.

7. Rhythmen von drei zusammengesetzten zweizeitigen Takten.

62. MONSIGNY.

Il é - tait un oi - seau gris Comme un' sou - ris, Qui, pour

lo - ger ses pe - tits, Fit un p'tit nid.

8. Rhythmen von vier einfachen zweizeitigen Takten.

63. SCHUBERT.

Im Walde schleich' ich still und wild, Gespannt mein Feu-er-rohr.

9. Rhythmen von vier zusammengesetzten zweizeitigen Takten.

64. MENDELSSOHN.

Wenn durch die Piaz - zet - ta die A-bend-luft weht, So

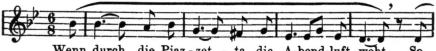

weisst du, Ni - net - ta, wer war - tend hier steht.

10. Rhythmen von fünf zusammengesetzten zweizeitigen Takten.

65. MENDELSSOHN.

Die Lotosblumen er-war - ten ihr holdes Schwesterlein.

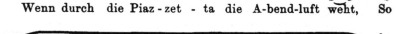

11. Rhythmen von sechs zweizeitigen einfachen Takten.

66. MENDELSSOHN.

In dem Mondenschein im Walde sah ich jüngst die El-fen rei - ten.

12. Gemischte Rhythmen.

67. MOZART. Don Juan.

Il mio te - so - ro in - tan - to,   an - da - te, an-
Fol-get der Heiss-ge - lieb - ten   und neh-met und

da - - te a con - so - lar,   e del bel ciglio il
nehmt ___ euch ih - rer an!   Sa - get der Tief-be-

pian - to cer - ca - te di a - sciu - gar, ___ cer-
trüb - ten, was Trost ihr brin-gen kann, ___ und

ca - te, cer-ca - te, cer - ca - te di a-sciu - gar.
sa - get, ja sa - get, was Trost ihr bringen kann.

13. Rhythmen von 10 Takten.

68. VERDI. Traviata.

Be - via - mo, be - via-mo nei lie - ti ca - li - ci

che la bel - lez - za in - fio - ra.

Diese Beispiele zeigen uns, dass jeder Vers in Musik gesetzt und dass zu jeder Musik ein Vers gemacht werden kann.
Der Rhythmus ist die Form, in welche der Vers gegossen wird;
er ist sein Kleid.   Wie es lange und kurze Verse gibt, so gibt
es Rhythmen, die aus einem, zwei, drei, vier, fünf, sechs, sieben,
acht und mehr Takten zusammengesetzt sind.   Zwei, drei, vier
Takte bilden einen Rhythmus, wie zwei, drei, vier Takttheile
oder Zeiteinheiten einen Takt bilden.

---

§ 1. Regelmässige und unregelmässige Rhythmen.

In Musikstücken von lebhaften Tempos findet das Ohr nur
an zweizeitigen und vierzeitigen Taktarten Gefallen und zieht
daher in denselben auch Rhythmen vor, die aus zwei oder
vier Takten zusammengesetzt sind.*)

Die Rhythmen der fünf ersten Beispiele sind regelmässige.
Unregelmässig heissen die dreitaktigen Rhythmen und diejenigen, welche aus ihrer Kombination mit zwei- und viertak-
tigen Rhythmen entstehen, d. h. die fünf-, sechs-, sieben-, neun-
und zehntaktigen Rhythmen.

Die Rhythmen der Beispiele 6, 7, 10, 11, 12, 13 sind
unregelmässig.

Die Komponisten wenden folgende fünf Verfahren an, um
unregelmässige Rhythmen zu bilden: 1) Zusammenziehung,
2) Erweiterung, 3) Wiederholung, 4) melodische Fortschreitungen, 5) Echo, das in Wahrheit nur eine Art der
Wiederholung ist.   Unser Beispiel 12 ist ein werthvolles Spe-
cimen; man sieht darin nicht nur die Verwendung verschiedener
Verfahren, sondern auch die von grossen Komponisten wie Mozart,
Beethoven u. s. w. gepflegte Art zu rhythmisiren.   Alle haben
von unregelmässigen Rhythmen einen häufigen Gebrauch
gemacht.

Am Ende der ersten Phrase dieses Beispiels findet man
die Wiederholung und die Zusammenziehung,
d. h. drei Takte statt vieren, am Ende der zweiten Phrase dagegen findet man einen erweiterten Rhythmus von vier statt
fünf Takten.

---

*) Siehe Metrischer Accent.   Die Walzer machen nur scheinbar
eine Ausnahme, denn beim Vortrag vereinigt man instinktiv je zwei einfache dreizeitige Takte in einen zusammengesetzten zweizeitigen Takt.

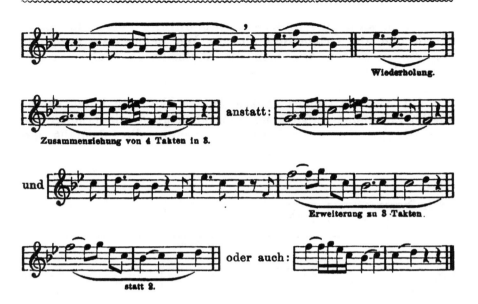

Wiederholung.

Zusammenziehung von 4 Takten in 3. anstatt:

und *Erweiterung zu 3 Takten.*

oder auch: *statt 2.*

Einen Rhythmus zusammenziehen bedeutet also, die Notenwerthe verkürzen, indem man zwei Takte zu einem vereinigt; einen Rhythmus erweitern dagegen bedeutet, einen Takt verdoppeln, indem man eine oder mehrere Noten verlängert oder wiederholt, z. B.:

MENDELSSOHN. Auf Flügeln des Gesanges.

Fünftaktiger Rhythmus.

anstatt:

Viertaktiger Rhythmus.

Was die Wiederholung betrifft, so entsteht sie aus dem wiederholten Gebrauch eines oder mehrerer Takte. Beispiel 11, das sechstaktige Rythmen mit Wiederholungen und Erweiterungen bietet, kann durch die Unterdrückung derselben auf viertaktige Rhythmen reducirt werden, z. B.:

Es ist klar, dass diese Verstümmelung dem Stück allen Werth und alle Originalität nimmt. Wir nehmen sie auch nur vor, um zu zeigen, wie man die Rhythmen zu analysiren hat.

Auch das Trinklied aus Traviata, unser 13. Beispiel, würde so verstümmelt alle seine Schönheit verlieren.

Oft wird statt eines ganzen Taktes blos eine kurze rhythmische Zeichnung aufsteigend oder absteigend wiederholt, was melodische Fortschreitungen erzeugt, die ebenfalls die Regelmässigkeit des Rhythmus zerstören, z. B.:

Eine letzte Ursache rhythmischer Unregelmässigkeit ist endlich das Echo, z. B.:

anstatt:

Das Echo dieser Phrase bietet die Eigenthümlichkeit, dass es **absteigend** ist. So unnatürlich das erscheinen mag, so ist das Vorkommniss doch ziemlich häufig.

71. MOZART. F dur-Sonate.

Wenn die Komponisten Mittel zur Hand haben, die Regelmässigkeit und Gleichförmigkeit der Rhythmen zu zerstören, so besitzen sie auch solche, um sie wiederherzustellen. Die gebräuchlichsten sind: die **Ellipse**, die **Coda** und die **Fermate** französisch **Orgelpunkt** ($\curvearrowright$).

Die **Ellipse** besteht in einer Note oder auch einem Takt, welche die doppelte Function haben, gleichzeitig einem Rhythmus als Schluss und dem folgenden zum Anfang zu dienen. Siehe unten Nr. 74 **Mignon** von **Beethoven**. Ein anderes Beispiel ist:

72. ROSSINI. Barbier.

Erstes Mal.   Zweites Mal.

Das erste *es* des neunten Taktes bildet eine **Ellipse** mit **gewöhnlichem Druck**: *es* spielt die Doppelrolle einer Anfangs- und Endnote.

Die **Coda** ist die Wiederholung der letzten Takte einer Phrase oder die Zufügung einiger Takte, welche den Phrasen, die aus allzu gleichförmigen Rhythmen bestehen, einen weit energischeren, abschliessenden Sinn verleihen, z. B.:

73. MOZART. A dur-Sonate.

Coda

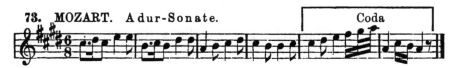

Wir wollen die Darlegung der von den Komponisten zur Zerstörung und Wiederherstellung der rhythmischen Regelmässigkeit verwandten Verfahren mit einem Beethovenschen Beispiele beschliessen, das zeigen soll, welche Auskunftsmittel die Begleitung für dergleichen Manipulationen und Umformungen bieten kann, und welche bedeutende Rolle sie dabei spielt:

74. BEETHOVEN: ~Mignon.

Das Kreuz beim sechsten Takte bezeichnet einen wahrhaften elliptischen Takt, der aus zwei Takten konzentrirt ist.

Mozart und Beethoven wenden oft zur Wiederherstellung der rhythmischen Viertheilung eine Fermate oder den Orgelpunkt an, dem sie den Werth eines Taktes geben. (Siehe Presto der F dur-Sonate (Nr. 14) und die D moll-Phantasie von Mozart.)

------

§ 2. Männliche und weibliche Rhythmen.

Der Leser hat wol bemerkt, dass gewisse Rhythmen am Anfang eines Taktes oder auf dem guten Takttheil aufhören; ihre letzte Note fällt mit einer betonten Silbe zusammen: man nennt diese Rhythmen männlich. Andere schliessen dagegen in der Mitte der Takte auf schlechten Takttheilen: und diese werden weiblich genannt. So ist in unserem dritten Beispiel

Seite 57, der erste Rhythmus weiblich, er schliesst mit einer unbetonten Silbe **rauschen** auf dem zweiten Takttheil; der zweite Rhythmus ist **männlich**, er schliesst mit einer betonten Silbe, **Felsenquell**, auf dem ersten Takttheil:

Ich hört' ein Bächlein **rauschen** Wol aus dem Fel - sen-**quell.**

Das zweite Beispiel bietet zwei weibliche Rhythmen nach einander und darauf einen männlichen Rhythmus:

Lau-e Lüf - **te,** Blumen-düf - **te,** Al - le Lenz- und Ju - gend**lust.**

Man trifft jedoch sehr häufig auf der letzten Note eines männlichen, d. h. auf dem guten Takttheil endigenden Rhythmus eine unbetonte Endungssilbe, und umgekehrt auf der letzten Silbe eines weiblichen, d. h. auf einen schwachen Takttheil oder Theil eines Takttheiles ausgehenden Rhythmus eine betonte Silbe, z. B.:

75. SCHUBERT.

Drum sind es mei - ne Blu - **men.**

76. SCHUBERT.

Ein Licht tanzt freund-lich vor mir **her.**

Der Rhythmus des 75sten Beispiels ist offenbar männlich, da er auf dem ersten, guten Takttheil schliesst; und doch ist die Schlusssilbe „-men" unbetont. Der Rhythmus des 76sten Beispiels dagegen ist offenbar weiblich, da er auf dem zweiten, schlechten Takttheil schliesst; und doch ist die Schlusssilbe „her" betont.

Wir haben also **vertauschte** Rhythmen vor uns: der weibliche wird männlich und der männliche weiblich. Diese **Vertauschung** wird durch folgende zwei Verfahren erreicht: 1) Indem man der **letzten** Silbe eines männlich ausgehenden Verses mehrere Noten zutheilt, von denen die erste Note betont ist, darf der Schluss desselben auf eine unbetonte, also auf die letzte Note eines weiblichen Rhythmus fallen. 2) Indem man die **vorletzte** Silbe eines unbetont weiblich ausgehenden Verses verlängert, d. h. ihr einen **grösseren Notenwerth** oder **mehrere Noten** zutheilt, darf die letzte, unbetonte Silbe auf eine betonte, also auf die letzte Note eines männlichen Rhythmus fallen. Man muss also, damit die letzte (betonte) Silbe eines männlichen Verses auf die letzte (unbetonte) Note eines weiblichen Rhythmus fallen kann, die letzte Silbe durch Verlängerung oder Zutheilung mehrerer Noten **abschwächen**; und damit die letzte (unbetonte) Silbe eines weiblichen Verses auf die letzte (betonte) Note eines männlichen Rhythmus fallen kann, die **vorletzte Silbe verlängern,** indem man ihr **eine grössere Note oder mehrere Noten** zutheilt. Die durch dies Mittel der vorletzten Silbe gesicherte Wichtigkeit nimmt der letzten Silbe einen Theil ihrer Stärke. In den beiden obigen Beispielen sind diese Regeln streng beobachtet. Ebenso in den folgenden:

77. MOZART. Zauberflöte.

Sa - ra - stro wird er - blas - sen.

78. GOUNOD. Faust.

On en - cen - se Sa puis - san - - - ce.
Und sie senden Weihrauchspen - - - den.

Die letzten unbetonten Silben -sen und -ce können männliche Rhythmen beschliessen, weil die vorletzten Silben -blas- und -san- verlängert sind.

Wir bemerken noch, dass die Komponisten diese Verfahren anwenden dürfen, aber nicht missbrauchen sollten. Wir könnten Kompositionen citiren, wo fast alle Rhythmen vertauscht sind: weibliche Verse für männliche Rhythmen und männliche Verse für weibliche Rhythmen.

Die letzte Note der weiblichen Rhythmen wird, auch wenn sie auf eine schwache Silbe oder auf einen schlechten Takttheil ausgeht, stark:

1) Wenn die weiblichen Rhythmen mit einer Synkope enden, d. h. wenn die zweite Note des Schlussaktes grösseren Zeitwerth hat, als die erste. *)

79. MOZART. Don Juan.

Andiam, andiam, mio be - ne, — A ri-sto-rar le pe-ne. —
O komm, o lass uns ei - len, — Das holde Glück zu theilen.—

80. CHOPIN. Op. 30, Nr. 2.

81. CHOPIN. Op. 7, Nr. 2.

Die synkopirten Rhythmen sind wahrhafte vertauschte Rhythmen, z. B.:

82. CHOPIN.

anstatt:

83. VERDI.

anstatt:

Diese Vertauschung, welche eine Synkope, d. h. eine sehr starke Note an Stelle einer sehr schwachen Note setzt, gibt den Schlüssen solcher Rhythmen eine sehr grosse Energie.

---

*) Es ist in Wirklichkeit ein pathetischer Rhythmus, denn die Synkope ist ein wesentlich pathetisches Element. (Siehe Der pathetische Accent.)

2) Wenn der letzten Note eine Pause vorhergeht.

anstatt:

3) Wenn die letzte Note ein Wiederschlag ist (siehe S. 38).

4) Wenn die letzte Note sich bis auf die erste Note des folgenden Rhythmus erstreckt und mit dieser verschmelzt:

87. CHOPIN. Op. 7, Nr. 4.

Wir können die Vertauschung der Rhythmen nicht verlassen, ohne die Aufmerksamkeit der Leser auf einen Missbrauch des Verfahrens besonders hinzulenken. Oft erlauben sich die Komponisten wider alle Logik Vertauschungen, die keineswegs dem Charakter des Stückes entsprechen oder welche sogar in flagrantem Widerspruch zu den von ihnen selbst gegebenen Ausdrucksvorschriften stehen. Trifft man z. B. in einem Tanz oder einem durchaus elementaren Stück eine Phrase, wie die folgende:

so korrigire man ohne Zögern den zweiten Takt; denn es ist nicht anzunehmen, der Autor habe gegen alle Logik ein so energisches Ausdrucksmittel in einem derartigen kindlichen Stück anwenden wollen. Man spiele daher wie folgt:

Man muss also jedesmal prüfen, ob der Autor einen pathetischen Rhythmus hat anwenden wollen, oder ob blos ein aus nachlässiger Schreibweise entstandener Fehler vorliegt.

Es folge hier noch ein Beispiel, das nach unserer Meinung falsch geschriebene vertauschte Rhythmen enthält, und das wir in einem in Deutschland sehr verbreiteten Stücke gefunden haben:

Wir sehen einerseits, wenn wir nur die rhythmische Bindung beachten, dass der Bogen nachlässig, ja widersinnig gesetzt ist. Was bedeutet andererseits das *decrescendo* unter *f, e* des zweiten Taktes und unter *gis, a* des vierten? Der Autor hat offenbar gefühlt, dass das *e* im zweiten und das *a* im vierten Takt weibliche Rhythmen abschliessen; dann dürfen aber diese beiden Noten nicht grössere Werthe haben, als die vorausgehenden *f* und *gis*, sondern müssen durch Viertelnoten mit Pausen ersetzt werden, wenn man nicht vorzieht, die vorletzten Noten der Rhythmen zu verlängern. Es ist also zu schreiben:

oder:

Ein anderer von den Komponisten ziemlich häufig be-
gangener Fehler besteht in der Setzung kleiner Noten (Verzierungsnoten oder Gruppettos) statt vollwerthiger Noten vor
der letzten Note eines weiblichen Rhythmus. Diese Schreibweise
ist durchaus verwerflich, denn diese kleinen Noten, wenn ihnen
kein Triller vorangeht, verführen den Spieler zur Betonung der
folgenden Note, während dieselbe in diesem Falle sehr schwach
sein sollte. Man wird uns vielleicht einwenden, man fühle wohl,
dass diese letzte Note schwach sein müsse. Dem ist nicht so:
man fühlt es nicht. Fühlte man es, so würden neunzig Personen von hundert anders spielen, als sie spielen. Wozu dienen
übrigens diese Bezeichnungen als zur Anweisung derjenigen, die
nicht fühlen? Warum also zu falschem Spiel anweisen? So findet
man im Thème allemand von Leybach (S. 2 letzter Takt):

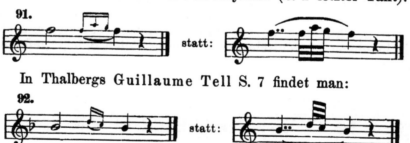

In Thalbergs Guillaume Tell S. 7 findet man:

Die gleiche Nachlässigkeit kehrt S. 10, erste Zeile wieder.
    Letzte Bemerkung. Viele Komponisten haben die Ge-
wohnheit, über oder unter die letzte Note einer durch rhythmische Bindung vereinigten Gruppe einen Punkt oder ein
Komma zu setzen, z. B.: ♪♪♪♪ oder ♪♪♪♪. Dieser Punkt
oder dieses Komma sind unnütz und verführen den Spieler zur
Betonung einer Note, welche im Gegentheil mit der vorhergehenden eng verbunden und zart abgeschliffen werden soll.

§ 3. **Die Anfangsnote der Rhythmen.**

Der Leser hat in mehreren der zu Anfang dieses Kapitels gegebenen Beispiele bemerken müssen, dass die Rhythmen nicht mit der ersten Note des Taktes beginnen. In der That kann ein Rhythmus seine Anfangsnote und Endnote nicht nur auf jedem starken oder schwachen Takttheil haben, sondern auch auf jedem Theil eines Takttheiles.

Der Schlussrhythmus allein hat auf den Anfang eines Takttheiles auszugehen.

Da diese Thatsache von grösster Bedeutung ist, wollen wir einige Beispiele der gewöhnlichsten Fälle zusammenstellen.

Auf der zweiten Hälfte des ersten Takttheiles beginnende Rhythmen.

93. MOZART. Zauberflöte. Was wollte ich darum nicht geben?

Was wollte ich darum nicht ge - ben?

Auf dem zweiten Drittel des ersten Takttheiles beginnende Rhythmen.

94. GOUNOD Faust.

Fai - tes lui mes a - veux, Por - tez mes vœux,
Blüm-lein traut, sprecht für mich recht in - nig - lich!

Fleurs é - clo - ses près d'el - le,
Lie - bes - gruss zu ihr brin - get!

Auf dem zweiten Viertel des ersten Takttheiles beginnende Rhythmen.

95.*)

*) Dieser Takt sollte mit dem *g* des zweiten Takttheiles anfangen, die drei ersten Noten sind Anakrusen. Siehe Lussys Rhythme musical, Paris bei Heugel.

Auf dem dritten Viertel des ersten Takttheiles beginnende Rhythmen.

96.

Auf dem vierten Viertel des ersten Takttheiles beginnende Rhythmen.

97.

Auf dem zweiten Viertel des zweiten Takttheiles beginnende Rhythmen.

98.

Auf der zweiten Hälfte des zweiten Takttheiles beginnende Rhythmen.

99.*)

Auf dem dritten Drittel des ersten Takttheiles beginnende Rhythmen.

100.

Auf dem dritten Sechstel des zweiten Takttheiles beginnende Rhythmen.

101.

---

*) Dieses Beispiel sollte im $^6/_8$ Takt geschrieben sein.

Auf dem zweiten Drittel des dritten Takttheiles beginnende Rhythmen.

102.

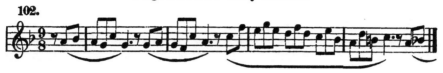

Es ist überflüssig, weitere Beispiele zu geben. Der Leser wird wohl bemerkt haben, dass der zweite Rhythmus meist auf dem gleichen Takttheil oder Theil des Takttheiles beginnt, wie der erste Rhythmus und mit den gleichen Notenwerthen, d. h. mit der gleichen rhythmischen Zeichnung ausgestattet ist. Im Schlussrhythmus tritt jedoch meist eine Aenderung in den Notenwerthen und in der Zeichnung ein. Das ist logisch: da die vorhergehenden Rhythmen suspensiv sind, d. h. den Hörer auf das Folgende verweisen, so müsste auch der letzte, wenn er ihnen vollständig gliche, suspensiv sein. Soll er abschliessend wirken, muss man daher im letzten Rhythmus Modifikationen anbringen. Auch bilden die Komponisten, nachdem sie vier-, acht-, zwölfmal die gleiche rhythmische Zeichnung benutzt haben, um die aus dem Andauern derselben resultirende Einförmigkeit zu durchbrechen, neue Zeichnungen. Die symmetrische Verkettung, die Aufeinanderfolge dieser verschiedenen rhythmischen Zeichnungen bilden gewissermassen das Skelett einer Komposition.

Wir haben absichtlich im Beispiel 98 und 101 die Schlussnote jedes Rhythmus von den folgenden Noten abgetrennt ($\frac{2}{4}$ ♩ ♪ ♫ und $\frac{6}{8}$ ♫. ♫ ♪, ♫). Nach unserer Ansicht darf die erste Note eines Takttheiles, wenn sie die letzte Note eines Rhythmus bildet, nicht mit den Noten zusammengruppirt werden, welche mit ihr den Takttheil ausfüllen.

Man ist oft in Verlegenheit, wie die Taktzahl eines Rhythmus zu berechnen und wo der Anfangspunkt desselben anzusetzen sei; folgendes Prinzip wird diese Untersuchnng erleichtern: wenn ein Takt nach der Schlussnote eines Rhythmus noch eine oder mehrere Noten enthält, die dem folgenden Rhythmus angehören, so zählen diese Noten für die Berechnung der Taktanzahl dieses zweiten Rhythmus nicht mit. Es sind Anakrusen. Der erste Takt des Rhythmus beginnt erst mit dem ersten guten Takttheil oder ersten Ictus. Nur im Fall von Ellipsen zählen sie mit. Im Beispiel 101 zählen z. B. die vier Noten des ersten Taktes nicht mit für die Taktzählung; der Rhythmus beginnt erst nach diesen vier Noten, welche Anakrusen,

Anlaufs- und Füllnoten sind. Man muss daher die Taktzahl dieses Rhythmus berechnen, als ob er so aussähe:

Viele Lehrer und Schüler beginnen beim Studium von Stücken die Wiederholungen ungeschickt. Wenn die zu studirende und zu wiederholende Stelle in der Mitte eines Taktes beginnt, fangen sie mit dem vollen Takt an, nehmen also die Schlussnoten des vorhergehenden Rhythmus hinzu. Diese abscheuliche Gewohnheit schadet der Entwickelung des rhythmischen Gefühls; es ist das gerade so, als wenn man beim Lesen die letzten Worte des früheren Satzes mit dazunähme, statt nach dem Punkt zu beginnen.

---

§ 4. Die musikalische Phrasirung.

Die wichtigste Thatsache, die uns im Gebiet des Rhythmus beim Anhören eines Musikstückes entgegentritt, besteht darin, dass die letzte Note jedes Rhythmus von einer Einbiegung, einem Sinken der Stimme oder des Tones begleitet wird, das den mehr oder minder vollständigen Eindruck der Ruhe hervorbringt, und gewöhnlich durch eine mehr oder minder lange Pause bekräftigt wird. Da die Rhythmen meist regelmässig sind und symmetrische Gruppen darbieten, so kehren diese Einbiegungen oder Kadenzen, diese Ruhepunkte, diese Pausen mit einer gewissen Regelmässigkeit wieder. Nach einer gewissen Anzahl von Rhythmen stellt sich einer ein, der mit einer, Tonica genannten Note einen definitiven Schluss bringt. Die Tonica befriedigt unter diesen Verhältnissen alle Bedürfnisse des Ohres und gibt ihm das Gefühl eines Abschlusses: die Phrase ist zu Ende.

Eine Folge von Rhythmen, deren letzter durch einen Ton abgeschlossen wird, der dem Ohr das Gefühl vollständiger Ruhe gewährt, bildet eine musikalische Phrase. Ein Rhythmus dagegen ist ein Glied einer Phrase, eine Notengruppe, deren letzte Note appellativ, suspensiv ist, dem Ohr nur eine unvollständige Ruhe bietet und in ihm das Bedürfniss einer neuen Tonreihe wachruft.

Die Eigenthümlichkeit gewisser Töne, dem Ohr das Gefühl einer mehr oder minder vollständigen Ruhe zu gewähren, bildet die Grundlage der **Kadenz.** Diese Eigenthümlichkeit beruht auf Gründen verschiedener Natur: **metrischen, rhythmischen, tonalen und harmonischen Gründen.** Um einen Sinn, einen auch nur numerischen Ruhepunkt zu bieten, müssen die Schläge des Trommlers folgende Bedingungen erfüllen: 1) es muss ein Takt vorhanden sein, d. h. ein periodisch von 2 zu 2, 3 zu 3 oder 4 zu 4 Schlägen wiederkehrender stärkerer Schlag; 2) es muss eine rhythmische Zeichnung vorhanden sein, d. h. von 2 zu 2, höchstens von 4 zu 4 Takten Wiederholung der gleichen Notenwerthe, der gleichen Eintheilung der Takte und Takttheile, welche hierdurch ähnlich gestaltete, symmetrische Gruppen bilden; es muss regelmässiger oder unregelmässiger Weise am Ende von 8, 12 oder 16 Takten ein Halt, ein Ruhepunkt eintreten. Dieser Ruhepunkt wird gewonnen: 1) durch eine grosswerthige (langdauernde) oder von einer Pause begleitete Note, die auf den Anfang des letzten Taktes fällt; 2) durch eine auf einen schwachen Takttheil fallende Note, welcher eine mehrwerthige oder ihr selbst gleichwerthige Note vorhergeht; 3) durch eine auf einen schwachen Takttheil fallende Note, welcher eine Reihe im Vergleich zu ihr minderwerthiger Noten vorangehen; 4) durch eine grosswerthige auf einen schwachen Takttheil oder schwachen Theil eines Takttheiles fallende Note.

Der wahre, natürliche Schluss findet nur auf dem ersten Takttheil statt. Alle übrigen Schlüsse sind blos scheinbar und künstlich. Es sind verlängerte, verweiblichte (künstlich weiblich gemachte) oder synkopirte Schlüsse, z. B.:

104.

Wollte man diese Phrase so abschliessen:

oder so: oder so: oder so: oder so: od.synkopirt so: oder so:

so wäre sie noch immer abschliessend, obgleich der Endruhepunkt im drittletzten Fall (*c d c*) nicht so vollkommen ist, wie in den übrigen, was leicht erklärlich ist: diese Schlusswendung unterscheidet sich nicht genugsam vom Schlusse des ersten Rhythmus. Da nun der erste Rhythmus einfach suspensiv ist, so bleibt diese Unentschiedenheit auch für den Schlussrhythmus bestehen, den man daher lieber aufrichtiger und bestimmter gestaltet sehen möchte.

Wenn man dagegen die Phrase folgendermassen endigen liesse:

u. s. w.

so wäre sie ohne jeden Schluss, weil hierbei keine einzige der zur Gewinnung eines Schlusses, eines Endruhepunktes nöthigen rhythmischen Bedingungen erfüllt wäre.*)

---

*) Eine merkwürdige Thatsache ist folgende: in dreizeitigen Takten kann ein einfacher thetischer Rhythmus nicht auf dem schwachen Theil des zweiten Takttheiles einen Abschluss finden, während der schwache Theil des dritten Takttheiles die Fähigkeit besitzt, einen solchen Rhythmus abschliessen zu können, z. B.:

105. MARCAILHOU. Le Torrent.

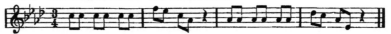

Das Ohr wird sicher von der Endnote dieser zwei Rhythmen nicht befriedigt, obschon der Bass den Takt vervollständigt. Es wünschte eine oder zwei Noten mehr:

Man versuche nun, den Rhythmus mit einem Auftakt, einer Anakruse zu beginnen, z. B.:

und sofort wird der schwache Theil des zweiten Takttheiles abschlussfähig. Im ersten Fall beginnt nämlich der Rhythmus mit dem starken Takttheil, der Thesis, er ist thetisch; daher sollte er sich eigentlich bis zur folgenden zweiten Thesis ausdehnen und zwei volle Takte füllen. Da er dies nicht thut, so ist er unvollständig, katalektisch und verletzt das Ohr. Im zweiten Fall dagegen ist der Rhythmus anakrusisch, dehnt sich von einer Anakruse bis zu einer andern Anakruse aus, ist also vollständig, akatalektisch und befriedigt als solcher das Ohr.

Will man nun diesen Zeichnungen ausser einem rein numerischen oder rhythmischen Sinn einen musikalischen Sinn beilegen, will man eine musikalische Phrase haben, so würde man dies durch zwei Bedingungen erreichen: 1) Anwendung von Noten, die einer Dur- oder Molltonleiter angehören; 2) Abschluss der Zeichnung durch die Tonica.

Man versuche die letzte Note einer Melodie oder auch nur einer einfachen Tonleiter wegzunehmen! Man wird einen verstümmelten Körper erhalten. Es wäre so, als wenn man aus einem grammatikalischen Satz das direkte Objekt wegnähme.

Diese unumgängliche letzte Note ist, wie wir sagten, die Tonica, die ursprüngliche Tonica oder eine durch Modulation herbeigeführte neue Tonica.

Man besetze dagegen diese Zeichnungsumrisse mit beliebigen Noten der chromatischen Tonleiter, d. h. Noten, die verschiedenen Tonalitäten angehören, und man wird nicht den mindesten musikalischen Sinn erhalten; würde man sie nur mit Noten besetzen, welche einen Dominantseptimenaccord bilden, so würde man einen blos suspensiven und unvollständigen musikalischen Sinn erhalten. Man muss daher, um eine vollständige musikalische Phrase zu erhalten, mindestens die Noten eines Grundaccords und eines Dominantaccords zur Verwendung bringen.

Im Ganzen sind drei Elemente nothwendig zur Bildung einer musikalischen Phrase: Takt, Rhythmus, Tonalität. Die Durchdringung dieser drei Elemente bildet die Grundpfeiler des herrlichen Bauwerks, das wir moderne Musik nennen. Die metrische und rhythmische Zeichnung bilden ihr Gerüst; die Tonalität in ihrem Doppelgeschlecht (Dur und Moll) ist ihr Athem, ihr Leben, ihre Seele. Uebrigens ist es schwer, sich eine musikalischen Sinn besitzende Folge von Tönen vorzustellen, welche nicht zugleich rhythmische Elemente enthielte. *)

Die Kadenz bedeutet für die Musik, was die Interpunktion für die Rede. Wie die Interpunktion eines grammatikalischen

---

Befriedigende, weil vollständige, akatalektische Rhythmen mit thetischem Beginn werden erzielt bei Verwandlung des $\frac{6}{4}$ Taktes in $\frac{2}{4}$ Takt, z. B:

oder:

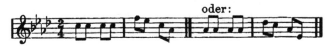

*) Siehe die pathetische Tempoführung S. 204, zwei andere Thatsachen, welche dazu beitragen, der Schlusstonica einen abschliessenden Charakter zu verleihen.

Satzes mehr oder minder lange Ruhepunkte verlangt, je nach dem mehr oder minder vollständigen Sinn, den jedes Wort und jede Wortgruppe, welche sie zu trennen bestimmt ist, enthält, so erfordert auch die Kadenz je nach dem mehr oder minder vollständigen musikalischen Sinn, den jede Tongruppe, deren Schluss sie bildet, enthält, einen mehr oder minder langen Ruhepunkt, den die Sänger zum Athemholen benutzen. Die verschiedenen **Kadenzen**, welche das Ende der Phrasen, der Phrasenglieder, der Hemistichien, der Einschnitte*), der ganzen Stücke dem Gefühl merkbar machen, und alle Elemente einer musikalischen Satzzeichenlehre enthalten, haben die Namen angenommen: **Vollständige, unvollständige, gebrochene Kadenz, Halb-, Viertelkadenz** u. s. w.; sie entsprechen dem Punkt, Semikolon, Doppelpunkt, Fragezeichen, Ausrufezeichen, Gedankenstrich und Komma.

Wir wollen ein merkwürdiges Beispiel musikalischer Interpunktion hierhersetzen, es ist die textuelle Analyse, welche der berühmte Theoretiker Mattheson in seinem **Kern melodischer Wissenschaft** (Hamburg, Herold 1737) von einem Menuett gemacht hat.

106.   **Minuetto.**

„Da ist nun ein gantzer musicalischer **paragraphus** oder Zusammensatz von 16 Täcten, aus welchen**) 48 werden: dieser bestehet aus zweyen **periodis** oder Sätzen, die sich (gleich den folgenden Einschnitten) durch die Wiederholungen, um zwey Drittel vermehren, und unter den Schluss-Noten mit Punkten (∴) bemercket sind. Es befindet sich darin nicht nur ein **Colon** oder Glied; sondern auch ein **Semi-**

---

*) Siehe unten § 5.
**) Durch die Wiederholungen.

colon oder halbes Glied: die man bey ihren gewöhnlichen Zeichen (:) (;) erkennen kan. Man trifft ferner drey Commata an, daraus neun werden, und die mit dem bekannten Bey-strichlein (,) versehen sind. Die dreyfache emphasin*) aber deuten wir mit eben so vielen Sternlein (*) an.**) Der nume-rus sectionalis, oder geometrische Verhalt, ist hier, wie durchgehends bey allen guten Tantzarten, 4: und hat vier Kreutzlein (†) zum Abzeichen. Die Rhythmi, oder Klang-Füsse des ersten und andern***) Tacts werden im fünften und sechsten wieder angebracht ◡ − | − ◡ − |. Diejenigen, so sich hernach im neunten und zehnten Tact angeben, ◡ ◡ − − | − − − | höret man gleich im elfften und zwölfften gerne noch einmahl, woraus denn die arithmetische Gleichförmigkeit erwächst. Und das wäre die gantze Zergliederung in acht Stücken."

Wir wollen nichts hinzufügen zu dieser so eigenthümlichen und besonders für die Epoche ihres Entstehens so bemerkens-werthen Analyse; wir wollen nur darauf aufmerksam machen, dass schon Mattheson den Namen Emphase (= pathetischer Accent, d. h. starker Ton ausserhalb des Taktes und des Rhythmus) der Synkope *fis* des ersten und fünften und der Gipfelnote *e* des elften Taktes gibt. (Siehe Der pathetische Accent.)

§ 5. Hemistichien und Einschnitte.†)

Wir haben gesehen, dass die Länge der Rhythmen der Länge der Verse entspricht, dass es männliche und weib-liche Rhythmen gibt, wie es männliche und weibliche Verse

---

*) Die drei pathetischen Accente.

**) Wir weisen in unserer Wiedergabe diesen drei Emphasiszeichen genau die Stelle an, die sie im Original haben, glauben aber, dass der Autor sie nicht unter die Taktstriche, sondern unter die diesen voraus-gehenden Noten *fis* im ersten, *fis* im fünften und *c* im elften Takt hat setzen wollen.

***) andern = zweiten.

†) Hemistich (ἡμιστίχιον) von ἡμί (hemi) halb und στίχος (stichos) Vers bedeutet Halbvers, besonders im Hexameter. Cäsur (vom lateini-schen caesura, Schnitt) heisst der Theilungspunkt zwischen zwei Hemi-stichien oder Halbversen. Einschnitt (französisch incise) nennen wir hier das kleinste abzusondernde Ganze von Worten oder Noten. Im fol-genden Hexameter z. B:

− ◡ ◡ − | ◡ ◡ − ◡ | − ◡ − | ◡ − ◡ ◡ − ◡ |
Hab' ich den Markt und die Strassen doch nie so einsam gesehen !|

bildet „Hab' ich den Markt und die Strassen" das erste Hemistich, nach „Strassen" tritt die Cäsur ein. „Hab' ich den Markt" und „doch nie" können als erster und dritter Einschnitt (incise) betrachtet werden.

gibt; dass die verschiedenen Kadenzen oder Ruhepunkte den verschiedenen grammatikalischen Satzzeichen entsprechen. Die Analogie zwischen Vers und Rhythmus geht noch weiter; denn wie der Vers durch die Cäsur in Hemistichien und Einschnitte getheilt wird, so kann auch ein Rhythmus in mehrere Bruchstücke getheilt werden, von denen jedes einen, wenn auch sehr geringen Ruhepunkt bietet. Wenn wir z. B. den Rhythmus von Nr. 9 genau prüfen, so sehen wir, dass er im zweiten Takt einen Ruhepunkt, eine Cäsur bietet und dass er so geschrieben werden könnte:

106bis.

Wenn durch die Piaz - zet - ta die A - bend-luft weht.

Der viertaktige Rhythmus zerfällt also hier in zwei zweitaktige Halbrhythmen oder Hemistichien.

Wie die Rhythmen in Hemistichien zerfallen, so können sie auch in kleinere Einheiten, die wir Einschnitte nennen, zerfallen, z. B.:

107. BEETHOVEN. Fidelio.

Mir ist so wun-der-bar, es engt das Herz mir ein.

In diesem Beispiel bietet der erste Rhythmus, der, wie die Begleitung zeigt, die Pause des zweiten Taktes in sich fasst, vier Einschnitte, von denen je drei sich zu einem Halbvers vereinigen lassen.

Diese Beispiele zeigen uns, dass die Hemistichien und Einschnitte so gut wie die Rhythmen auf jedem beliebigen Takttheil oder Theil des Takttheiles anfangen und schliessen können; auch diese Elemente theilen sich in männliche und weibliche.

Da in der Vokalmusik die Rhythmen, Hemistichien und Einschnitte mit den parallelen Verselementen übereinstimmen, ist ihre Beobachtung leicht. Wir wollen nun die Rhythmen, Hemistichien und Einschnitte, die man in der Instrumentalmusik antrifft, prüfen und ihnen unsere besondere Sorgfalt widmen, denn von ihrer strengen Beobachtung hängt zum grossen Theil die Klarheit und Verständlichkeit des Vortrags ab.

§ 6. Die Rhythmen in der Instrumentalmusik.

Bisher haben uns die Verse geholfen die Rhythmen aufzufinden; leider mangelt uns dies unfehlbare Mittel in der Instrumentalmusik. Oft sind hier die Rhythmen gar nicht und
noch öfter widersinnig angegeben. Es ist kaum zu glauben,
wie viel Enormitäten man in dieser Hinsicht sogar auf den
Seiten der grössten Meister begegnet. Bevor wir einige Proben
dieser Unkorrektheiten geben, wollen wir die wirksamsten Mittel
anzeigen, um in einem Instrumentalstück die Rhythmen zu
erkennen.

1) Man prüfe, ob die Noten von zwei zu zwei, drei zu drei
    oder vier zu vier Takten Gruppen ähnlich gestalteter,
    symmetrischer Zeichnung darbieten. Jede Gruppe, deren
    Abweichung oder Aehnlichkeit mit der vorhergehenden
    oder folgenden man deutlich erkennt, bildet offenbar eine
    Einheit, einen Rhythmus oder einen Einschnitt je
    nach ihrer grösseren oder geringeren Ausdehnung.

2) Man prüfe, ob von zwei zu zwei, von drei zu drei oder von
    vier zu vier Takten sich die gleichen Noten und gleichen
    Notenwerthe einstellen, und ob sie nicht durch einen grossen
    Notenwerth oder eine Pause abgeschlossen werden.

3) Endlich, und das ist das Hauptindicium, belausche man
    die Ruhetendenz, welche die letzte Note jeder Gruppe
    das Ohr empfinden lässt, ob sie blos ein unvollständiges,
    auf eine Folge hinweisendes, oder ob sie ein definitives
    Ausruhen ankündigt.

Nehmen wir an, wir hätten folgende Phrasen zu rhythmisiren:

108. MOZART.

Wir würden so vorgehen; der erste und zweite Takt bieten
die identisch gleiche Zeichnung, also bildet jeder eine Einheit,
eine Gruppe. Der vierte Takt weicht etwas ab vom dritten.
Durch ihre schrittweise, erst steigende, dann fallende Struktur
bilden diese vier Takte ein Ganzes, das man einen offenen
Kreis nennen könnte. Der fünfte Takt ist mit dem ersten
identisch, der sechste mit dem zweiten, der siebente und achte

zeigen die Notenwerthe des dritten und vierten, aber mit einer
leichten Veränderung: die Noten steigen von der Tonica schrittweise zur Unterdominante auf, sinken dann auf die Tonica
zurück und bilden so einen wirklichen geschlossenen Kreis.
Ohne Zögern können wir daher so rhythmisiren:

In diesem Beispiel bieten zwar die drei ersten Takte die
gleiche Zeichnung, eine Halbe- und eine Viertelnote, doch sind
diese Elemente nicht bedeutend genug, um selbstständige Rhythmen zu bilden. Der vierte Takt enthält eine Pause, die offenbar einen Abschluss implicirt. Die vier folgenden Takte bieten
jeder eine besondere Zeichnung, der achte Takt enthält wiederum
eine Pause, demnach muss man folgendermassen rhythmisiren:

Ohne Zweifel bringt das erste *f* des zweiten Taktes, das
nach einem grösseren Notenwerth eintritt, dem Ohr einen Ruhepunkt, und das umsomehr, da es Tonica ist und das vorhergehende *g* als blosse Verzögerung unterdrückt werden könnte.
Dies *f* schliesst also den ersten Rhythmus und das folgende *f*
beginnt den zweiten Rhythmus auf der zweiten Hälfte des zweiten
Takttheiles, wo auch der erste begonnen hat. Die gleiche Be-

merkung bezieht sich auf das *g* des vierten Taktes. Die Stelle ist also zu rhythmisiren, als ob sie so aussähe:*)

g unterdrückt.   *a* unterdrückt.

Wir hoffen, diese Beispiele genügen, um die oben aufgestellten Prinzipien zu erklären, ihre Nützlichkeit zu erweisen und das Mittel zu geben, sie auf jedes Musikstück anzuwenden

---

§ 7. Die Einschnitte in der Instrumentalmusik.

Da es uns somit möglich ist, die Rhythmen zu erkennen, wollen wir nun einige Prinzipien suchen, die uns gestatten sollen, ihre Unterabtheilungen, die Einschnitte, aufzufinden.

Kalkbrenner gibt in seiner Méthode de piano der folgenden Bachs *D* dur-Präludium entlehnten Stelle:

111.

zehn verschiedene Accentuirungen, unter anderen:

112.

Es ist klar, dass er zwanzig, vierzig verschiedene Betonungen hätte geben können. Was aber Kalkbrenner für diese

---

*) Es ist klar, dass die Unterdrückung des ersten *g* im zweiten Takt und des *a* im vierten, dieser Phrase allen Ausdruck, Kraft und Saft nehmen würde.

6*

Stelle gethan hat, das kann man für alle Tongruppen thun.
Der gemeine Verstand sagt uns, dass jede Alterirung des metrischen Accents der Tongruppe einen ganz andern Sinn aufdrückt.   Aber ohne specielle Vorschrift des Autors soll der
Vortragende genau nach dem metrischen Accent betonen.   Er
betone also, wenn nichts vorgeschrieben ist, z. B.:

113.

und nur, wenn es besonders und ausdrücklich vorgeschrieben ist:

114.

Es gibt keine Violinmethode, die nicht schon auf die ein-
fachsten Uebungsstücke verschiedene Betonungen anwendet.
Die Klavierspieler dagegen begnügen sich damit in einförmiger,
banaler, wir möchten sagen, hölzerner Weise alle ihre Uebungen
herunterzuspielen.*) Und doch entspringt aus diesen verschiedenen
Betonungsmanieren das abwechslungsreichste, ausdrucksvollste
Spiel.   Man nehme die erste beste Mozartsche oder Beet-
hovensche Violinsonate und man wird sich überzeugen, mit
welch' peinlicher Sorgfalt sie die Bogenführung anzeigen, während sie die analogen Vorschriften für das Klavier vollständig
vernachlässigen.   Verschiedene Bogenführungen auf eine Tongruppe anwenden, bedeutet aber einfach, mehr oder minder
häufige Einschnitte machen, denn ein Einschnitt ist nichts
Anderes, als eine artikulirte Note, der eine kleine Pause folgt
oder mehrere geschleifte Noten, denen ein Ruhepunkt folgt.
Die losgelöste, für sich allein einen Einschnitt bildende Note
stellt ein einsilbiges Wort oder einen Vokal dar.   Mehrere
Noten, die einen Einschnitt bilden, verlangen ebenfalls ein
einsilbiges Wort, einen Vokal oder ein mehrsilbiges Wort.
    Doch daraus, dass man Einschnitte machen kann, geht
noch nicht hervor, dass man Einschnitte machen muss.   Wenn
ein vorwitziger Schüler — und deren kennen wir genug —

---

*) Siehe „Metrischer Accent", § 6 Die Zeiteinheit und ihre Formen.

in der Klavierstunde fragt, warum schleift man, warum bindet
man zwei, drei, vier Noten zusammen, was soll man ihm antworten? Einfach folgendes: man bindet zwei oder mehrere
Noten, wenn sie gesungen, nur eine Silbe darstellen würden.
So vertreten zwei geschleifte, zusammengebundene Noten ein einsilbiges Wort, einen Vokal oder ein zweisilbiges Wort, dessen
erste Silbe stark, dessen zweite Silbe schwach, unbetont ist, z. B.:

115.

See-le.   Leben.   Sterben.   Ja.   Mit.   Dir.   See - - le.

In den Wörtern Seele, Leben, Sterben ist die erste
Silbe betont, die zweite unbetont; man legt daher auf die erste
Nachdruck und lässt die andere nachschleifen, zurücktreten;
überdies darf diese zweite Note nicht ihren ganzen geschriebenen Werth behalten, sondern blos den einer punktirten Achtelnote. Diese Stellen müssen also folgendermassen ausgeführt
werden:

116.

See-le.   Le-ben.   Sterben.   Ja.   Mit.   Dir.

Um auf dem Klavier eine analoge Wirkung hervorzubringen, muss man die erste Note kräftig anschlagen, den
Finger liegen lassen, bis die zweite sanft angegeben ist, endlich
beide Finger zugleich aufheben, indem man zart von der Taste
der letzteren abgleitet. Auf der Violine würde man sie mit
einem einzigen Bogenstrich ausführen und auf den Blasinstrumenten mit einem einzigen Zungenschlag, was der ersten Note
Kraft, der zweiten Zartheit verleihen würde.

Alle unter einem Bogen (⌢) stehenden Noten, welches
ihre Zahl sein mag, verlangen auf dem Klavier eine einzige
Bewegung des Handgelenks, die auf die Anfangsnote fällt. Für
alle folgenden Noten macht das Handgelenk keine eigene Bewegung, lässt sich nach rechts oder links schieben und die
Finger allein bewegen sich frei. Wenn eine Stelle mehrere
selbstständige Bewegungen des Handgelenks nöthig macht, so
zeigt dies, dass sie eben so viel Einschnitte enthält. Auf der
Violine verlangen alle diese Noten nur einen einzigen Bogen-

strich, auf den Blasinstrumenten nur ein einziges verlängertes Ausathmen.*)

Folgendes sind die Hauptfälle, wo die grossen Komponisten gewöhnlich Einschnitte in der Instrumentalmusik machen. Wir sagen „gewöhnlich", denn wenn sie in der Vokalmusik genöthigt sind, sich dem Wortsinn und dem Versbau anzubequemen, so haben sie in der Instrumentalmusik volle Freiheit der Entschliessung:

1) Nach einer kurzen Zeichnung (kleinen Gruppen gleichlanger Noten), die mehrmals wiederholt wird, z. B.:

---

*) Diese Thatsache ist von äusserster Wichtigkeit, denn oft genügt in der Klaviermusik die unwillkürliche Bewegung des Handgelenks, um anzuzeigen, ob man Einschnitte machen soll oder nicht. Folgendes zufällig gewähltes Beispiel enthält zwei Fehler in der rhythmischen Bezeichnung, welche das Handgelenk sofort aufdeckt:

Kann man diesen Rhythmus so spielen, wie er geschrieben ist, mit einer einzigen Bewegung des Handgelenks auf der Anfangsnote? Offenbar nicht; denn ausser der betonten Anfangsnote schliesst er zwei Wiederschläge ein, d. h. zwei starke Noten, welche uns das Klavier zweimal zu verlassen zwingen, was zwei starke Noten einführt, von denen jede einen Accent, eine Bewegung des Handgelenks verlangt, das erste und dritte *as* des letzten Taktes. Also ist der Rhythmus falsch geschrieben. Seine korrekte Bezeichnung ist die folgende:

2) Nach einem grossen Notenwerth, dem ein kleiner folgt, bei mehrmaliger Wiederholung der beiden, z. B.:

3) Nach einem kleinen Nothenwerth, dem ein grosser folgt, bei mehrmaliger Wiederholung der beiden, z. B.:

4) Vor dem zeitlichen Wiederschlag, d. h. wenn die gleiche Note einen Takt, Takttheil oder Theil eines Takttheiles beschliesst und den folgenden Takt, Takttheil oder Theil eines Takttheiles eröffnet, besonders wenn sie zugleich harmonischer Vorhalt ist.*)

u. s. w.

Es ist klar, dass man nach dem ersten *es* des letzten Beispiels die Taste verlassen, den Finger aufheben muss, um das zweite *es* anzuschlagen; so wird sich nothwendig eine Pause einschleichen, die, so klein sie sein mag, dennoch Kraft und

---

*) Siehe Metrischer Accent, Wiederschlag S. 38.

Betonung der folgenden Note zuführen wird.*)   Also ist hier der
Einschnitt in vollster Berechtigung. (Siehe die Takte 24, 26,
27 und 28 des Adagio der **Sonate pathétique** und die Stelle
aus **Stradella,** Beispiel Nr. 33.)

Die folgende Stelle:

muss auf diese Weise mit drei Bewegungen des Handgelenks
ausgeführt werden:

Das Beispiel Nr. 109 aus Mozarts *F* dur-Sonate sollte also
nach den Prinzipien, die wir soeben dargethan haben, wie folgt
ausgeführt werden:**)

5) Wenn die zweite Note des Taktes oder Takttheiles
ausnahmsweise die gleiche ist wie die erste, oder einen

---

*) Die Pause ist in der Musik das Messer, das die Einschnitte er-
zeugt; ein Einschnitt ist nichts Anderes als ein Fragment eines, ver-
mittelst Pausen zerstückelten Rhythmus. Jedem Einschnitt muss seine
Individualität durch eine besondere Betonung seiner Anfangs- und Endnoten zugesichert werden.

**) Wohlverstanden zeigen diese Kommas nur einen leichten Tonfall,
eine Einbiegung, einen blos relativen Ruhepunkt an. Sie verlangen
weder Handgelenkbewegung, noch Athmung u. s. w.

grösseren Werth darstellt. Diese Regel ist besonders zu beachten, wenn der Rhythmus auf dem letzten Takttheil beginnt.

129. Lucia von Lammermoor.

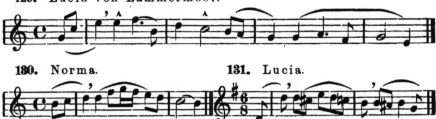

130. Norma.   **131.** Lucia.

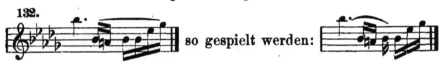

(Siehe auch den ersten Takt der Marseillaise.)

Nach diesem Prinzip muss folgende Stelle

132.

so gespielt werden:

Hier bietet sich eine wirkliche Schwierigkeit. Die wiederholte Note könnte unter Umständen Endnote eines weiblichen
Rhythmus oder eines weiblichen Einschnitts sein. In diesem
Fall würde diese zweite Note, weit davon entfernt, Stärke zu
erhalten, äusserst schwach sein*), z. B.:

133.

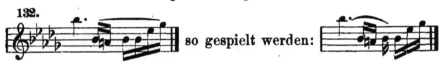

In diesem Beispiel sind das zweite *f* des zweiten und das
zweite *a* des sechsten Taktes offenbar Endnoten weiblicher
Rhythmen;**) daher erhalten diese Noten keinen Accent, im Gegentheil, sie sind schwach und müssen mit der vorhergehenden
Note verbunden werden, die eine Art Anticipation ist, denn sie
könnte ersetzt durch die nächsthöhere diatonische Note, oder
gar unterdrückt werden, wie im vierten und achten Takt.

134.

---

*) Siehe § 8 die Endnote der Rhythmen.
**) Siehe § 8.

In diesem Beispiel können das zweite *a* des ersten, das zweite *g* des dritten, das zweite *c* des fünften und das zweite *b* des siebenten Taktes als Anfänge von Einschnitten betrachtet werden. Diese Noten wären demnach stark, obschon sie auf einen schwachen Theil eines Takttheiles fallen und die der wiederholten Note vorhergehende Note wäre schwach und würde an Werth verlieren.

Da jedoch die Wiederholung sich hier mit Beharrlichkeit festsetzt, so bildet sie keineswegs eine Ausnahme und darf nur dann betont werden, wenn das Stück in langsamem Tempo gespielt wird. Bei raschem Tempo würde diese Betonung die Stelle hinkend und unangenehm machen.

Wenn die erste Phrase dieses Beispiels auf der zweiten Hälfte des ersten Takttheiles begänne, dann wäre nicht mehr zu zögern und zu rhythmisiren:

In den dreizeitigen Takten mit einer Note auf jeden Takttheil ist die zweite Note stark, wenn sie Wiederholung ist. Sie erhält fast die Bedeutung einer Synkope. Auch werden wir unter keinen Umständen zögern, im folgenden Beispiel das zweite *a* des ersten, das zweite *f* des zweiten und das zweite *g* des dritten Taktes zu betonen:

185. MOZART.

Ebenso ist der dritte Takttheil oder dritte Drittel eines Takttheiles stark, wenn er Wiederholung ist und eine einzige Note auf jeden Takttheil oder Drittel eines Takttheiles fällt, z. B.:

186. MEYERBEER. L'Africaine.

6) Wenn Unterbrechung einer Fortschreitung stattfindet, besonders auf der zweiten Note des Taktes oder Takttheiles, so kann eine Note, die durch ein grosses Intervall, einen

grossen Sprung auf eine Reihe von schrittweise sich folgenden Noten folgt, als Anfangsnote betrachtet werden und den Accent erhalten:

137.

138.

(Siehe auch Chopins Trauermarsch, Trio.)

In Stücken lebhaften Tempos muss man sich hüten, unter dem Vorwand, es finde Unterbrechung einer Fortschreitung statt, Einschnitte zu machen, denn dies würde den Vortrag hinkend machen; in solchen Stücken muss der metrische Accent dominiren.

So wäre z. B. folgende Stelle der Aufforderung zum Tanz:

139. WEBER.

u. s. w.

folgendermassen gespielt, entsetzlich:

u. s. w.

Das gleiche gilt vom folgenden Beispiel, das wie folgt vorzutragen ist:

140. BEETHOVEN. 4. Walzer.

In diesem Beispiel fällt der rhythmische Accent immer zusammen mit dem metrischen, d. h. mit der ersten Note des

Taktes, ausgenommen auf der Terz *fis a* des vierten Taktes, die betont wird, obschon sie nicht den Takt beginnt. Sie bildet aber den Anfang einer Terzenreihe, welche eine wahrhafte Naht, eine melodische Ueberleitung darstellt. Diese Noten können unterdrückt werden und der zweite Rhythmus wie der erste beginnen.*) So wäre es absurd in lebhaften Stücken nach der ersten Note jedes Taktes, unter dem Vorwand, sie trete schrittweise ein und ihr folge die zweite Note sprungweise, einen Einschnitt abzuschliessen.

Wie folgt zu spielen, ist von schlechtestem Geschmack:

Ausserdem muss man, wenn man bei der Unterbrechung einer Fortschreitung Einschnitte machen will, auch die vorhergehende Stelle berücksichtigen.

Im folgenden Beispiel:

141. MOZART. Don Juan.

wird man dem *c* des dritten Taktes keinen Accent geben, obschon es sprungweise erreicht wird, weil es sich in einem zweiten Rhythmus befindet, der einem ersten als Gegenstück dient, der nach der ersten Note des ersten Taktes keinen Einschnitt macht und daher auch verbietet, für den zweiten Rhythmus einen solchen zu machen.

Wenn die Unterbrechung einer Fortschreitung erst am Ende eines Rhythmus eintritt, muss man es ebenfalls vermeiden, Einschnitte zu machen, z. B.:

142. ROSSINI. Tell.

*) Siehe unten S. 94 Anmerkung.

Es wäre lächerlich, das *h* des dritten Taktes und die beiden *fis* des vierten und siebenten Taktes unter dem Vorwand, dass sie sprungweise erreicht werden, zu betonen.

7) Nach der ersten Note, die einem L a u f oder einem G r u p p e t t o folgt: 1) wenn sie einen grösseren Werth hat; 2) wenn sie die gleiche ist, wie die ihr folgende; 3) wenn sie gleichen Werth hat wie diese; 4) wenn ihr eine durch einen grossen Sprung erreichte Note folgt; 5) wenn ihr ein Akkord oder mehrere Stimmen folgen.

143. BEETHOVEN. S o n a t e p a t h é t i q u e.

Schlecht.　　　　　　　Gut.

144. H. HERZ. La Belle Créole. Op. 217.

Schlecht.　　　　　　　Gut.

Schlecht.　　　　　　　Gut.

Wir haben oben S. 74 gesehen, dass die letzte Note einer Gruppe, um dem Ohr das Gefühl mehr oder minder vollständigen Ausruhens zu geben, auf den Anfang eines Takttheiles oder Theiles eines Takttheiles fallen muss. Die Läufe haben daher immer die Tendenz, auf dem ersten Theil des Takttheiles oder Theiles eines Takttheiles oder auf einem grossen Notenwerth abzuschliessen. So bietet ein Achtel nach einer Folge von Sechzehnteln, ein Sechzehntel nach einer Folge von Zweiunddreissigsteln u. s. w. einen Ruhepunkt, d. h. sie sind fähig, einen Einschnitt abzuschliessen.

145. MOZART. *A dur-Sonate, Var. 5.*

Schlecht.

Gut.

146.

Schlecht.   Gut.

Das Bedürfniss, auf einem grösseren Werth abzuschliessen, ist so gebieterisch, besonders wenn die letzte Note des Laufes ein Leitton (Septime) ist, dass oft einfache Verzierungsläufe dadurch, dass sie auf Melodienoten ausmünden, der Anfangsnote des Rhythmus die Kraft rauben.

147. MOZART.
Andante.

Naht.

148. MOZART. *A dur-Sonate.*
Adagio.

Naht.

Bemerkenswerth ist in diesen Beispielen, dass die Naht*) das Bedürfniss hat, die erste Note der Melodie an sich zu reissen und erst mit dieser zu enden, die nun, obschon sie eine Ellipse bildet, schwach wird und alle Kraft an die folgende Note abgibt.

---

*) Man nennt Naht, Bindenoten, solche Noten, welche keinen integrirenden Bestandtheil des Rhythmus ausmachen und unterdrückt werden können, da sie nur dazu dienen, das ursprüngliche Thema zurückzuführen oder ein neues einzuführen. Siehe Lussy: Rhythme musical, Seite 29.

8) Man macht einen Einschnitt nach der Note, welche der ersten Note einer Gruppe vorhergeht, die, da sie als Nachahmung, als Echo oder als Ausfüllung eine Existenz für sich führt, unterdrückt werden könnte:

149. MOZART.

anstatt

150. MOZART.

Echo.

anstatt:

9) Am Ende einer Phrase oder Periode hebt man gewöhnlich das Legato auf bei Noten, welche gleichwerthig sind und ausnahmsweise sich schrittweise auf- oder abwärts bewegen. (Siehe Pathetischer Accent.)

151. MOZART. *A* dur-Sonate.
Allegro.

Gut.

Weniger gut.

152.

153.

154. BEETHOVEN. Sonate pathétique.

Gut.   Besser.

(Siehe auch den letzten Takt des Adagios der Sonate pathétique.)

10) **Manchmal nöthigt die Struktur eines ersten Rhythmus, der Einschnitte enthält, dazu, aus Analogie in einem zweiten Rhythmus solche an Stellen vorzunehmen, wo man ohne diese Analogie sich dessen enthalten würde.**

155.

Das zweite *e* des ersten Rhythmus implicirt als ausnahmsweise Wiederholung den Anfang eines Einschnitts. Das *g* des zweiten Takts des zweiten Rhythmus bildet ebenfalls mit dem folgenden *d* einen Einschnitt, der aber ohne denjenigen des ersten Rhythmus nicht statt hätte; denn ohne den ersten Rhythmus würde man den zweiten nur mit einem Einschnitt versehen:

156. CHOPIN.

Der Accent, den man dem *a* des ersten Taktes gibt, zieht einen Accent für das *h* des dritten Taktes nach sich, obgleich dieser Rhythmus auf einem guten Takttheil beginnt. Dasselbe gilt vom folgenden Beispiel:

157. Adagio der Sonate pathétique.

Das letzte *b*, die sechste Note des ersten Taktes beginnt einen Einschnitt und ist daher betont, obschon es die zweite von drei Triolen ist, denn da die zweite Note des Takttheils ausnahmsweise die gleiche ist und den gleichen Werth hat wie die erste, bildet sie einen Wiederschlag. Aus Analogie beginnt auch das *fes* des zweiten Rhythmus einen Einschnitt, erhält daher einen Accent: 1) um die Betonung des zweiten Rhythmus der des ersten gleich zu machen; 2) weil es die höchste Note eines Laufes ist und auf eine chromatische Auflösung folgt (nach *es, d, es*); 3) weil es eine Mollsext darstellt.

11) Man macht Einschnitte in einem Lauf, wenn auf chromatische Noten regelmässig die darüber liegende diatonische Note folgt (*fis g, ais h, cis d* u. s. w.). (Siehe Webers Polonaisen.)

158.   **159.**

12) Man macht einen Einschnitt nach der Auflösung eines dissonirenden Akkords.

160.

161.

(Siehe auch die Introduktion von Webers Aufforderung zum Tanz.)

Obgleich die Auflösung auf dem guten Takttheil stattfindet, ist die Schlussnote dennoch sehr schwach; sogar das Ende eines Einschnitts zerstört also den Taktaccent, es macht Noten schwachbetont, welche vom metrischen Standpunkt aus starkbetont wären.

13) Man macht Einschnitte, wenn nach mehreren Stimmen, d. h. nach einer Folge von Terzen, Sexten oder Oktaven eine einzige Stimme fortfährt, oder wenn nach einer Stimme mehrere eintreten.

162.

163. KUHLAU.

164. LYSBERG. Op. 83.

pp Echo.   *pp* Echo.

Das sind die häufigsten Fälle, wo die grossen Virtuosen Einschnitte zu machen pflegen. Wir haben schon gesagt: etwas Absolutes lässt sich hier nicht aufstellen. In Stücken lebhaften Tempos muss man sich der Einschnitte enthalten. In solchen Stücken muss man besonders die erste Note jedes Taktes, jedes Takttheils, jedes Rhythmus betonen. Es ist weit besser, keine Einschnitte zu machen, als unpassende anzubringen und dadurch das Stück zu zerhacken und zu lähmen. Das Gefühl und der Geschmack müssen hier wie überall die Hauptführer sein. Eine vernünftige, einsichtige Praxis wird den Geschmack des

Musikers dermassen schärfen, dass er instinktiv richtige Einschnitte machen wird, die keine Regel voraussehen und vorschreiben könnte. Man hat übrigens bemerken müssen, dass
die letzte Note jedes Einschnitts, jeder kleinen Notengruppe
dem Ohre einen kleinen Ruhepunkt bringt: daher kann jede
Note, welche dem Ohr einen Ruhepunkt bringt, mindestens
als Endnote eines Einschnitts betrachtet werden.

Wir wollen einige Stellen vorführen, wo man keine Einschnitte angezeichnet hat, wenn die Struktur es erlaubte,
oder wo man sie verkehrt angebracht hat.

Im zweiten Theil des Allegro der Sonate pathétique
findet man die Melodie häufig so rhythmisirt:

165.

Die erste Rhythmisirung scheint uns korrekt, denn sie löst
eine Folge gleichförmiger Gruppen, welche aus einer Note und
der einen Halbton tieferen bestehen, von einander ab. Aber die
beiden letzten Noten weichen ab, daher scheint uns die zweite
Rhythmisirung vorzüglicher.

Der Gegensatz zu diesem Rhythmus wird meist ebenfalls
korrekt geschrieben, aber der hierauf folgende fast immer
unrichtig:

166.

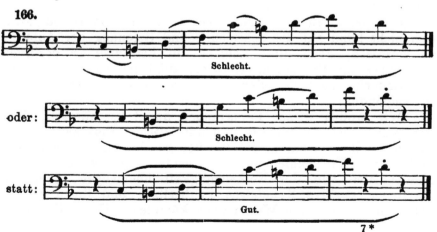

Diese Stelle wie die zwei früheren zu behandeln, scheint uns nicht rationell.   Zwar enthält dieser Rhythmus, wie die früheren, zwei Notengruppen, von denen die zweite der ersten identisch ist, nur eine Oktave höher liegt.   Aber hier können die vier Noten, aus denen die Gruppe besteht, nicht in einander ähnliche Fragmente zerlegt werden; die erste Note allein geht schrittweise abwärts, die dritte steigt sprungweise aufwärts; dann wiederholt sich die gleiche Zeichnung in der höheren Oktave; überdies endigt der Rhythmus anders als die früheren.

Ascher gibt in seiner Traviataphantasie folgende Stelle:

167.

Der Autor fühlte wohl, dass das hohe *f* des zweiten und dritten Taktes stark betont sein müsse: daher die *Crescendos*. Er hatte aber nicht bemerkt, dass sie als Anfänge von Einschnitten rhythmisch stark sind.   Diese *Crescendos* zeigen zwar dem Vortragenden an, das er accentuiren soll, aber sie sagen ihm nicht warum.   Hätte der Autor so geschrieben:

so würde der Vortragende sich dessen, was er thut, voll bewusst sein; denn das tiefe *f* bringt sicher dem Ohr das Gefühl eines kleinen Ruhepunktes und ebenso das *d* des dritten und das *c* des vierten Taktes.

Dies letzte Beispiel zeigt dem Leser die Nothwendigkeit, sich nicht blind auf die Schreibung und Betonung der Autoren zu verlassen; denn diese nehmen, in Ermangelung positiver Kenntnisse und Prinzipien, oft zu unglaublichen Auskunftsmitteln ihre Zuflucht, um mehr oder minder genau wiederzugeben, was sie empfinden.

Wir wollen diesen Paragraphen damit beschliessen, dass wir einige übel rhythmisirte und mit falschen Einschnitten versehene Stellen vorführen, die wir den geachtetsten Komponisten entlehnen.   Wir wählen unter Tausenden! Das wird auch die Komponisten von der Nothwendigkeit überzeugen, über die Rhythmen positive Kenntnisse zu besitzen und ihnen zeigen, dass wir nicht gegen Windmühlen kämpfen.   Hoffentlich wird

sie diese Vorführung dazu führen, der rhythmischen Bezeichnung
eine ganz besondere Aufmerksamkeit zu schenken. Sie werden
alsdann erstaunt sein über die Nachlässigkeiten, Fehler, Ungeheuerlichkeiten, die sie auf jeder Seite begehen, und sich
die Gewissheit erwerben, dass gerade dasjenige, was zu kennen
am wichtigsten ist, d. h. die musikalische Interpunktion, die
musikalischen Phrasen und Gedanken, von ihnen selbst am
meisten vernachlässigt wird.

In der Clochette du pâtre von Lefébure-Wély finden
wir folgende Accentuirung:

Nun möchten wir doch fragen, ob die Einsicht oder der
Zufall diese Phrase rhythmisirt hat. Man spiele oder singe sie
und wir wetten, dass man keine andere als die folgende
Accentuirung geben kann, welche ebenso rationell als dem
Gefühl entsprechend ist:

Wenig Stücke sind so leicht zu rhythmisiren, wie die
Aufforderung zum Tanz. Und doch haben wir noch keine
einzige Ausgabe derselben gesehen, welche nicht falsche rhythmische Bezeichnungen enthalten hätte.

Folgendes Stück entnehmen wir in getreuster Wiedergabe
der geachtetsten und verbreitetsten Methode für Harmonium:

Französische Chanson 1738.

Wir lassen die Phrase in der richtigen Rhythmisirung folgen:

In Leybachs **Fantaisie sur la Flûte enchantée** sieht man den Verfasser taktweise gruppiren, ohne der Tendenz der Noten Rechnung zu tragen. Welche Verkehrtheit der Betonung, welche Marter des musikalischen Gedankens kommt aber auch dabei heraus!

170.

Unsere Regeln geben folgende zwei verschiedene Arten zu rhythmisiren:

oder:

Und so accentuirt man sogar in einem Fall, wo man sich durch Textworte leiten lassen kann!

Folgende Stellen entnehmen wir einer sehr verbreiteten Violinmethode; wir bezeichnen die Hauptfehler mit einem Kreuz (+):

171.

172.

Was soll man von all' dem halten? Und doch ist das noch gar nichts, verglichen mit den Ungeheuerlichkeiten, die man in der Vokalmusik antrifft. Der Leser nehme einige Lieder und prüfe sie in rhythmischer Beziehung; er wird erstaunt sein über die Sorgfalt, mit der die Komponisten im Allgemeinen die pathetischen Accente, die Stärkegrade, die Bewegungen angeben, und über die Nachlässigkeit, mit welcher die Einheit des musikalischen Gedankens, die Betonung der Rhythmen und Einschnitte behandelt sind. Fast immer wird die musikalische Phrase auseinander gerissen und stehen die **rhythmischen Bogen** rittlings über zwei Rhythmen, das Ende des einen mit dem Anfang des andern zusammenkoppelnd; man könnte glauben, der Zufall habe sie gesät. Keine Einheit, welche der Tendenz, der Anziehungskraft der Noten entspräche, keine Uebereinstimmung mit den Versen! Und doch hängt die Klarheit einer Phrase besonders von ihrer rhythmischen Accentuirung ab; ohne sie nimmt das Ohr nur Unordnung wahr, wie das Auge auf einer Seite ohne Interpunktion. Man wird vielleicht sagen, diese Bindezeichen hätten keine Bedeutung! Warum setzt man sie denn? Man wird vielleicht sagen, der Vortragende **empfinde** und **interpretire** von selbst nach den Gesetzen des Rhythmus. Aber, noch einmal, wozu dienen dann diese Zeichen? Um die Spieler ohne Gefühl in die Irre zu führen, um das Gefühl derjenigen, die am besten damit ausgestattet sind, zu verderben und zu fälschen. Sind es Stich- oder Druckfehler, warum korrigirt man sie nicht? Wenn man diese Bogen setzt, einfach um ein gebundenes Spiel zu verlangen, so würde das Wort **legato** zu Anfang der Phrasen genügen. Wenn sie endlich nur die Athemholungen und die Artikulationen anzeigen sollen, so haben sich die Verfasser schwer getäuscht. Nichts ist häufiger als die Klagen der Komponisten über den schlechten Vortrag ihrer Werke. Wie kann es aber anders sein? Sie schreiben anders als sie denken, fühlen und vortragen! Wie soll der Schüler, der das Gefühl des Rhythmus nicht besitzt, die erste Note jedes Rhythmus und jedes Einschnitts betonen, wenn der Verfasser sich bemüht, sie ihm zu verbergen? Er wird gemäss den **Bezeichnungen** accentuiren, d. h. nach dem Zufall; er wird die Rhythmen zerstören, die Phrasen zerreissen; er wird einem, vielleicht reizenden Werk alles Leben, alle Poesie rauben, indem er es unverständlich macht.

Und wenn noch diese Sinnlosigkeiten die Ausführung erleichterten! Aber nein. Die Erfahrung hat uns gelehrt, dass sie die Ausführung fast unmöglich machen, besonders für die gut beanlagten Schüler. Im Vertrauen auf die Bezeichnungen spielen sie der Schreibung gemäss. Aber ihr verletztes Gefühl weigert sich, eine Reihe sinnloser Noten, eine Phrase ohne Gedanken anzunehmen. Sie thun sich Gewalt an, quälen sich bis zu dem Augenblick, wo sie die Zeichen über Bord werfen und ihrem Gefühl, d. h. der Tendenz und Anziehungskraft der Noten gemäss accentuiren.

Nie sollten die Bogen rittlings über Noten stehen, die zwei verschiedenen Rhythmen angehören; nie sollte das rhythmische Bindezeichen die letzten Noten eines Rhythmus und die ersten des folgenden zusammenfassend bedecken. Die Interpunktionen, die Punkte, Kommas, Doppelpunkte u. s. w., die einige Autoren zur Bezeichnung der Rhythmen und der Athemholung benutzen, sollen entsprechend den Gesetzen, die wir soeben · dargelegt haben, d. h. entsprechend der Anziehungskraft, der Verwandtschaft, welche die Töne verbindet und ihnen einen Sinn verleiht, und nicht nach willkürlicher Laune gesetzt werden.

Wir haben uns in diesem Paragraphen weit ausgedehnt, weil es in unseren Augen ebenso wichtig ist, die Einschnitte, als die Rhythmen selbst, zu kennen, um eine deutliche, verständige und lichtvolle Ausführung zu erzielen. Trotz der Wichtigkeit der von den Einschnitten gespielten Rolle, hat ihnen, soviel wir wissen, noch kein Autor einen Augenblick der Aufmerksamkeit gewidmet!

Stellen wir daher nochmals bestimmt, als unverbrüchliche Regel auf: Nur die Noten, welche zusammen eine Idee, einen musikalischen Gedanken, einen Einschnitt, einen Rhythmus bilden, sollen unter einem rythmischen Bindezeichen, unter einem Bogen ⌒ vereinigt werden.

---

§ 8. Die Schlussnote der Rhythmen in der Instrumentalmusik.

Eine der grössten Schwierigkeiten bei der rhythmischen Betonung der Instrumentalmusik besteht darin, zu wissen, ob eine Note weibliche Schlussnote eines ersten Rhythmus oder anakrusische Anfangsnote des folgenden Rhythmus ist.*) Im ersten Fall ist sie schwach und hat ihr eine Senkung der Stimmen zu folgen; im zweiten Fall ist sie stark.

Folgendes sind die hauptsächlichen Merkmale, die man vor der Ergreifung einer bezüglichen Entscheidung beachten muss.

---

*) Siehe S. 89, 90.

1) Die Ruhetendenz, die eine Note dem Ohr bringt; die Frage, ob sie zum Abschluss unumgänglich nöthig ist oder nicht.

2) Die Analogie zwischen den Rhythmen, die Symmetrie ihrer Zeichnungen. Es ist wahrscheinlich, dass der zweite Rhythmus auf dem gleichen Takttheil wie der erste beginnt. Wenn z. B. der erste Rhythmus auf der zweiten Hälfte des zweiten Takttheils beginnt, so wird wahrscheinlich der zweite Rhythmus ebenso beginnen. Immerhin hat dieses Anzeichen keinen absoluten Werth und bietet häufige Ausnahmen.

3) Die Harmonie, die Begleitung. Meist bildet die letzte Note eines Rhythmus einen integrirenden Bestandtheil des sie begleitenden Akkords.

4) Der grosse Notenwerth oder die Pause, die sich in regelmässigen Abständen (am Schluss der Rhythmen) wiederfinden. Die Note, auf die eine Pause folgt, muss augenscheinlich als Schlussnote betrachtet werden, besonders wenn die Pause ausnahmsweise eintritt oder wenn sie auf den Takttheil fällt, wo die Rhythmen und Einschnitte in der Phrase zu schliessen pflegen. Doch darf man sich nicht blindlings auf dies Merkmal verlassen. Wir haben (S. 68) gesehen, dass gewisse vertauschte Rhythmen vor ihrer Schlussnote eine Pause aufweisen. Anderseits schreiben die Komponisten die letzten Noten der Rhythmen oft nachlässig, indem sie dieselben durch einen grossen Werth darstellen, statt durch einen kleinen Werth mit einer Pause. So sind z. B. die folgenden Rhythmen schlecht geschrieben.

173.

Das *fis* des zweiten Taktes und das *g* des vierten sollten blos durch eine Viertelnote oder eine punktirte Viertelnote mit folgender Pause dargestellt werden, statt durch Halbe. (Siehe S. 85):

Diese einfache Thatsache: Erscheinen eines grossen Werths oder einer Pause in regelmässigen Abständen, würde in Abwesenheit allen Gefühls, aller Kenntniss des Rhythmus ausreichen, passend zu phrasiren. Wenn die Struktur der Phrase staccato ist, so impliciren diese Pausen natürlich überall Einschnitte.

. Diese vier Regeln über die Schlussnoten und die, welche wir oben (S. 81) gegeben, werden, mit Verständniss und Urtheil angewandt, genügen, die Schlussnote erkennen zu lassen und gemäss der Verwandtschaft der Noten betonen und phrasiren zu lernen.

Auch hier muss man aber den gewöhnlichen Verstand, die einfache Logik walten lassen; sich weniger um eine einzeln betrachtete Note kümmern, als um das Ganze, dem sie angehört, um das, was vorhergeht und folgt, um die Harmonie, die Begleitung und besonders um das grössere oder geringere Ruhegefühl, das sie dem Ohr mittheilt.

Es genügt uns, die Aufmerksamkeit der Musiker auf diese wichtigen Dinge, die bis jetzt gänzlich vernachlässigt worden, gelenkt zu haben; die Praxis und die Beobachtung werden sie in alle Geheimnisse einweihen und sie alle Schwierigkeiten besiegen lassen.

Nehmen wir an, der Spieler falle auf den bekannten, Beethoven zugeschriebenen Walzer Schuberts, ohne jede Bezeichnung, ohne jede rhythmische Accentuirung, wie man ihn oft trifft:*)

174.

*) Bei Richault (Paris) ist unter dem Titel Amour et Mystère ein Arrangement der Melodie für Gesang erschienen mit folgenden Worten:

175.

Que mon a - mour so - li - tai - re Ne soit qu'un mys-

tè - re. Tou - jours dois me tai - re, Moi seul dois souff - rir.

Es handelt sich darum, zu wissen, welchem Rhythmus das zweite *f* des zweiten Taktes und das zweite *g* des vierten Taktes angehört.

Welches Prinzip kann nun den ungeübten Spieler in dieser Untersuchung leiten? Das folgende: der erste Rhythmus fängt unzweifelhaft nicht auf dem **guten Takttheil** an, sondern auf der zweiten Hälfte des zweiten Takttheils; es ist daher wahrscheinlich, dass durch Analogie die folgenden Rhythmen ebenso beginnen. Ueberdies sind das *g* des zweiten und das *a* des vierten Taktes harmoniefremde Noten und verzögern das eine den Eintritt des *f*, das andere den des *g*. Man muss daher so betonen:

Der Grund, der für die folgende Betonung spricht und die Stärke des zweiten *f* des zweiten Taktes und des zweiten *g* des vierten berechtigt, besteht in den von ihnen gebildeten Wiederschlägen. (Siehe S. 89.)

In diesem Beispiel erhebt sich die Frage, ob das *e* des zweiten Taktes Naht oder Schlussnote eines weiblichen Rhythmus, oder Anakruse ist. Der erste Rhythmus liefert kein definitives, unumstössliches Indicium. Der zweite Rhythmus ist deutlicher, das letzte *h* kann nicht Schlussnote eines weiblichen Rhythmus sein, weil es nicht dem Akkord, der die vorhergehende Note begleitet, angehört. Es ist also Anakruse oder Naht und damit gilt dasselbe für das *e* des zweiten Taktes. Da aber das *e* an sich keine Naht sein kann, weil es durch einen Sprung abwärts erreicht und einen Sprung aufwärts verlassen wird, so müssen wir es als Anakruse (Auftakt) ansehen und der Analogie wegen dem *h* den gleichen Sinn geben, um in eine einzige Periode kein disparates Element einzuführen. Es ist also zu rhythmisiren:

Es folge noch ein Beispiel, wo das Prinzip der Aehnlichkeit und Analogie nicht genügt, um die Schlussnote aufzufinden und zu unterscheiden. Man muss daher zum zweiten Prinzip, dem der Harmonie, seine Zuflucht nehmen und von ihm die Lösung der Schwierigkeit verlangen.

Gehören das *f* des vierten und das *g* des achten Taktes zum vorhergehenden oder folgenden Rhythmus? Sind sie stark oder schwach? Vorerst bemerken wir, wie wenig abschliessend das *g* des vierten Taktes klingt; es verlangt das folgende *f*; nun gehört dies *f* zum Dominantseptimenakkord, welcher das *g* begleitet, denn dieser Akkord enthält *f* und *g* als integrirende Bestandtheile. Wenn man daher dem *g* zur Begleitung den tonischen Akkord (*c e g*) gäbe, an dem es auch betheiligt ist, müsste man für *f*, das diesem Akkord fremd, die Harmonie wechseln. Da man aber in den drei ersten Takten den gleichen Akkord für einen ganzen Takt behielt, ist anzunehmen, dass man im vierten Takt dasselbe thut. Zudem wechselt die Begleitung des Stückes regelmässig ab, in wiegender Bewegung; drei Takte vom Dreiklang begleitet, der vierte vom Dominantakkord; dann drei Takte mit Dominantakkord, denen ein Takt mit Dreiklang folgt. Daher ist das *f* als Schlussnote eines weiblichen Rhythmus zu betrachten; es muss schwach sein, sich eng an das vorhergehende *g* anschliessen und ihm hat eine kleine Pause zu folgen. Das *g* wird als vorletzte Note eines weiblichen Rhythmus stark. Das *g* des vierten, wie das *f* des achten Taktes können unterdrückt werden: es sind Appoggiaturen oder rhythmische Vorhalte, d. h. Hindernisse, welche die Note, die das Ohr verlangt, verzögern und als solche alle Kraft absorbiren. Ohne sie würde die Phrase so aussehen:

In diesem Beispiel hat also der zweite Rhythmus seine Anfangsnote auf dem guten Takttheil, obschon der erste auf einem schlechten Takttheil begonnen hat.

Wenn man diese Beobachtungen auf die Einschnitte ausdehnen würde, welche dies Beispiel bieten könnte, so wäre die Lösung leicht. Es wäre nach unserer Ansicht vom Uebel nach dem *c* des zweiten und nach dem *d* des sechsten Taktes einen Einschnitt abzuschliessen, unter dem Vorwand, der folgende Einschnitt beginne, wie der erste auf dem dritten Takttheil. Diese Eintheilung würde die Einheit der Gruppe, welche auf der gleichen harmonischen Grundlage der drei ersten Takte des Rhythmus beruht, aufheben, die für einen Tanz so nothwendige Energie, welche die Phrase dem metrischen Accent verdankt, lähmen und seinen ganzen Charakter zerstören.

Folgendermassen geschrieben wäre die Phrase entsetzlich:

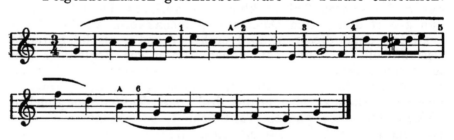

Nehmen wir an, ein Instrumentalist habe folgendes Lied zu spielen:

178. BOIELDIEU. Rondo aus Le Petit Chaperon rouge.

Ohne die Worte wäre es schwierig, wo nicht unmöglich, zu wissen, ob die mit Kreuzen bezeichneten Noten dem vorhergehenden oder folgenden Rhythmus angehören. Es ist wahrscheinlich, dass der Spieler auf den ersten Eindruck hin folgendermassen urtheilen würde: „Der erste zweitaktige Rhythmus ist männlich, der zweite ist die Wiederholung des ersten mit einem *c* mehr. Da aber im folgenden Takt das *e*, die erste Note, wiederholt ist, gebe ich ihm einen Accent; ich verbinde also das erste *e* des fünften Taktes mit dem vorhergehenden *c*, wodurch auch der zweite Rhythmus männlich wird. Das *c* wird Anfangsnote des dritten Rhythmus, d. h. betont und bildet mit dem ersten *e* einen Einschnitt:

Gleiche Verlegenheit bereitet das zweite *g* des achten Taktes. Wenn man es als Anfangsnote des folgenden Rhythmus betrachtet, so gibt das diesem letzteren mehr Aufschwung und Energie; diese Art zu betonen wird zudem gerechtfertigt durch die *d* des 17ten und 21ten Taktes. Natürlich sind das *c* des vierten und das *g* des achten Taktes, wenn sie Anfangsnoten sind, stark und die ihnen vorhergehende Note verliert etwas an Kraft, indem ihnen eine kleine Pause folgt. Wenn dagegen dies *g* und dies *c* Schlussnoten sind, so müssen sie schwach sein, so muss ihnen eine kleine Pause folgen und muss die vorhergehende Note sehr stark sein. Das wäre die vernunftgemässe Anschauungsart des Instrumentalkünstlers.

Nun lege man aber die Worte dieses Liedes der Musik unter und man wird sehen, dass, wenn auch der Spieler sich nicht getäuscht hat, wenn er auch nicht übel berathen war, seine Accentuirung nicht in vollkommener Harmonie zu derjenigen steht, welche die Worte verlangen.

Nehmen wir noch eine Phrase instrumentaler Musik!

J. Leybach gibt für das Andantino von Diabellis Sonatine op. 50 folgende Accentuirung:

179.

Uns scheint, in einer so ausdrucksvollen Phrase wäre es
besser gewesen, das höhere *a* des zweiten Taktes, das einem
steigenden Gang zum Ausgangspunkt dient, als Anfangsnote
zu betrachten. Folgende Accentuirung scheint uns vorzüglicher:

Die gegebenen Beispiele genügen wohl, um zu zeigen, wie
wichtig es ist, zu wissen, ob eine Note Schlussnote oder
Anfangsnote ist.

Es gibt Fälle, wo die ganze Anordnung einer Melodie,
ihr ganzer Charakter durch eine einzige Note verändert wird,
jenachdem man sie als Anfangsnote oder als Schlussnote
betrachtet.

So im folgenden Beispiel:

180. FÉLIX GODEFROID.

Nichts zeigt an, ob das *e* des vierten Taktes Anfangs-
oder Schlussnote sei. Ist es Schlussnote, so ist es sehr
schwach und muss ihm eine kleine Pause folgen; ist es Anfangsnote, so ist es stark und gibt einen sehr grossen Trieb und
Aufschwung dem folgenden Rhythmus, der durch seine steigende
Struktur, durch seine reichere Zeichnung mit schrittweiser Bewegung zu dem ersten Rhythmus einen Kontrast bilden soll.
So hat dies *e* die Eigenschaft, der ganzen Phrase Energie,
Aufschwung und eine lebhaftere Bewegung zu verleihen. Es
verdankt jedoch seine Kraft nicht seiner metrischen oder
harmonischen, sondern einzig seiner rhythmischen Stellung;
man lasse es weg und die Phrase wird viel ruhiger, beinahe
schleppend. Zu welchem Rhythmus gehört es aber eigentlich?
Da es durch den gleichen Akkord begleitet ist, wie die vorhergehende Note, könnte man meinen, es gehöre dem vorhergehenden Rhythmus an. Doch vergessen wir nicht, dass die
erste Note eines sekundären Rhythmus, wenn sie auf einen
schwachen Takttheil, den Aufschlag fällt, die Begleitung der
vorhergehenden Note annehmen kann, sogar wenn eine Dissonanz
daraus entstehen sollte, da das Ohr sich leichter eine Dissonanz

gefallen lässt, als ein fortwährendes Schaukeln von Bassnoten.
Vergessen wir vor Allem nicht, dass in der Musik Kontraste
nöthig sind: nach einem sanften, ruhigen Rhythmus nimmt das
Gefühl mit Freuden einen energischen, bewegten Rhythmus
entgegen. Da nun dieses *e*, als Anfangsnote genommen, dem
zweiten Rhythmus diese Eigenschaft verleiht, dürfen wir nicht
zögern, es als solche zu betrachten.

Wenn eine Note, jenachdem man sie als Anfangs- oder
Schlussnote eines Rhythmus betrachtet, eine solche Wichtigkeit besitzt, dass sie den Charakter einer Melodie verändern
kann, eine wieviel grössere Veränderung muss nicht die Zufügung oder Weglassung einer Note hervorbringen! Greifen
wir auf das Beispiel aus Mozarts *A* dur-Sonate zurück!

Diese Melodie ist thetisch, sie beginnt auf dem guten
Takttheil. Die beiden ersten Takte bilden je eine, nicht nur
metrische, sondern auch rhythmische und harmonische Einheit.
Ihre erste Note ist also sehr stark: sie erhält einen doppelten,
metrischen und rhythmischen Accent. Dieser Accent wird noch
verstärkt durch die Verlängerung der ersten Note, durch die
steigende, offen bleibende Struktur dieser beiden ersten Rhythmen,
welche alle Stärke auf die folgende Anfangsnote fallen lässt,
die dem Rhythmus gewissermassen als Stütz- und Angelpunkt
dient, denn die ursprüngliche einfache Struktur dieser Melodie
ist die folgende:

Die letzte Note der zwei ersten Takte ist aus drei Gründen
sehr schwach: sie schliesst einen Takt, ihr geht ein grösserer
Werth voran und sie ist Endnote eines weiblichen Rhythmus.
Diese Schwäche lässt den Accent, die Stärke der folgenden
Note um so mehr hervortreten. Der rhythmische Accent gibt
da, wo er mit dem metrischen zusammenfällt, keine betonte
Note gegen den Takt. Die Melodie enthält weder grosse
Intervalle, noch chromatische Noten, noch ausnahmsweis grosse
oder kleine Werthe. Jeder der zwei ersten Einschnitte wird
durch einen einzigen Akkord begleitet.

Alle diese Eigenschaften geben dieser Melodie den Charakter grösster Einfachheit, Ruhe und Natürlichkeit.

Ein französischer Komponist hat dieser Melodie Worte von Paul Féval untergelegt und sie unter dem Titel: **Vous souvient-il?** so publicirt:

181.

La   bri-se tiède à vos cheveux Empruntait sa plus douce halei-ne.

Was bietet uns dieses Arrangement? Die Melodie beginnt nicht mehr auf dem guten Takttheil, sondern mit einem Auftakt, der dem ursprünglichen Thema fremd ist, sie ist anakrusisch geworden. Das Zusammenfallen des metrischen und rhythmischen Accentes verschwindet. Diese hohe Anfangsnote (siehe S. 70, 127) nimmt unmittelbar alle Kraft für sich in Anspruch zum Schaden der folgenden Note, auf welche sie abfliesst, und der metrische Accent verschwindet, die erste Note des Taktes verliert ihre Kraft. Die schwächste, letzte Note des Taktes wird die stärkste. Da der erste Rhythmus auf dem schwachen Takttheil beginnt, so thut der zweite aus Symmetrie das Nämliche, was Rhythmen gegen den Takt erzeugt, d. h. Rhythmen, wo der Accent der Anfangsnote nicht mit dem Takt nach starken Noten zusammenfällt. Zudem stehen die Rhythmen rittlings auf zwei Takten und die Harmonie ist aus den Fugen gebracht; jeder Rhythmus erhält, statt eines einzigen Akkords deren zwei, was eine Art Schaukelung an die Stelle der ursprünglichen Stabilität setzt. Ohne Zweifel ist die Melodie in dieser Umgestaltung viel leidenschaftlicher, aber es ist nicht mehr die Melodie Mozarts! Man übertrage den Vortrag dieser Pastorale einem Musiker ohne Geschmack, und wenn er nur ein wenig den Anfangsaccent jedes Rhythmus und jedes Einschnitts forcirt, so wird die Melodie emphatisch und weinerlich werden. Wenn der Vortragende überdies die rhythmische Accentuirung zum Schaden der metrischen übertreibt, indem er die Anfangsnote auf die folgende abgleiten lässt, wenn er dieser letzteren ein wenig ihres Werthes nimmt, wenn er auf den Noten des vierten Taktes gemäss ihrer steigenden Struktur accelerirt, so wird diese reizende naive Melodie zur Parodie. Die Pastorale wird zur Karikatur. Dies sind die Verwirrungen, welche die Einschwärzung einer einzigen Note in die Anordnung einer Melodie bringen kann!

Die übeln Folgen, welche die Weglassung einer einzigen Note haben kann, sind nicht minder gross. Als Beispiel diene Polo, Serenade von Garcia in Flaxlands Echos d'Espagne.

182.

Dieser reizende, originelle Rhythmus, der auf dem zweiten Takttheil nach einer Pause beginnt (Westphal würde ihn prokatalektisch nennen), was den Eindruck einer Art Synkope macht, wird vom französischen Uebersetzer der spanischen Worte mit dem dritten Takttheil begonnen:

Die Anfangsnote auf dem dritten Takttheil spielt hier nur noch die Rolle einer Anlaufsnote, einer Anakruse, und zählt numerisch nicht mit; denn vom rhythmischen Standpunkt aus könnte sie unterdrückt werden. Wer sieht nicht sofort ein, dass der Uebersetzer mit dieser einen Note der Melodie zugleich alle originelle Schönheit geraubt hat? Man ersetze anderseits durch eine Note die Pause auf dem ersten Takttheil des ersten Taktes und man wird ebenfalls die ganze Schönheit und Originalität der Melodie zerstören.

Oft berauben die Komponisten die Phrase absichtlich der Schlussnote. Siehe Rondo der Sonate pathétique, Takt 40 und 152:

183.

184. CLEMENTI.

Obgleich der Bass keine Lücke lässt, so ist der Zuhörer nicht minder erstaunt und überrascht.

An anderen Stellen ist die Melodie zu Ende geführt, aber, da die Begleitung fortdauert und nicht auf einem guten Takttheil oder einem grösseren Notenwerth zum Abschluss gelangt, so bleibt der Rhythmus in der Schwebe und gleichsam unvollendet, z. B.:

u. s w.

Wenn man nicht auf den Bassnoten im vierten Takt ein Rallentando eintreten lässt, so werden sie sicher die Wirkung machen, als ob sie sich auf dem *ges* des fünften Taktes auflösten. Es ist daher dringend geboten, die Bassnoten zu verlangsamen, wenn man dem *as* des vierten Taktes abschliessenden Sinn verleihen will. So verliert das Ohr gleichsam von seiner Begehrlichkeit; denn je mehr Werth man den Pausen gibt, je langsamer man spielt, um so weniger sind die Noten ein Bedürfniss des Ohres und um so weniger wird das Ohr verletzt, wenn es nicht als Schlussnote eine Note auf dem ersten Takttheil zu hören bekommt.*)

Es ist endlich möglich, dass in mehrstimmigen Stücken eine Stimme schliesst, während eine andere weiter geht. In kontrapunktischen Werken ist dies sogar die Regel.

---

*) Siehe unten Rallentando und Accelerando; Rallentando am Schluss der Phrase.

§ 9. Die musikalische Prosodie.

Anpassung der Worte an die Musik und der Musik an die Worte.

Wir haben gesehen, dass die Länge der Rhythmen meist der Länge der Verse entspricht, dass es männliche und weibliche Rhythmen gibt, wie es männliche und weibliche Verse gibt; dass die verschiedenen Kadenzen genau den verschiedenen Zeichen der grammatikalischen Interpunktion entsprechen. Diese Analogie zwischen Vers und Rhythmus geht noch weiter. Wie man in einem Wort betonte und unbetonte Silben findet, ebenso gibt es im Takt betonte und unbetonte Takttheile. Wie ein Vers aus einer Anzahl von Füssen mit regelmässigem Wechsel betonter und unbetonter Silben besteht, so enthält ein Rhythmus regelmässig wechselnde starke und schwache Töne. Die Zeichnung eines Rhythmus entspricht genau dem Betonungsschema eines Verses. Die Analogie zwischen dem Gerüst, dem Knochenbau eines Verses und dem eines Rhythmus ist demnach vollständig. Also ist eine Folge von Versen im Stande sich mit einer Folge von Rhythmen, die eine musikalische Phrase bilden, aufs Engste zu verbinden und umgekehrt.

Vier Regeln müssen bei dieser Verbindung beobachtet werden:

1) Betonte Silben müssen mit betonten Noten, unbetonte Silben mit unbetonten Noten zusammenfallen, d. h. betonte Silben müssen auf starke Takttheile oder starke Untertakttheile, unbetonte auf schwache Takttheile oder schwache Untertakttheile fallen. Einsilbige Wörter sind je nach dem Zusammenhang betont oder unbetont, in „Wer wagt es, Rittersmann oder Knapp?" ist „Wer" unbetont, in „Wer hat dich, du schöner Wald, aufgebaut so hoch da droben", ist es betont.

2) Eine Ausnahme findet statt, wenn männliche Verse mit weiblichen Rhythmen und weibliche Verse mit männlichen Rhythmen verbunden werden. Hiebei sind folgende Regeln zu beobachten: a) Die unbetonte Endsilbe, welche auf eine betonte Note fällt, muss vor sich eine betonte Silbe auf einem grossen Notenwerthe oder auf mehreren Notenwerthen haben, d. h. die vorletzte Silbe muss verlängert werden. b) Die betonte Endsilbe, welche auf eine unbetonte Note fallen soll, muss vor derselben schon zu einer betonten Note erklungen sein. (Siehe S. 65.)

3) Es muss so viel als möglich Uebereinstimmung herrschen zwischen dem grammatikalischen und musikalischen Sinn, zwischen der sprachlichen Interpunktion und der musikalischen Kadenz. Wenn der grammatische Sinn nur halb abschliesst, so muss die Kadenz unvollständig sein; wenn der grammatische Sinn vollständig beendet ist, muss auch die Kadenz vollständig sein. Nichts ist widersinniger als einen grammatischen Sinn auf zwei verschiedenen Rhythmen reiten zu lassen, oder einen Rhythmus auf zwei grammatische Phrasen zu zertheilen.

4) Es muss endlich Uebereinstimmung zwischen dem metrischen Schema der Verse und dem Takt, dessen man sich zu ihrer Komposition bedient, herrschen. Daktylen und Trochäen sind thetisch (volltaktig), Anapästen und Jamben anakrusisch (auftaktig) zu behandeln. Doch herrscht hierin in der modernen Musik nicht diejenige Strenge, wie sie nach den besten Zeugnissen in der Musik des Alterthums geherrscht zu haben scheint.

Wir wollen diese Regeln durch einige wichtige Bemerkungen vervollständigen:

Der gute, starke Takttheil erfordert immer eine betonte Silbe, selbst wenn die Note desselben als Endnote eines Rhythmus oder eines Einschnitts schwach ist; und der schlechte, schwache Takttheil erfordert immer eine unbetonte Silbe, selbst wenn die Note desselben als Anfang eines Rhythmus oder Einschnitts stark ist.

Ausser den starken und schwachen Noten, welche der Takt an sich liefert, entstehen weitere starke und schwache Noten durch die Untertheilung des Takttheils. Der schwache Takttheil wird stark, wenn er ungetheilt auf einen getheilten starken Takttheil folgt. Wenn im zweizeitigen Takt der erste Takttheil in zwei (♩♪), drei (♩♪♪) oder vier (♪♪♪♪) gleichwerthige Noten zertheilt wird, ist die Note, welche allein den zweiten, an sich schwachen Takttheil ausfüllt, stark, z. B.:

Komme doch! Komme zu mir! Lass mich nicht allein!

Bei langsamem Tempo kommt eben der zweizeitige Takt einem vierzeitigen Takt mit gemässigtem oder schnellem Tempo gleich. Die Zeitform ♪♪♩ bei langsamem Tempo ist in Wirklichkeit ein zusammengezogener vierzeitiger Takt. Die Viertelnote stellt darin den dritten und vierten Takttheil dar $\left(\frac{2}{4}\ \sqrt{}\ \right)$. Da nun im vierzeitigen Takt der dritte Takttheil etwas stärker ist als der zweite und vierte, so ist die Viertelnote, die in diesem Fall den dritten Takttheil vertritt, verhältnissmässig stark. Sie erfordert daher auch eine betonte Silbe. Aus analogen Gründen ist in dreizeitigen Takten der zweite Takttheil stark, wenn der erste getheilt ist, und der dritte stark, wenn der zweite getheilt ist, z. B.:

In der Anwendung der prosodischen Regeln unterscheiden sich die deutschen Komponisten sehr stark von den französischen, während die italienischen eine Art Mittelstellung einnehmen. Im Deutschen darf kein mehrsilbiges Wort gegen seinen natürlichen Accent in Musik gesetzt werden. Ausnahmen finden sich fast nur in der älteren Musik und werden als Fehler empfunden, z. B.:

186. Choral „Ein' feste Burg".

Neh - men sie uns den Leib.

Im Französischen ist prosodische Genauigkeit nur am Ende von Rhythmen und Einschnitten, d. h. von Versen und Halbversen Gesetz. Im Anlaut und Inlaut kann beliebig eine unbetonte Silbe zu einer betonten Note oder eine betonte Silbe zu einer unbetonten Note gesungen werden.

187. KRÉTRY. Richard.

U - ne fiè - vre brû - lan - te.
Ein bren-nend heis - ses Fie - ber.

In „Une" und „fièvre" ist die erste sprachlich betonte Silbe musikalisch unbetont, die zweite sprachlich unbetonte, ja geradezu stumme Silbe musikalisch betont.   Genau nachgebildet, würde das im Deutschen etwa ergeben:

„Einé glühénde Flámme",

was, wie Jeder fühlt, unzulässig ist.   Es ist übrigens zu bemerken, dass die modernen französischen Komponisten seit Gounod, sowie auch die Vertreter der alten heroischen Oper wie Rameau und Gluck die prosodischen Freiheiten bedeutend eingeschränkt haben.   Von den heutigen Komponisten Frankreichs würde wohl keiner mehr die Worte Une fièvre brulante so zu rhythmisiren wagen, wie dies Grétry gethan hat.   Im Italienischen beschränken sich die prosodischen Freiheiten meist auf den Anfang der Rhythmen oder Einschnitte, Verse oder Halbverse, z. B.:

188. VERDI. Troubadour.

De - ser-to   sul - la   ter - - - ra.

Freiheiten im Inlaut sind nur bei sehr raschem Tempo zulässig, z. B.:

189. MOZART. Figaro.

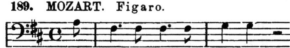

non   vò **que-sto** con - ten - to.

Sehr häufig ist der Fall, dass in Uebersetzungen die rhythmische Gliederung vernachlässigt wird.   So finden wir in der französischen Ausgabe von Richault Schiller-Schuberts „Des Mädchens Klage" mit folgendem Text:

190.

L'o - rage en pas-sant fait gé - mir__ le feuil-la - ge, Et

Der musikalische Ruhepunkt tritt offenbar nach dem *h* und nicht nach dem *c* ein, das als harmonischer Vorhalt dem begleitenden Akkord fremd ist und eine Dissonanz bildet, die auf dem *h* sich auflöst, das daher den ersten Theil des Rhythmus abschliesst. Also sollte auch die grammatische Cäsur nach dem *h* und nicht nach dem *c* fallen, und um so mehr, da der in der vorliegenden Weise zerschnittene Vers: L'orage en passant fait — gémir le feuillage keinen Sinn hat. Die Worte sind daher entsprechend dem deutschen Originaltext folgendermassen unter die Noten zu setzen:

L'o-rage en pas-sant__ fait gè-mir le feuil-la - ge, Et
Der Eich - waldbrauset, die Wol - ken zieh'n. Das

Das zweite *c* wird sehr stark als Wiederschlag, als vorletzte Note eines weiblichen Einschnitts, als Dissonanz und als Vorhalt. Das folgende *h* dagegen ist sehr schwach und muss eng mit *c* verbunden werden.

Einer polnischen Melodie sind folgende zwei französische Texte unterlegt worden:

191. Échos de Pologne. — Nr. 1. L'Hirondelle.

L'hirondel-le aux cieux s'en-fuit, Triste est pleu-rant el-
Quand les hym -nes des fi - dè - les, Quand les clo - ches

le quit - te l'é - gli - se: A-t-on trou - blé son nid,
so - len - nel - les Re - ten - ti - ront au lieu sa - cré

Et ra - vi son tré - sor? Pour-quoi prendel - le son__ es-
Quand l'au -tel se - ra res - tau - ré, Bien vite, a - lors, je-

sor, Fuy - ant la tour gri - se, Fuy - ant la tour gri - se?
re - vien-drai, En pla - nant joy - eu - se sur mes ai - les.

Wir bezeichnen durch Bogen die Rhythmen und Einschnitte. Der erste Text: L'hirondelle aux cieux etc. ist derjenige der ursprünglichen Uebersetzung. Er ist mangelhaft: die Worte streben den Rhythmen und Einschnitten entgegen. Der zweite Text ist von Victor Wilder; er ist korrekt, denn jede grammatikalische Einheit entspricht einer musikalischen Einheit. Welche Klarheit daher! welche Leichtigkeit für den Sänger! welche Erlösung für den Zuhörer!

Um einen Fall zu citiren, wo die Uebersetzung eine falsche Disposition des Originaltextes korrigirt hat, setzen wir ein Beispiel aus dem Messias mit englischem und deutschem Text hieher:

192.

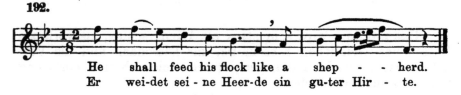

He   shall   feed   his flock   like a   shep - - herd.
Er   wei-det sei - ne Heer-de ein   gu-ter Hir - te.

Der erste Rhythmus schliesst offenbar weiblich mit dem tieferen *f*. Die Harmonie und die rhythmische Analogie lassen hierüber keinen Zweifel. Gleichwohl zieht Händel durch die Textunterlage dies *f* mit der Silbe „like" zum folgenden Rhythmus, während die deutsche Uebersetzung korrekt rhythmisirt und auf die zweite Silbe des Worts „Heerde" den sprachlichen mit dem musikalischen Abschluss zusammenfallen lässt.

Es folge hier noch ein Beispiel, wo der sprachliche Zusammenhang merkwürdig verkannt erscheint. Es ist Victor Hugos Un Rêve, in der Komposition eines sehr geschätzten deutschen Komponisten:

193.

S'il est un charmant ga - zon Que le ciel___   a - ro - se,

Où brille en tou - te   sai - son Quel - que fleur é - clo - se.

Wo endigt der erste Rhythmus? Offenbar auf dem *f* des zweiten Taktes, obgleich streng genommen das folgende *e* auch als Schlussnote betrachtet werden könnte, da aber der Autor

im dritten Rhythmus (Takt 5) dasselbe *f* als Schlussnote auf-
fasst, müssen wir es auch hier thun.   Unter keinen Umständen
ist aber das *a* des zweiten Taktes als Schlussnote zu betrachten.
Da nun das *f* jedenfalls zum ersten Rhythmus gehört, ist es
unmöglich, das erste Wort des zweiten Verses darauf fallen zu
lassen.   Uebrigens lässt sich die Wortunterlage mit leichter
Mühe befriedigender gestalten:

194. Mercadante. Dreistimmige Messe.

Wo endigt der erste Rhythmus? Offenbar auf dem *g* des
vierten Taktes; daher hat die letzte Silbe des lateinischen Satzes,
das Wort s u n t, auf *g* zu fallen, was folgende Anordnung ergibt:

In einem letzten Beispiel wollen wir zeigen, wie sehr die
Wortunterlage oft im Widerspruch steht mit der Struktur und
der Tendenz des Rhythmus:

195. MEYERBEER. Afrikanerin, Arie. Fille des rois.

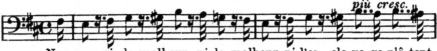

Non, non, ni le malheur, ni le malheur, ni l'es - cla-va-ge n'ô-tent

rien, non, non, non, non, n'ôtent rien - - à ta majes - té.

Wer sieht nicht auf den ersten Blick diese steigende Linie, diese Ansammlung von Kraft, Bewegung, Feuer, Grossartigkeit, welche im vorletzten Takt gleichsam explodirt? Sind in diesem Fall die acht Triolen auf eine für den Sänger so undankbare Silbe wie rien natürlich? Ist es natürlich, Noten von so lebhaftem Ausdruck, von so unwiderstehlichem Anwachsen der Kraft die einzige nasalirte Silbe rien unterzulegen? Sind diese Triolen nicht gleichsam der Paroxysmus der höchsten Leidenschaft?*) Ist es passend, so unmusikalische Silben so ausdrucksvollen Tönen aufzubürden? Man entgegnet: „Man macht's einmal so, also ist's gut so." Man darf aber doch nachforschen, ob man es nicht besser machen könnte, denn in Sachen der Kunst muss man das Vollendete, nicht das Genügende anstreben. Wir haben hier eine Nebeneinandersetzung von Text und Musik, keine Verschmelzung. Man merkt zu sehr, dass Musik und Worte zwei verschiedenen Inspirationen entsprungen sind. Jede dieser beiden Schöpfungen hatte eine unabhängige Existenz; sie wurden zusammengesetzt aber nicht in Eins verschmolzen. Wenn nun noch die musikalische Stelle rein vokal wäre, eine Verzierung, eine Cadenza fiorita u. s. w., so würden wir dieses Konglomerat begreifen, aber diese Stelle ist äusserst leidenschaftlich und pathetisch, ihre Zeichnung, ihre Struktur, ihre Stellung im vorletzten Takt geben ihr eine ausnahmsweis grosse Bedeutung. Jede Note hat Wichtigkeit und verlangt eine eigene Textsilbe, und wenn man dieselben Worte wiederholen müsste, so wäre das noch besser, als das, was in der Partitur steht; man setze dafür z. B.:

---

*) Diese Menge von Noten auf einer Silbe bringt uns bis auf die Neumen, Hallelujas und Benedicamus zurück. Der heilige Augustin rechtfertigt sie mit den Worten: „Sie haben den Zweck, das Ueberwallen der Gefühle, das Entbrennen des Herzens, die äusserste Freude, die innere Fröhlichkeit, die nicht durch Worte auszudrücken sind, darzustellen." (Augustinus in Psalm. XXXII.)

n'ô-tent rien, non, non, non, n'ôtent rien à ta ma-jes-té.

Die Fälle schlechter Anpassung der Worte an die Musik sind häufig; wir rathen den Lehrern, sie ohne Zögern zu verbessern, denn oft werden die energischsten, pathetischsten Stellen durch eine einzige schlecht angebrachte Textsilbe verstümmelt oder wenigstens lahm gelegt.

Man stellt sich vielleicht vor, es sei sehr schwierig, Worte einem Rhythmus oder einer instrumentalen Phrase anzupassen. Das ist durchaus nicht der Fall. Man lese aufmerksam die Regeln, die man beachten muss, um einem weiblichen Vers einen männlichen und einem männlichen Vers einen weiblichen Rhythmus anzupassen (S. 45 und 117); man eigne sich die Bemerkungen dieses Paragraphen vollständig an und man wird sich kaum der Gefahr aussetzen, in diesem Punkte Versehen zu begehen.

Bevor wir diese Betrachtungen schliessen, gestatte man uns eine Bemerkung über die mehr oder minder glückliche Art, mit der die Sänger schleifen, d. h. die letzte Note eines Rhythmus oder einer Phrase mit der ersten des folgenden Rhythmus verbinden. Wir erinnern uns die Romanze: *Au Paradis* von einem Künstler und sehr geschätzten Lehrer singen gehört zu haben. Die Romanze stellt eine Art Dialog dar zwischen einem mildthätigen Dorfpfarrer und seiner Dienerin Marguérite. Diese letztere macht dem Pfarrer Vorwürfe über seine Verschwendung und endigt die Phrase auf dem *d* des vierten Taktes. Dann nimmt der Pfarrer seinen Refrain auf mit dem folgenden *g*:

196.

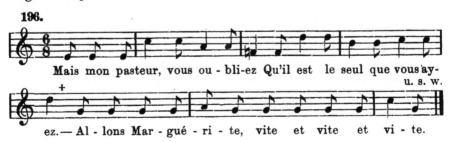

Mais mon pasteur, vous ou - bli-ez Qu'il est le seul que vous ay-
u. s. w.

ez.— Al - lons Mar - gué - ri - te, vite et vite et vi - te.

Wer würde es für möglich halten? der berühmte Sänger fand es für gut, diese beiden Phrasen zu verbinden durch ein donnerndes Herunterziehen von *d* auf *g*, welches die Beifalls-

bezeugungen des guten Publikums entfesselte! Und doch hatte
dieser Sänger damit ein wahres künstlerisches Verbrechen begangen, indem er um einigen Applauses willen den Geschmack
des Publikums korrumpirte. Diese Bindung, dieses Herunterziehen
in diesem Beispiel ist in der That widersinnig. Wie kann eine
Person einen Ton durch Ziehen oder Schleifen erreichen,
der von einer anderen gesungen zu denken ist? Und dennoch
verfallen die grössten Künstler ohne Gewissensbisse in solche
Fehler! Wir anerkennen durchaus die mächtige Wirkung, die
aus einer solchen Verkettung oder Verschleifung zweier Phrasen
entsteht, es muss aber dies Verfahren mit Einsicht angewandt
werden und darf nicht sinnwidrig werden:

197. FLOTOW. Martha.

Wenn man hier im vierten Takt dies Verfahren anwendet,
so begreifen wir es. Die Wiederholung der gleichen Worte,
die schrittweis steigende Linie der Melodie vom vierten Takt
an, die Modulation nach der Untersext, das Anschwellen der
musikalischen Phrase, die Fermate auf der höchsten und letzten
Note des Rhythmus erfordern eine grosse Kraftentfaltung, eine
besondere Energie. Es ist daher natürlich, dass der Sänger
erschöpft die Stimme fallen und auf die erste Note des
folgenden Rhythmus herunterschleifen lässt, und zwar um so
mehr, da diese durch einen grossen Sprung abwärts erreicht wird.

In der Instrumentalmusik, auf dem Klavier z. B., kommt
es dagegen vor, dass man die letzte Note eines Laufs oder
eines Rhythmus mit der ersten des folgenden Rhythmus verschleift, wenn diese durch einen grossen Sprung aufwärts erreicht und wiederholt wird.

198. MOZART. Fdur-Sonate.

199. CHOPIN.

Unter solchen Umständen, bei solcher rhythmischer Struktur begreifen und billigen wir die Anwendung eines Verfahrens, das alle Sänger, Violinisten und Cellisten um die Wette gebrauchen und missbrauchen.

---

§ 10. Regeln der rhythmischen Betonung.

Accent der Anfangsnote.

Wir sagten oben (S. 74) die Schlussnote jedes Rhythmus bringe dem Ohr das Gefühl mehr oder minder vollständiger Ruhe, sie sei begleitet von einer Senkung der Stimme und ihr folge eine Pause. Auf dieser Thatsache beruht die ganze Gewalt des rhythmischen Accents; denn Senkung und Pause haben nothwendig Stärke und Accent für die nächste Note zur Folge. So kurz und an sich unbedeutend diese Note sein mag, so nimmt sie das Gehör dennoch ausnahmsweise in Anspruch; daher:

Erste Regel: Die erste Note jedes Rhythmus ist stark, welchen Platz sie auch im Takt oder im Takttheil einnehmen mag. Sie ist besonders stark:

a) Wenn sie die höchste Note eines absteigenden Rhythmus ist oder die höchste Note eines sekundären Rhythmus, dessen Gegenstück mit einer tiefen Note begonnen hat:

200. CHOPIN. Impromptu I. Op. 29.

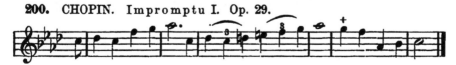

201. WEYRAUCH (Schubert zugeschrieben). Adieu.

REISSIGER (Weber zugeschrieben).

202. MENDELSSOHN. Rondo. Op. 14.

(Siehe auch die Einleitung der Aufforderung zum Tanz.)

b) Die erste Note eines Rhythmus ist stark, wenn sie ausnahmsweise auf den letzten, schwachen Takttheil fällt, nachdem die vorhergehenden Rhythmen auf dem guten Takttheil begonnen haben. In diesem Fall erhält die Anfangsnote noch besondere Stärke, wenn sie synkopirt ist, d. h. durch die erste Note des folgenden Taktes verlängert wird; sie spielt alsdann die doppelte Rolle einer Anakruse (Auftakt) und einer Thesis.*)

203. LEYBACH. Tyrolienne.

204. CHOPIN. Des dur-Walzer. Op. 64.

*) Siehe Le Rhythme musical von M. Lussy.

Zweite Regel. Die Anfangsnote eines Rhythmus ist schwach:

a) Wenn sie betrachtet werden kann als Abschluss eines aus einem Ton bestehenden Einschnitts, d. h. wenn sie auf den ersten Takttheil fällt und wiederholt wird, oder ihr eine Pause nachfolgt, z. B.:

205. CHOPIN. Op. 7.

Diese Erscheinung ist besonders häufig, wenn der erste Rhythmus auf dem guten Takttheil beginnt, während der zweite mit einer Anfangsnote auf dem schwachen Takttheil beginnt, wie im eben citirten Beispiel.

b) Die Anfangsnote eines Rhythmus ist schwach in $\frac{3}{4}$ Takten, die je sechs Achtelnoten enthalten und Rhythmen zu sechs Noten einschliessen, deren drei erste dem ersten, und deren drei letzte dem zweiten Rhythmus angehören, d. h. Rhythmen, die rittlings auf zwei Takten sitzen und jeden Takt halbiren, z. B.

206. WEBER.

Wenn man in solchen Strukturen den metrischen Accent nicht dominiren lässt, indem man ihn energisch betont, so würden Takt und Rhythmus Schiffbruch leiden, der $\frac{3}{4}$ Takt würde $\frac{6}{8}$ Takt und der so feine gegen den Takt gehende Rhythmus würde trivial werden. Folgendes wäre der Effekt:

Es ist immerhin eine merkwürdige Thatsache, dass eine und dieselbe Notengruppe rein nur durch verschiedene rhythmische Accentuirung verschiedene Taktarten und Rhythmen bilden kann. (Siehe Etudes von Cramer S. 11, ein Stück, das wir selten korrekt spielen hörten; man muss in demselben den metrischen Accent deutlich zu Gehör bringen, um sowohl Takt als Rhythmus zu retten.)

Oft geschieht es, dass die Anfangsnote desselben Rhythmus in einem Fall betont wird, in einem anderen nicht. Wenn ihr ausnahmsweise eine Synkope folgt, oder wenn sie der Schluss eines Laufes oder Trillers ist, so wird sie schwach und wirft die Stärke auf die ihr folgende zweite Note des Rhythmus. (Siehe S. 93). Im Andantino von Schulhoffs Carnaval de Venise z. B. erhält das beginnende *f* des ersten Rhythmus den Ton:

während das *f* des zweiten Rhythmus keinen bekommt, weil ihm eine tiefliegende, durch grossen Sprung erreichte Synkope folgt, die alle Kraft absorbirt:

Bei der dritten und vierten Wiederholung desselben Rhythmus geht dem *f* ein Triller vorher, dem es als Schlussnote dient. Es muss daher mit diesem Triller verkettet werden, was ihm seine Stärke nimmt:

Accent der Schlussnote.

Erste Regel. Die letzte Note eines männlichen Rhythmus ist stark:

a) Wenn sie Wiederschlag ist oder allein im letzten Takte steht:

b) Sie ist stark, wenn der Rhythmus, den sie abschliesst, das Gegenstück zu einem weiblichen Rhythmus bildet. In diesem Fall erhält sie für sich allein alle Stärke und Dauer der Noten, die sie vertritt:

c) Sie ist stark, wenn sie ausnahmsweise durch einen grossen abwärtsgehenden Sprung erreicht wird; in diesem Fall geht ihr oft eine Acciacatur voraus, die man auch uneigentlich Appoggiatur nennt.

Zweite Regel. Die letzte Note eines männlichen Rhythmus ist schwach:

a) Wenn sie einen kleinen Werth hat und zugleich der folgende Rhythmus auf dem gleichen oder dem nächstfolgenden Takttheil beginnt:

Siehe S. 4, 6 und 12 des Tell von Thalberg, wo auf einer ganzen Seite die männliche Schlussnote fortwährend schwach ist, weil sie einen kleinen Werth hat und ihr im gleichen Takttheil die Anfangsnote des nächsten Rhythmus folgt.

b) Sie ist schwach, wenn ihr eine pathetische Note vorhergeht:

c) Sie ist schwach, wenn die vorletzte Note einen ausnahmsweise grossen Werth hat, oder wenn dieser ein grosser Werth vorhergeht:

Que je vou - drais a - voir vos ai - les.
O wä - ren Flü - gel mir be - schie - den.

Man gebe der vorletzten Note eine eigene Silbe und der Rhythmus wird männlich:

Que je vou - drais m'é - lan - cer jusqu' aux cieux.
O möch-ten Flü - gel mir be - schie-den sein.

Der Umstand, dass dieser Rhythmus sowohl einen männlichen als einen weiblichen Vers anzunehmen fähig ist, gibt ihm eine Zweideutigkeit, die seine Aufrichtigkeit und Energie beeinträchtigt.

Es kommt oft vor, dass auf die Schlussnote eines männlichen Rhythmus eine chromatische Note folgt, welche als melodische Ueberleitung, als Naht dient; in diesem Fall erhalten wir einen verweiblichten (künstlich weiblich gemachten) männlichen Rhythmus:

221. Favorités.

Quand d'ê - tre aimé   pour tou-jours il   se   flat - te,

Ne   le chas - .sez ja - mais de   vo - tre   coeur.

222. Adagio der Sonate pathétique.

Aus diesen Regeln leiten wir folgende Bemerkung ab: Je energischer eine Phrase ist, um so stärker ist ihre männliche Schlussnote. Je sanfter eine Phrase ist, um so schwächer muss ihre männliche Schlussnote sein. Je grösseren Notenwerth die Schlussnote eines männlichen Rhythmus hat, um so stärker muss sie sein; je kleineren Notenwerth sie hat, um so weniger stark muss sie sein. Nichts ist unangenehmer als ein Vortrag, der mit Brutalität und Monotonie den Schluss der Rhythmen zu Gehör bringt. Anderseits ist es ein Zeichen schlechten Geschmacks, die Dauer der Schlussnoten zu sehr zu verkürzen; das gibt den Rhythmen etwas Schroffes, Trockenes, und verursacht eine peinliche Leere. Auch hier also müssen Verstand und Geschmack den Vortragenden leiten. Dass in Tänzen und Märschen die Schlussnoten energisch markirt werden, versteht sich von selbst.

Dritte Regel. Die letzte Note eines weiblichen Rhythmus ist schwach, muss mit der vorhergehenden eng verbunden und (auf dem Klavier) zugleich mit dieser sanft aufgehoben werden:

a) Wenn die vorletzte Note einen grossen Werth hat, z. B.:

223.   **224.**   **225.**

f   p   f   p   f   p

b) Sie ist schwach, wenn die vorletzte Note chromatisch ist:

c) Sie ist schwach, wenn die vorletzte Note, sei es dia-
tonischer, sei es chromatischer Wiederschlag ist:

Vierte Regel. Die Schlussnote eines weiblichen
Rhythmus ist stark:

a) Wenn sie synkopirt ist; b) wenn ihr eine Pause vorhergeht; c) wenn sie Wiederschlag ist; d) wenn sie sich durch
Verlängerung auf die erste Note des folgenden Rhythmus
ausdehnt:

(Siehe S. 67, 68.)

Fünfte Regel. Die vorletzte Note eines weiblichen Rhythmus ist regelmässig stark und besonders: a) wenn sie einen grossen Werth hat; b) wenn sie chromatisch ist; c) wenn sie Wiederschlag ist. (Siehe die Beispiele 228—230.)

Oft wird die vorletzte Note grossen Werthes durch einen Triller oder durch eine Gruppe von Verzierungsnoten ersetzt; in diesem Fall erhält die erste Note der Gruppe den Ton, z. B.:

Ebenso verhält es sich mit der ersten Note des letzten Taktes eines verlängerten oder verweiblichten männlichen Rhythmus. (Siehe zweite Regel c.)

Eigentlich endigt die Phrase mit den ersten Noten dieser Takte, man fügt aber die anderen hinzu, um das Bedürfniss des Ohrs zu sättigen und zu ertödten, um den Schluss weniger schroff und dafür abschliessender zu gestalten.

Wenn die vorletzte Note durch grossen abwärts gerichteten Sprung erreicht wird, so geht ihr oft eine Ziernote, eine Acciacatur vorher:

238.

Der Grund, warum die vorletzte Note eines weiblichen Rhythmus stark accentuirt wird, ist folgender: sie verzögert das Eintreten der Note, die das Ohr verlangt, die ihm das abschliessende Ruhegefühl bringen soll.   Verzögerung bedeutet aber Hinderniss, woraus die Nothwendigkeit entspringt, Kraft zu entfalten, um es zu überwinden.

Die vorletzte Note kann also unterdrückt werden, was den Rhythmus männlich machen und Stärke auf die letzte Note bringen würde.*) Z. B.:

239. GOUNOD.

Diese Phrase könnte folgendermassen vereinfacht werden:

(Siehe auch das Mozartsche Beispiel Nr. 110.)

*) Wenn die vorletzte Note einen integrirenden Bestandtheil des letzten, des Schlussakkords bildet, so ist die letzte Note diejenige, die man unterdrücken kann; ist dies nicht der Fall, ist sie dem letzten Akkord fremd, so kann sie, die vorletzte, unterdrückt werden.   Die letzte Note kann z. B. unterdrückt werden im folgenden Fall:

240.

anstatt:

Man nehme ebenso den vorletzten Akkord des ersten und zweiten Taktes der Einleitung der Sonate pathétique weg. Freilich würde diese Behandlung diesen Phrasen all' ihren Ausdruck und ihre Originalität nehmen.

Um es kurz zu sagen, ist eine Note um so schwächer, je mehr sie durch die Anziehungskraft der früheren Noten als erwünscht und gerufen erscheint. Je dissonirender dagegen, je komplicirter als Wiederschlag, Vorhalt, chromatische Note oder grosser Werth die Note ist, welche für das Eintreten der vom Ohr verlangten Note ein Hinderniss bildet, um so mehr Energie erfordert sie. In Wirklichkeit haben wir es mit einem pathetischen Accent zu thun; das Ohr acceptirt ihn nur, wenn er ihm sozusagen mit Gewalt aufgezwungen wird.

Ausserdem kann eine grosswerthige vorletzte Note durch mehrere Noten ersetzt werden. Sie reisst also für sich allein alle Stärke dieser unterdrückten oder blos angedeuteten Noten, die sie ersetzt, an sich.

(Siehe die Beispiele zur Fünften Regel S. 135.)

Accent der Einschnitte.

Die erste Note eines Einschnitts ist stark, die letzte schwach, auf welchen Takttheil immer sie fallen mögen. Sogar in den Tänzen ist die Schlussnote der Einschnitte schwach, auch wenn sie auf den Anfang eines Taktes fällt.*)

241.   SPINDLER.   Husarenritt.

242.

Man sehe Gounods Faustwalzer, Métras Valse des Roses u. s. w., wo ganze Seiten hindurch die erste Note des Taktes als Schlussnote von Einschnitten und Rhythmen schwach ist. Wenn jedoch die Schlussnote eines Einschnitts

---

*) Diese Thatsache erklärt, warum Künstler wirkliche Tanzmusik schlecht ausführen, sie opfern zu sehr die metrischen den rhythmischen Accenten auf und markiren nicht genug die erste Note jedes Taktes.

eine Synkope oder ein Wiederschlag ist, oder endlich den ganzen Takt füllt, so ist sie stark:

Die erste und letzte Note eines einfachen Einschnitts haben daher ebenfalls die Eigenthümlichkeit, den metrischen Accent zu zerstören. So ist in den Beispielen 241 und 242 die erste Note jedes Taktes schwach, die letzte dagegen stark. Dergleichen Stellen bieten auf dem Klavier eine gewisse Schwierigkeit. Die gut beanlagten Schüler insbesondere haben Mühe, gegen den Takt zu spielen.

Erinnern wir uns endlich, dass die letzte Note folgender metrischen Formen stark ist:

siehe die Noten S. 35 und 75 und S. 85 und 89) und dass der letzten Note eines Rhythmus eine Pause folgen muss, es sei denn, dass sie von einer Fermate oder dem Wort tenuto begleitet, oder mit der folgenden Note verschleift sei:

*) Wenn sie nicht Verziernoten sind. Siehe Seite 135, Nr. 237.

Wir haben uns nicht davor gefürchtet, diesem Kapitel eine grosse Ausdehnung zu geben. Wir glauben nämlich, dass die Rhythmen eine ausserordentliche Bedeutung haben. Der Leser wird dessen wohl auch inne geworden sein beim Anblick der vielfältigen Gesichtspunkte unseres Stoffes. Niemand darf hoffen, korrekt zu komponiren und zu schreiben, Niemand kann einen verständigen, künstlerischen Vortrag erreichen, wenn er nicht spontan oder nach Ueberlegung gemäss der Verwandtschaft der Noten, gemäss ihrer natürlichen Ruhetendenz accentuirt.

---

§ 11. Praktische Uebungen.

Schon von dem ersten Erholungsstück der dem Unterricht zu Grunde gelegten Klavierschule an muss man die Aufmerksamkeit des Schülers auf die Rhythmen, d. h. auf die periodische Wiederkehr der gleichen Noten und der gleichen, symmetrische Zeichnungen bildenden Notenverbindungen von zwei zu zwei, vier zu vier oder acht zu acht Takten aufmerksam machen.

Sobald der Schüler mit den Rhythmen vertraut und gewohnt ist, in den Tongruppen einen Gedanken, eine musikalische Einheit zu erfassen, muss man ihn auch mit den Einschnitten vertraut machen. Nachdem er zuerst die Uebungsstücke oder eine Anzahl von Melodien ohne Beachtung der Einschnitte gespielt hat, nehme er dieselben wieder vor und bringe die Einschnitte darin an. Man muss ihm anzeigen, wo und wann er welche anbringen kann; besonders aber, wo und wann er dies zu unterlassen hat.

Der Schüler soll die Rhythmen aller Stücke, die er spielt, prüfen und ohne Bedenken alle mangelhaften Accentuirungen und Bezeichnungen selbst korrigiren.

Er fange damit an, Lieder, Romanzen und Tänze zu rhythmisiren, dann fortschreitend Stücke und Etüden. Man gebe ihm oft Liedermelodien zu rhythmisiren und mit Einschnitten zu versehen, ohne ihm die Textworte mitzutheilen, und dann lasse man seine rhythmische Bezeichnung mit der vergleichen, welche die Worte darbieten.

Man sagt, einer der grössten Klavierspieler habe drei Jahre in Italien zugebracht, blos um rhythmisiren und phrasiren zu lernen, was ihn jedoch nicht von allen Fehlern rhythmischer Accentuirung frei erhalten hat.

Man führe die Aufgabe aus, die wir hier vorschreiben, man gebe dem Schüler dies Kapitel zu lesen, zu kopieren, zusammenzufassen, und vielleicht wird er nicht nöthig haben, eine Reise nach Italien zu machen, um die Wissenschaft und das Gefühl des Rhythmus zu erwerben; die erste beste Klavierschule und einige Monate fleissigen Studiums werden genügen, um ihm die Kenntniss der Rhythmen und Einschnitte, der musikalischen Prosodie und Phraseologie und der rhythmischen Accentuirung beizubringen.

Sechstes Kapitel

Der pathetische Accent.

ir haben uns bis dahin im Kreise des Instinkts und der Intelligenz bewegt. Es darf deshalb nicht erstaunen, dass Maschinen gebaut werden konnten, welche sowohl metrische als rhythmische Accente ziemlich genau wiedergeben, die, wie wir gesehen haben, in regelmässigen Zwischenräumen immer wiederkehren und durch nicht accentuirte Noten getrennt sind.

Wir haben nunmehr in das Bereich des Gefühls einzutreten. Um empfunden und wiedergegeben zu werden, verlangt der pathetische Accent eine Seele; er ist daher auch das vorzüglichste künstlerische Merkmal. Man könnte ihn mit Recht poetischen Accent nennen, denn er ist's, der gewissen Kompositionen ein so besonders ausdrucksvolles Gepräge aufdrückt. Je mehr pathetische Elemente, d. h. Abweichungen von irgend einer Regel, je mehr Wiederschläge, je mehr unter oder ober benachbarte Gipfelnoten, je mehr ausnahmsweise Synkopen, je mehr chromatische Intervalle, harmonische Vorhalte oder Anticipationen, Dissonanzen u. s. w. ein Werk enthält, um so poetischer, ausdrucksvoller ist es.

Der pathetische Accent ist keiner Regelmässigkeit unterworfen. Er kann eine einzige Note oder mehrere auf einander

folgende Noten treffen; er kann überallhin fallen, ebenso gut
auf die schlechten (schwachen), wie auf die guten
(starken) Takttheile, ebenso gut auf die Endnote, wie
auf die Anfangsnote eines Rhythmus. Sein wesentlicher
Charakter wird bestimmt durch das einzige Wort: das Un-
vorhergesehne, Ausnahmsweise, Abweichende. Aber
welches auch sein Platz sei, immer ruft er die feinsten
Kontraste, die spannendsten Alternativen hervor. Unter der
Herrschaft seines fortwährenden Einflusses gibt der unterjochte
und hingerissene Künstler seine Erregung nicht nur durch ver-
doppelte Energie, durch Verstärkung des Klanges kund, sondern
auch durch Beschleunigung des Tempos, auf welche nothwendig
eine Erschlaffung, eine Art Erlahmung in der Tonstärke und
im Tempo folgt, und aus diesem Wiederspiel entstehen tausend
reizende Kontraste, tausend poetische Nuancen.

Deshalb bedarf denn auch die Vielseitigkeit dieses Accents
dreier Ausdrücke, um drei gleichzeitige Phänomene, die aus dem
gleichen Prinzip hervorwachsen, zu bezeichnen: Pathetischer
Accent im engeren Sinne, pathetische Tempoführung,
Nuancen. Jeder dieser drei Gesichtspunkte wird der Gegenstand eines eigenen Kapitels sein.

Erinnern wir uns zuerst, um uns die Auffindung derjenigen Noten zu erleichtern, welche besonders befähigt sind,
auf das musikalische Gefühl Eindruck zu machen und dessen
Thätigkeit zu reizen, ganz kurz der Theorie, die wir S. 7 auseinandergesetzt haben.

Der modernen Musik liegen drei Hauptelemente zu Grunde:
1) Die Tonart in ihrem doppelten Geschlecht (Modus), Dur
und Moll; 2) Der Takt, 3) Der Rhythmus.

Diese drei Elemente haben unserem Gefühl das dreifache
Bedürfniss der Anziehung, der Regelmässigkeit und der
Symmetrie eingepflanzt und haben es an eine äusserst rasche
aber einseitige, kurzsichtige und gewohnheitsmässige
Logik gewöhnt. Kaum hat das Gefühl eine den Gesetzen der
Tonalität des Taktes und des Rhythmus unterworfene Tongruppe wahrgenommen, so setzt es die Folge einer analogen
Gruppe voraus und verlangt nach ihr. Mit anderen Worten,
kaum hat das Ohr den ersten Rhythmus einer Melodie ver-
nommen, so setzt es die Folge eines gleichen Rhythmus, in der
gleichen Tonart, im gleichen Tongeschlecht (Modus) und mit der
gleichen Vertheilung der Noten voraus und verlangt nach ihm.

So oft also eine oder mehrere Noten sich einstellen, welche
der Tonart und dem Tongeschlecht, in denen der Anfang der
Melodie steht, fremd sind, — Noten, die folglich im Stande

sind, sei es die Tonica zu verschieben, sei es das Tongeschlecht zu ändern, sei es den abschliessenden Ruhepunkt zu verzögern und dem Ohre neue Bedürfnisse, neue
Anziehungen aufzunöthigen — so oft sich unregelmässige,
unerwartete Noten einstellen, welche die Regelmässigkeit
der metrischen Accente durchbrechen, oder die Symmetrie
der anfänglichen rhythmischen Zeichnung aufheben, müssen
dieselben dem Gefühl aufgezwungen werden, das dadurch
betroffen, abgelenkt, in Staunen versetzt wird. Die erste
Regung des Gefühls ist, diese Noten als falsch zu betrachten; da es jedoch sofort merkt, dass sie den Gesetzen der
Tonalität, der Modalität, des Taktes und des Rhythmus
entsprechen und blos darauf ausgehen, eine neue Tonart, ein
neues Anziehungscentrum oder eine neue rhythmische Zeichnung
zu bilden, strengt es sich an, sie zu erfassen. Der Künstler
gibt diese Eindrücke natürlicherweise durch grössere Tonstärke
und Belebung kund, denen bald Erschlaffung und Erschöpfung
folgen.

Nehmen wir nun diese Unregelmässigkeiten, diese
Abweichungen, denen wir die verschiedenen pathetischen
Kundgebungen des musikalischen Gefühls verdanken, der Reihe
nach durch; beobachten wir sie zugleich in ihrer Vorkommens-
art und in ihrer Wirkung! Uns erinnernd, dass wir weniger für
die Künstler, als für die Schüler schreiben, werden wir uns
nicht scheuen, auf alle nöthigen Einzelheiten einzugehen, um
den Leser an eine bis ins Kleinste genaue Analyse zu gewöhnen
und ihm zu beweisen, dass oft von einer unmerklichen, an-
scheinend unbedeutenden Thatsache die Poesie, der Ausdruck,
das Leben einer Komposition abhängen.

Unser Notensystem „malt" vorzüglich für das geübte Auge.
Nichts für den Ausdruck Wichtiges entgeht ihm. Grosse und
kleine Werthe, Richtung und Verbindung der Noten, schrittweise oder sprungweise Fortschreitung, Parallel- und Gegenbewegung, Zahl der Stimmen, Wiederschlag, Gipfelnoten,
Modulation, Alles findet darin seinen äusserlich klaren Ausdruck.
Nur eine Ausnahme existirt. Die Notation unterscheidet die
grossen und kleinen Intervalle (Durterz und Mollterz, Dursext
und Mollsext etc.) nicht genügend; besonders *f-h* und *h-f* sind
in ihrer Sonderstellung nicht gekennzeichnet. Die chromatischen,
vermehrten und verminderten Intervalle dagegen sind gehörig
gebrandmarkt durch gleichzeitiges ♯ und ♭, oder durch ein ♯ oder
ein ♭ verbunden mit einem ♮, das ein der Tonart angehörendes
♯ oder ♭ auflöst.

§ 1. **Metrische Ausnahmen.**

Die Hauptausnahme von der Regelmässigkeit der metrischen Accentuirung ist die Synkope.

Die Synkope rührt von der Verlängerung einer schwachen Note durch eine starke her; die letzte Note eines Taktes, eines Takttheils oder des Theils eines Takttheils wird durch die erste Note des folgenden Taktes, Takttheils oder Theils eines Takttheils verlängert.*) Z. B.:

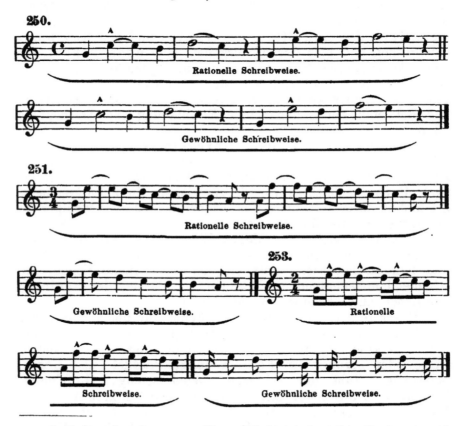

*) Es besteht ein grosser Unterschied zwischen der Synkope und der Verlängerung. Diese letztere ist einfach die verlängerte Note eines guten (starken) Takttheils oder des guten (starken) Theils eines Takttheils, z. B.:

Diese Beispiele zeigen uns, dass der metrische oder Taktaccent, nicht aber der Takt, durch die Synkope zerstört wird. Die Note, welche metrisch stark sein sollte, ist schwach; die schwache wird stark durch die Energie, welche ihr die Note abtritt, welche durch die Bindung ihre Selbstständigkeit verliert. Die Synkope hebt also die Regelmässigkeit des metrischen Accents auf. Im dreizeitigen Takt*) bringt die Note, welche den zweiten Takttheil ausmacht, wenn sie verlängert wird, die Wirkung einer Synkope hervor. Nur dieser Umstand hat wohl die Meinung veranlasst, dass im dreizeitigen Takt der dritte Takttheil stark sei.**) Z. B.:

254.

255. VERDI.

Die Synkope ist besonders energisch, wenn sie sich ausnahmsweise mehrmals hinter einander einstellt:

258. ROSSINI. Tell.

---

*) Der dreizeitige Takt ist im Grund ein verstümmelter, amputirter vierzeitiger Takt. Wie daher $\frac{2}{4}$ ♩ ♩ aus $\frac{4}{4}$ ♩ ♩ entstanden ist, so bringt $\frac{3}{4}$ ♩ ♩ eine ähnliche Wirkung hervor, wie $\frac{4}{4}$ ♩ ♩ ♩.

**) Wir haben oben S. 67 und 134 gesehen, dass die Synkope nicht nur den metrischen Accent zerstört, indem sie die starken Töne verschiebt, sondern auch den rhythmischen Accent, indem sie der letzten Note eines weiblichen Rhythmus, die von Natur schwach ist, eine sehr grosse Kraft gibt, z. B.:

256. DONIZETTI.　　　　　statt:

Synkope.

257. MÉHUL.　　　　　statt:

Synkope.

§ 2. Rhythmische Ausnahmen.

Wir fassen in diesem Paragraph alle Noten und alle Noten-gruppen zusammen, welche durch ausnahmsweise Dauer, durch steigende oder fallende Richtung, durch schrittweise und sprung-weise Fortschreitung u. s. w. die Symmetrie der rhythmischen Zeichnungen, denen sie angehören, zerstören und auf diese Weise zu den vorhergehenden oder folgenden Noten im Gegen-satz stehen.

Wenn sich ausnahmsweise nach kleinen Zeitwerthen ein grosser Zeitwerth, eine längere Note einstellt, so erhält sie eine sehr grosse Energie; man lässt sie anschwellen, macht ein vibrato.

262. L'Absence (fälschlich Beethoven zugeschrieben).

Quand ton des-tin   au mien al-lait s'u-nir! Ange a-do-

ré,   près de   toi   c'est la   vi - e.

263.

264. MOZART. *Dmoll-Fantasie.*

Doch ist wohl zu merken, dass der grosse Zeitwerth, wenn
er die letzte Note eines weiblichen Rhythmus bildet, keinen
besonderen Accent erhält.

Wenn schon eine einzige Note, welche ausnahmsweise einen
grossen Werth hat, besondere Bedeutung annimmt und die
Accentuirung modifizirt, so muss man um so mehr eine Note
energisch betonen, welche ausnahmsweise mehrmals hinter
einander wiederholt wird.   Solche Noten stellen augenscheinlich ein bedeutendes Anwachsen der Energie dar, besonders wenn sie sich als Synkopen darbieten.   Das folgende Beispiel zeigt zuerst vier *a* nach einander und dann viermal den
Akkord *dis-c*; der letztere verlangt besonders die ganze Kraft
des Instruments. (Man vergleiche in der Lucia: Ja zu dir,
verklärter Engel; in der Favoritin: O sei bedankt und
das Beispiel Bellinis Nr. 260.)

265. MOZART.

ff

266. MOZART.

Wenn an der Stelle eines grossen Zeitwerthes oder einer einzigen Note das Gegenstück zu einem vorhergehenden Rhythmus kleine Zeitwerthe darstellt, so accentuirt man diese:

Wenn in einer aus Halben, Vierteln, Achteln, Sechszehnteln u. s. w. bunt zusammengesetzten Phrase sich ausnahmsweise ein Takt mit steigender Melodie und mit je einer Note auf jeden Takttheil darbietet, so werden diese Noten accentuirt:

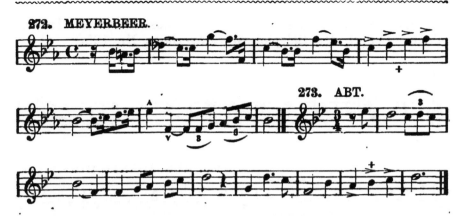

272. MEYERBEER.

273. ABT.

Wenn im gleichen Falle der Ausnahmetakt fallende Melodie zeigt, so erfordern die betreffenden Noten grosse Elasticität.

274. DONIZETTI. Lucia.

275. ADAM. Noël.

276. VERDI. Traviata.

Diese ausnahmsweise eintretenden Noten erhalten besonders starke Betonung, wenn sie sprungweise erfolgen, während die vorhergehenden oder folgenden Noten schrittweise erreicht worden sind:

277. ROSSINI. Tell, Sombre forêt.

Ap - pren-dra mes se - crets.

278. BEETHOVEN. Septett.

Man accentuirt die Noten, welche ausnahmsweise Triolen bilden. (Vergl. das Beispiel von Meyerbeer, Nr. 195.)

279. Norma.

280. MERCADANTE. Crucifixus.

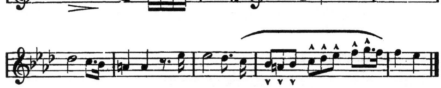

Am Ende eines Rhythmus und wenn diese **Triolen** oder kleinen Zeitwerthe eine gleichförmig fallende Richtung haben, eine Art Wasserfall darstellen, werden dieselben nicht betont.

281. BELLINI. Norma.

282. ROSSINI. Sombre forêt.

283. BELLINI. Norma.

Man accentuirt ebenso wenig die Ziernoten, welche die Stelle einer langwerthigen vorletzten Note vertreten. (Man sehe Rhythmischer Accent, S. 66 und 135.)

Man betont die Noten eines zweiten Rhythmus, welche ausnahmsweise höher sind oder welche in grösseren Intervallen stehen, als die Noten, die im ersten Rhythmus ihr Gegenstück bildeten.

Welcher Künstler wird nicht betroffen sein durch das erste *h* des dritten Taktes? Seine erste Regung ist, dasselbe als Fehler anzusehen. Dann, bei der Wiederholung der Phrase, wobei er das Tempo ein wenig langsamer nimmt, wird er einsehen, dass der Komponist es absichtlich angebracht hat. Er schenkt ihm daher besondere Aufmerksamkeit und findet eine wirkliche Schönheit da, wo er einen Irrthum zu sehen glaubte.

Ebenso verhält es sich im folgenden Beispiel:

Welcher Künstler wird nicht überrascht durch das *es* des sechsten Taktes? Diese Note täuscht seine Erwartung und verwirrt seine Logik. Er drückt denn auch sein Erstaunen durch eine besonders starke Betonung aus.

287. BELLINI. Nachtwandlerin.

288. MENDELSSOHN. Op. 14.

289. BELLINI. Norma.

rall. . .

anstatt:

Man betont energisch die Auftaktsnoten (Anakrusen) (vergl. S. 127), welche bei der Wiederholung den ersten Rhythmus auf einen schlechten Takttheil einleiten: 1) wenn der Rhythmus das erste Mal auf dem guten Takttheil (der Thesis) begonnen hat; 2) wenn diese Noten ziemlich zahlreich sind; 3) wenn sie die Richtung ändern (vergl. das Beispiel von Leybach, Nr. 203):

290. FIELD. 5. Nocturne.

291. REISSIGER.

292. Allegretto.

Man accentuirt stark die hohe Note, welche durch einen grossen Sprung erreicht wird, besonders wenn ihr Noten, die sich schrittweise folgen, oder Aufschwungsnoten vorhergehen.

293. V. MASSÉ.

294. WEBER. **295.** MEYERBEER. (S. S. 149.)

296.

297. GOUNOD. Faust.

(Siehe die zwei Beispiele von Rossini Nr. 258, 259.)

Jede Note, der eine oder mehrere Verzierungsnoten vorangehen, ist stark. Wenn jedoch diese Noten sich vor der letzten Note eines weiblichen Rhythmus befinden, so ist diese dennoch nicht stark.*) (Vergl. S. 127).

---

*) Gewöhnlich werden diese kleinen Noten angewandt: 1) vor der benachbarten Gipfelnote, besonders am Ende eines Rhythmus (vgl. S. 155); 2) vor der Note, welche der auf den Anfang eines Takttheils fallenden benachbarten tiefsten Note vorangeht; 3) vor dem Wiederschlag oder

Die höchste Note einer Gruppe wird besonders stark betont,
wenn sie einen Rhythmus beginnt. (Vergl. S. 127.)

800. SCHUBERT.

(Siehe Chopins *As*dur-Inpromptu.)

801. SCHULHOFF.

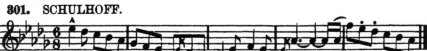

Wenn auf die höchste Note gleichwerthige schrittweise
abwärts gehende Noten folgen, wie im letzten Takt dieses
letzten Beispiels, so lässt man sie gleiten und spielt die folgenden mit leichtem Staccato, besonders im zweiten Rhythmus:

302. VERDI.

308. SCHULHOFF.

vor jeder anderen pathetischen Note, welche auf den letzten Takttheil
des vorletzten Taktes der männlichen Rhythmen fällt; 4) vor der Note,
welche durch grossen Sprung aufwärts oder abwärts erreicht wird. (Vergleiche S. 135.)

298. LYSBERG.

299. DONIZETTI.

rall...   *rall...*

Wir rathen unseren Lesern, sich mit Mässigkeit derartiger Appoggiaturen, Acciacaturen, Mordenten u. s. w. zu bedienen, und wenn der
Komponist keine vorgeschrieben, sie zu unterlassen.

Wenn sich ausnahmsweise im vorletzten Takt eines Rhythmus eine absteigende Notengruppe einstellt, so lässt man die erste, höchste Note gleiten und gibt den folgenden eine grosse Elasticität:

304. CAMPANA. Vivre sans toi.

De ton re - gard, de ton sou - ri - re, Quel est l'em-

305. GOUNOD.

pire, Dis moi pourquoi Sa-lut, demeure chaste et pu-re, Sa-

lut, de-meure chaste et pu-re, Où se de-vi-ne la pré-sen-ce.

306. LITOLFF. Chant de la fileuse.

Man lässt ebenso die höchste Note eines steigenden Laufes gleiten, wenn auf sie in gleichem Werth die tiefere Sekunde folgt, oder wenn diese folgende Note durch einen grossen absteigenden Sprung erreicht wird:

307. SCHULHOFF.

308. LEYBACH. 2. Nocturne.

rall. . .

Schlecht.

Man lässt das c gleiten.

Gut.

Die Wirkung der gleitenden Note soll derjenigen eines plötzlich geschleuderten elastischen Balls analog sein, der eine Folge von kleiner werdenden Sprüngen oder Abprallungen macht. Auf dem Klavier muss man, um die grösstmögliche Wirkung zu erzielen, folgende Regeln beobachten: 1) Man lasse den Finger auf der Note etwas ruhen, welche der höchsten Note, die man gleiten lassen will, vorangeht, und hebe beide Noten gleichzeitig auf, indem man sie gleiten lässt; 2) man gebe der höchsten Note wenig Kraft; 3) man nehme ihr die Hälfte ihres Werthes, indem man eine Pause einfügt; 4) man verzögert die folgende Note; 5) man spiele mit Elasticität und Zartheit die zwei oder drei Noten, welche auf diejenige folgen, die nach der höchsten kommt, indem man zugleich etwas schneller wird. Wohlverstanden muss man bei der Anwendung dieses Verfahrens äusserst vorsichtig sein. Nur in der Genremusik, wie Nocturnen, Reverien, Capricen u. s. w. ist der Gebrauch desselben zulässig.

Jeder ausnahmsweise Wiederschlag verlangt insbesondere den pathetischen Accent:*)

309. STRADELLA.

310. BEETHOVEN. Adagio der Sonate pathétique.

Doch die Note, die mehr als alle anderen den pathetischen Accent erfordert, ist die benachbarte Gipfelnote: 1) Wenn sie auf den Anfang eines Rhythmus fällt; 2) wenn sie einen grösseren Werth hat; 3) wenn sie auf den vorletzten Takttheil eines Rhythmus fällt; 4) wenn sie auf eine Pause folgt.**)

----

*) Man sehe S. 87.

**) Wir nennen benachbarte Gipfelnote *(note voisine aigüe)* ein *d* zwischen zwei *c*: *c d c*; ein *e*, dem *d* vorangeht, und folgt u. s. w. Die benachbarte tiefste Note ist ein *c* zwischen zwei *d*: *d c d*; ein *g* dem *a* vorangeht und folgt u. s. w. Der benachbarten Gipfelnote folgt oft die um eine Sekunde tiefere Note, ohne dass sie ihr vorangeht. Man sehe das Beispiel von Verdi Nr. 315. Die benachbarte Gipfelnote, ebenso

311. DONIZETTI.

312. CAMPANA. Vivre sans toi.

313. GOUNOD. Faust.

314. LEYBACH. Erstes Nocturne.

Halbton.

315. VERDI. Troubadour.

wie die tiefste Note bilden schon im katholischen Kirchengesang eine wichtige Rolle. (Man sehe das *Dies irae*.)

Die alten Theoretiker nennen die benachbarte Gipfelnote Acrusmos, die tiefste Note Proscrusmos. Welches ist der Grund, der alle Musiker antreibt, bei dieser Gelegenheit, d. h. vor der benachbarten Gipfelnote Verzierungsnoten anzubringen? Wenn wir nicht irren, beruht er auf dem Bedürfniss, dieser Note, welche die Tendenz hat, durch ihr Gewicht niedergezogen zu werden, mehr Kraft und Unabhängigkeit zu geben und sie schwebend emporzuhalten. Im Gegentheil gibt man mehr Kraft, durch Verzierungsnoten, der vorhergehenden Note der benachbarten tiefsten Note, damit diese nicht durch ihre herabzugehende Tendenz der ihr angehörenden Notengruppe entschleicht.

316. ROSSINI. Barbier.

(Siehe die Introduktion von Webers Aufforderung zum Tanz und das
Beispiel von Rossini, Nr. 326.)

Die benachbarte Gipfelnote erhält besonders einen sehr
energischen Accent, wenn sie mehrere Male hinter einander
wiederholt wird:

317. ROSSINI. Tell.

318. MEYERBEER. Robert.

319. DONIZETTI. Lucia.

In diesem Fall wird der pathetische Accent geradezu emphatisch. Er hat etwas Schmerzliches, Bedrücktes, Beklemmtes.
Es gibt übrigens mehrere Fälle, wo der pathetische Accent
einen emphatischen Charakter annimmt. Die hauptsächlichsten
davon sind:

1) Wenn der Wiederschlag sich ausnahmsweise mehrere
Male nach einander einstellt:

320. STRADELLA. (Siehe Nr. 309.)

2) Wenn die vorletzte Note eines weiblichen Rhythmus
eine chromatische benachbarte Gipfelnote oder tiefste Note ist:

321. ROSSINI. Tell.

322. BELLINI. Norma.

(Siehe Weber, Barcarole aus Oberon, Takt 19.)

3) Wenn dreizeitige Takttheile mehrere Male hinter einander eine Pause auf dem ersten Drittel des Takttheils enthalten:

323. FIELD. 5. Nocturne.

324. BEETHOVEN. La Molinara, Variation 4.

Wir sind überzeugt, dass der Name soupir (Seufzer), den man in Frankreich der Viertelspause gibt, von der Wirkung herrührt, welche diesen Formen eigen ist.

---

§ 3.   Tonale und modale Ausnahmen.

Jede chromatische Note, d. h. jede der Tonart und dem Tongeschlecht, in denen die Melodie geschrieben ist, fremde Note ist stark: 1) wenn sie einen grossen Werth hat; 2) wenn sie überdies benachbarte Gipfelnote oder tiefste Note oder einfache Gipfelnote ist; 3) wenn sie die vorletzte Note eines Rhythmus ist.*)

325. BOIELDIEU. Weisse Dame.

---

*) Es ist einleuchtend, dass chromatische Noten, die lediglich zur Erreichung vollkommener Symmetrie in den melodischen Progressionen nothwendig sind, keinen Accent erhalten. Dies ist auch der Fall bei der chromatisch erhöhten benachbarten tiefsten Note: sie ist eine blos euphonische Note.

326. ROSSINI. Tell.

Benachbarte Gipfelnote
und tiefste Note.

327. NIEDERMEYER. Marie Stuart.

Adieu donc beau pays, mes a - mours.

328. BELLINI. Norma.

329. AUBER. Fra Diavolo.

330. MEYERBEER. Afrikanerin.

Die chromatischen Noten von kleinem Werth, die in
einem tonleiterartigen oder arpeggirten Lauf vorkommen, erhalten keine Accente.

Jede Note oder jede Notenverbindung, welche eine Verschiebung der Tonica oder eine Aenderung des Tongeschlechtes
bedingen, müssen accentuirt werden. Jede Modulation, die
überhaupt nur dann stattfinden kann, wenn in die Melodie oder
mindestens in die Begleitung ein neues ♯ oder ♭ eingeführt
wird, gehört diesem Paragraphen an. Nichtsdestoweniger wollen
wir über dieselbe noch einige besondere Bemerkungen nach-
folgen lassen.

Modulirung bedeutet Aenderung, Verschiebung der Tonica,
d. h. der Tonart oder des Tongeschlechtes, oder beider zugleich; die Noten werden ihrer Funktionen beraubt, um ihnen
andere zuzuweisen; man gibt ihnen einen anderen Anhalte-
punkt, ein anderes Attractionscentrum, mit einem Wort,
Moduliren heisst, das Gefühl in Erstaunen setzen, d. h.
es um die Noten bringen, die es verlangt, die seine Logik
befriedigen würden, um ihm dafür andere aufzunöthigen.

Offenbar findet diese Verschiebung nicht ohne Kampf statt, denn die Tonica ist eine Herrscherin, die sich nicht leichten Kaufes entthronen lässt. Das Gefühl gibt der Anziehungskraft der neuen Tonica nur nach, wenn es ihm einen gewissen Widerstand geleistet hat. Zuerst versucht es sich an die Anfangstonica anzuklammern und lässt von derselben nur dann ab, wenn es unterjocht und wohl oder übel in den Bannkreis der neuen Tonica hineingerissen worden ist. *) Je entfernter letztere, d. h. je grösser die Anzahl der fremden Noten ist, welche die nachfolgende Tonart mitbringt, in Vergleich zu derjenigen, die eben verlassen wird, um so grössere Anstrengungen erfordert die Modulation. Ist die Modulation allzufernliegend und tritt die Aenderung zu unvermuthet ein, dann muss dem Ohr, sozusagen, Gewalt angethan, es muss betäubt und ihm durch die Gewalt des Klanges die neue Tonica aufgezwungen werden.

331.

G moll.   *B* dur.   *D* dur.

332. FIELD. 5. Nocturne.

f   *ff*

Modulation von *B* dur nach *D* moll.

333. AUBER. Un Jour de bonheur.

p

Modulation von *D* moll nach *F* dur.

*) Siehe S. 11.

Lussy, Kunst des musikalischen Vortrags.

11

334. BEETHOVEN. Adagio der Sonate pathétique.

335.

Im obigen Beispiel wird von *G* moll in die verwandte Tonart *B* dur modulirt; wodurch dem Gefühl nicht nur die Tonart
und das Tongeschlecht, an die es gewöhnt, entzogen, sondern
auch gedroht wird, ihm eine Tonart *H* aufzuzwingen, mit welcher die des vorangegangenen Rhythmus keine Verwandtschaft
besitzt. Der übermässige Sextakkord *ges b des e* im fünften
Takt wird von den gleichen Tasten gebildet, aus welchen der
Dominantseptimenakkord von *H* besteht, der sich natürlich nach
fis h dis auflöst, während der Akkord *ges b des e* uns nach *B*,
d. h. einen halben Ton tiefer leitet. (Man sehe S. 172.)

Wie sollte das Gefühl nicht in Erstaunen gesetzt werden
durch so heftige und kühne Evolutionen? Diese Wendungen
bringen in ihm dieselbe Wirkung hervor, die unser Körper
empfinden würde bei einer plötzlichen Versetzung von Sicilien
nach Sibirien.

Die Noten, welche übermässige oder verminderte Intervalle darstellen, erhalten, obgleich sie im Mollgeschlecht eine
normale Stellung einnehmen, dennoch einen Accent, sobald sie
von langer Dauer sind. So müssen die übermässigen Sekunden,
Quinten, Sexten, die verminderten Terzen, Quarten, Septimen
accentuirt werden. Ebenso verhält es sich mit der übermässigen Quart *f h* und der verminderten Quint *h f*, obgleich auch diese beiden Intervalle in Dur und Moll ihre normale Stellung haben,*) z. B.:

---

*) Die Erklärung dieser Thatsache ist äusserst einfach: In der Dur-
tonleiter gibt es nur eine übermässige Quart, nur eine verminderte Quint.
Da diese Intervalle seltener vorkommen, so machen sie auf uns einen
grösseren Eindruck als alle übrigen. Die beiden Tonzeichen dieser Intervalle sind die Prototypen der ♯ und ♭, *h* ist das Prototyp der Kreuze,
f dasjenige der Been.

Uebermässige Sekunden.

Verminderte Septimen.

Uebermässige Quinte.   Verminderte Quart.

336.

Uebermässige Sext.   Verminderte Terz.   Verminderte Quint.   Uebermässige Quart.

Casta diva, Norma.

Uebermässige Quart.   Verminderte Terz.

337. NIEDERMEYER. Le Lac.

Verm. Terz: *es dis.*   Uebermässige Sekunde: *cis be.*

Que le bruit des   ra-meurs qui frap-paient ____ en ca-

den - ce Tes flots____   har - mo - ni - eux.___

338. ROSSINI. Tell.

Verminderte Terz
fes—d.

Verminderte Terz:
ces—a.

339. SCHUBERT. Ständchen.

Verminderte Quart.

340. NIEDERMEYER. Marie Stuart.

Wenn schon die chromatischen Noten, wenn sogar die in Moll normalen verminderten und übermässigen Intervalle energisch sind, so müssen die enharmonischen Stellen um so eher accentuirt werden. Man möchte sagen, die Stimme erschöpfe in diesen Fällen alle ihre Kräfte, um sich an die Tonalität anzuklammern, die ihr entweichen will.

341. MERCADANTE.

342. BEETHOVEN. Adagio der Sonate pathétique.

In diesem Passus, einem der grossartigsten und erhabensten, die wir kennen, modulirt Beethoven enharmonisch von der sanftesten in die energischste Tonart, welche die Temperirung des Klaviers bieten kann: von *As* moll nach *E* dur. Offenbar besteht zwischen *E* dur und *As* moll keine Verbindung, keine Verwandtschaft. Aber *e* wird durch die gleiche Taste hervorgebracht, wie *fes*; *fes* aber ist vertiefter Unterleiteton, Untermediante von *As* und die Modulation nach dem vertieften Unterleiteton ist sehr gebräuchlich, obgleich die neue Tonart, nach der modulirt wird, 4 ♭ mehr oder 4 ♯ weniger hat, als die verlassene Tonart. Sie ist möglich, weil die beiden Hauptnoten (Tonica und Dominante) der neuen Tonart kleine Modalnoten der vorhergehenden sind.*)

§ 4. Harmonische Ausnahmen.

Um diesen Paragraphen zu verstehen, muss man einige Kenntnisse der Harmonielehre besitzen. Wir empfehlen unseren Lesern das Studium des Kapitels über die harmonische Tonleiter in unseren „Exercices de piano" (S. 49), von denen wir hier einen kurzen Auszug bringen wollen.

---

*) Siehe unsere Exercises de piano (S. 73), Kapitel der Modulationen.

Man nennt harmonische Tonleiter die terzenweise
geordneten Töne einer Dur- oder Molltonleiter, z. B. harmonische Tonleiter von *C* dur: *c, e, g, a, d, b, a, c;* harmonische
Tonleiter von *C* moll *c, es, g, h, d, f, as, c.* Die harmonische
Tonleiter ist von ungeheurem Nutzen, um die in einer bestimmten Tonleiter oder Tonart zur Verwendung kommenden Akkorde
aufzufinden. So sind in einem Stück aus *C* dur die fast ausschliesslich angewandten Akkorde: *c, e, g; g, h, d, f; f, a, c,*
oder *f, a, d.* In einem Stück aus *A* moll sind die zumeist angewandten Akkorde: *a, c, e; e, gis, h, d; d, f, a,* oder *d, f, h.*
Wie man sieht, liefert die harmonische Tonleiter von der
tiefern Tonica ausgehend d i r e k t alle meist gebrauchten
Akkorde.

Nimmt man aus der harmonischen Tonleiter die drei ersten
Noten, so bilden dieselben den D r e i k l a n g, den ersten und
hauptsächlichsten Akkord der Tonleiter, denjenigen, welcher das
Stück abschliesst und dem Ohr das Gefühl vollkommener Ruhe
verschafft.

Nimmt man die dritte oder letzte Note des ersten Akkords
zum Ausgangspunkt und fügt die drei noch folgenden harmonischen Noten hinzu, so erhält man *g, h, d, f,* den Dominantakkord, den zweitwichtigsten. Dieser Akkord enthält
vier Noten und ist, mit sehr seltenen Ausnahmen, der vorletzte
Akkord des Stückes. Bei diesem Akkord empfindet das Ohr
das Bedürfniss, den ersten Akkord zu hören, weil jener wegen
seiner D i s s o n a n z dem Ohre das Gefühl vollkommener Ruhe
nicht zu gewähren vermag. Es gibt eine grosse Menge von
Musikstücken, welche nur durch diese zwei Akkorde begleitet
werden. Nimmt man die vierte oder letzte Note des zweiten
Akkords zum Ausgangspunkt und fügt die beiden letzten Noten
der harmonischen Tonleiter hinzu, so erhält man *f, a, c,* den
Unterdominantakkord, den drittwichtigsten. Ausser diesen drei
Akkorden findet man endlich sehr häufig die erste Umkehrung des
Quintenakkords der Untermediante, z. B. in *C* dur *f, a, d,* erste
Umkehrung von *d, f, a;* in *A* moll *d, f, · h.* Es ist zu bemerken,
dass man diesen vierten Akkord findet, indem man die letzte
Note des dritten Akkords ersetzt durch die nächsthöhere dia-
tonische Note. So wird in der *C* dur-Tonart das *c* des dritten
Akkords *f, a, c* ersetzt durch *d,* das mit den beiden übrigen
Noten des dritten Akkords den vierten Akkord *f, a, d* bildet;
in der *D* dur-Tonart wird *d* ersetzt durch *e;* in der *E* dur-Tonart *e* durch *fis* u. s. w.

Für die *D* dur-Tonart sind die vier Hauptakkorde: 1) *d, fis, a;*
2) *a, cis, e, g;* 3) *g, h, d;* 4) *g, h, e.* Für die *E* dur-Tonart:

1) *e, gis, h;* 2) *h, dis, fis, a;* 3) *a, cis, e;* 4) *a, cis, fis.* Das Gleiche gilt für alle anderen Tonarten.

Diese vier Akkorde sind fast die einzigen, die in normalem Zustand oder in Umkehrungen in Kompositionen für Anfänger sowohl in Dur als auch in Moll zur Anwendung kommen. Sie sind auch die einzigen Akkorde, welche den pathetischen Accent nicht herbeiführen. Alle übrigen erfordern, besonders wenn sie von langer Dauer sind, Kraftaufwand. Es kann auch nicht anders sein, denn diese Akkorde enthalten Noten, die der Anfangstonart fremd sind, spielen in einer anderen Tonart eine grössere Rolle und zeigen die Neigung, die Tonica zu verschieben.

Demzufolge ist jeder Akkord, welcher Vorzeichen ♯, ♭ oder ♮ enthält, die der Anfangstonart fremd sind, stark zu betonen.*)

Wir werden nun die Akkorde, welche chromatische Noten enthalten und daher den Accent erfordern, der Reihe nach durchgehen.

Untermediantenseptimenakkord mit doppelter Chromatisirung.

Der vierte Akkord, von dem wir soeben gesprochen, zeigt sich sehr oft mit einer oder zwei Chromatisirungen, z. B.: *f, a, dis,* oder *fis, a, c, dis* statt *f, a, d.* Ueberdies behält dieser Akkord sehr oft die höchste Note des dritten Akkords bei, woraus ein Untermediantenseptimenakkord entsteht. In diesem Falle wird er sehr kräftig, besonders wenn die Noten grossen Werthes sind. **)

---

*) Man muss unbedingt wissen, ob die Vorzeichen, die man trifft, chromatisch sind, d. h. der Tonart der Periode fremd, oder ob sie einfach die Folge einer mangelhaften Vorzeichnung sind. Unter diesem Gesichtspunkt ist die Vorzeichnung von sehr grosser Bedeutung und die Komponisten vernachlässigen sie mit Unrecht. Wollen wir hier wiederholen, was wir auf S. 28 unserer Exercises de piano gesagt haben: „So oft die Tonart gewechselt wird, und eine Periode von einigem Umfange sich in einer anderen Tonart befindet, als in der vorgezeichneten, sollte man auch die Vorzeichnung ändern und die Vorzeichnung der Tonart an die Stelle setzen, in welcher die Periode sich wirklich befindet. So finden wir z. B. in der Zampaouverture in *D* dur das Gebet in *B* dur. Indem der Autor für diese 16 Takte die Vorzeichnung von *D* dur beibehält, ist er genöthigt, hunderte von ♮ und ♭ anzubringen. Kein einziges Vorzeichen wäre nothwendig gewesen, bei der richtigen Vorzeichnung von *B* dur." — Selbstredend erfordern in solchen Fällen die mit Vorzeichen versehenen Akkorde keine Kraftanstrengung.

**) Man bemerke, dass die chromatischen Noten meist die Sekunden und Quarten der diatonischen Tonleiter sind, in *C* dur *dis* und *fis.*

843. BEETHOVEN. Op. 26; Variation 4, Takt 15.

Wie uns dünkt, ist der erste Akkord dieses Beispiels schlecht geschrieben, denn statt *ces* sollte *h* stehen. Man wird einwenden, dass *ces* und *h* den gleichen Ton geben und daher die Schreibart gleichgültig sei. Das ist ein Irrthum! In der Theorie wie in der Praxis spielt ein *h* eine ganz andere Rolle als ein *ces;* ihre Auflösung ist eine ganz verschiedene. Was würde man sagen, wenn man die Tonleiter *Des* moll mit *as a* statt mit *as bes* schriebe; was würde man sagen, wenn man das Wort Vater mit F schriebe? Und doch bleibt die Aussprache in beiden Fällen die gleiche.

844. LYSBERG. Op. 57.

Dies Beispiel enthält zweimal den chromatisirten vierten Akkord.

Der Septimenakkord der Untermediante mit doppelter Chromatisirung ist besonders stark, wenn er als grosser Zeitwerth auf die vorletzte Note eines weiblichen Rhythmus fällt:

345. BEETHOVEN. Op. 26.

346. BEETHOVEN. Op. 27.

Verminderter Septimenakkord.

Dieser Akkord hat zur Grundlage die siebente Note (den Leitton) der Molltonleiter, auf die man die drei folgenden harmonischen Noten setzt. Beispiele: Verminderter Septimenakkord von *C* moll: *h, d, b, as;* von *A* moll: *gis, h, d, f.* Den Namen des verminderten Septimenakkords hat der Akkord von dem Intervall bekommen, das die tiefste Note mit der höchsten bildet; *h—as, gis—f* sind verminderte Septimen.

347.

348. MOZART. *F* dur-Sonate.

Genau genommen ist der Akkord *gis, h, f* ein Untermediantenseptimenakkord von *D* dur mit doppelter Chromatisirung und nicht ein verminderter Septimenakkord von *A* moll, denn für die Auflösung nach *a, d, fis* wäre *eis* und nicht *f* nöthig. Die gleiche Bemerkung bezieht sich auf den Akkord des folgenden fünften Taktes.

349. BEETHOVEN. Op. 26.

350. F. KUHLAU. Menuet.

(Siehe die vier ersten Takte der Sonate pathétique.)

Man bemerke, dass der verminderte Septimenakkord auf dem Klavier die nämlichen Tasten einnimmt, wie der vierte Akkord mit doppelter Chromatisirung, von dem im vorhergehenden Paragraphen die Rede war. Der chromatisirte vierte Akkord von *C* dur z. B. *fis, a, c, dis* kommt als verminderter Septimenakkord in *G* vor als *fis, a, c, es*. Die Auflösung ist jedoch eine verschiedene, *fis, a, c, dis* verlangt eine steigende Auflösung, daher eine Kraftverstärkung, *fis, a, c, es* eine fallende Auflösung. Im ersteren Falle findet Erweiterung, im letzteren aber Konzentrirung des musikalischen Gedankens statt.

Septimenakkord der Untermediante der Molltonleiter.

Dieser Akkord hat zur Grundlage die zweite Note (Untermediante der Molltonleiter), auf die man die drei folgenden harmonischen Noten setzt. So ist z. B. der Septimenakkord der Untermediante von *C* moll: *d, f, as c;* von *A* moll: *h, d, f, a.*

351. DONIZETTI. Favoritin.

352. MOZART.

353. WEBER Oberon.

Uebermässiger Sextakkord.

Dieser Akkord hat zur Grundnote die sechste Note (Unter-leitton einer Molltonleiter), der man die zwei folgenden harmo-nischen Noten zufügt und dazu die übermässige Sext der Grund-note; für C moll z. B.: *as, c, es fis;* für A moll *f, a, c, dis.* In Wirklichkeit ist dieser Akkord nichts Anderes als die erste Um-kehrung des vierten Akkordes, von dem wir S. 167 gesprochen haben, mit Chromatisirung der Grundnote. So ist z. B. *d, f, a, c* vierter Akkord von C dur; *f, a, c, d* erste Umkehrung; *f, a, c, dis* erste Umkehrung mit Chromatisirung der Grundnote des Akkords. Man bemerke, dass auf dem Klavier der übermässige Sextakkord durch die gleichen Tasten gebildet wird, welche einen Dominant-septimenakkord darstellen, d. h. dass ein Dominantseptimenakkord **enharmonisch** als übermässiger Sextakkord betrachtet werden und als solcher eine unerwartete, staunenswerthe, grossartige

Auflösung erfahren kann (vgl. S. 163). Ebenso kann ein übermässiger Sextakkord als Dominantseptimenakkord betrachtet werden und eine ganz andere Auflösung erfahren, als eine Schreibung bedingen würde. *)

354. HAYDN.

355. BEETHOVEN. Sonate pathétique.

356. MOZART. Menuett der *A* dur-Sonate.

Uebermässiger Quartsextakkord.

Dieser Akkord hat wie der vorhergehende seine Grundnote auf der sechsten Stufe (Unterleitton einer Molltonleiter), der man die folgende harmonische Note hinzufügt und dazu die Quarte und Sexte der Grundnote. Beispiele in *C* moll: *as, e, d, fis;* in *A* moll: *f, a, h, dis.* In Wirklichkeit ist er die zweite Umkehrung des Septimenakkords mit einer Chromatisirung.

---

*) Siehe unsere Exercises de piano, S. 73 und 74.

Beispiel: Dominantseptimenakkord von *C* dur: *h, d, f, a;* zweite Umkehrung mit Chromatisirung: *f, a, h, dis.*

357. BEETHOVEN. Op. 13.

358. LYSBERG. 8va

Uebermässiger Quintakkord.

Dieser Akkord hat zur Grundnote die dritte Note der Molltonleiter, zu der man die zwei folgenden harmonischen Noten fügt. Beispiele in *C* moll: *es, g, h*; in *A* moll: *c, e, gis.* Es ist zu bemerken, dass dieser Akkord, obschon er seine Berechtigung und Entstehung aus der Molltonleiter herleitet, dennoch in den Molltonarten nie angewandt wird, sondern nur in den entsprechenden Durtonarten zur Verwendung kommt.

359. GODEFROID.

360. ROSSINI. Tell.

Septimenakkord mit übermässiger Quint.

Der Dominantseptimenakkord bietet sich gelegentlich mit übermässiger Quinte.

361. WEBER. Aufforderung zum Tanz.

362. BEETHOVEN. Op. 13.

Grosser und kleiner Nonenakkord.

Dieser Akkord ist nichts Anderes als der Dominantseptimenakkord, dem man noch den Unterleiteton, die obere Dur- oder Mollterz hinzufügt.

363.

Harmonische Vorhalte.

Wir haben S. 136 gesehen, dass jede Note, welche der Ankunft derjenigen, welche das Ohr als Ruhepunkt verlangt, ein Hinderniss entgegenstellt, **stark** ist.

364. BEETHOVEN. Op. 27.

Das *gis* des zweiten, das *cis* des dritten und das *h* des vierten Taktes könnten unterdrückt werden; es sind Vorhalte, wahrhafte Appoggiaturen (Vorschläge). Sie bilden Dissonanzen und verlangen viel Kraft, um so mehr, da diese Noten zugleich vorletzte Noten weiblicher Rhythmen sind. (Siehe S. 85 u. 136.)

365. CHOPIN. Op. 6.

366. BEETHOVEN.

Dissonanzen. *)

Wir haben S. 161 gesagt, jede fernliegende Modulation müsse dem Ohr sozusagen durch kräftige Tonentfaltung aufgezwungen werden. Die gleiche Bemerkung bezieht sich auf die Dissonanzen von grosser Dauer. Je mehr heterogene Elemente eine Tongruppe darbietet, je härter und dissonirender sie ist, um so mehr Kraft und Frische des Anschlags verlangt sie. Das Ohr unterzieht sich ihr nur, wenn sie ihm brutal aufgenöthigt wird. Man möchte sagen, wir müssen die Erinnerung verlieren, wir müssen abgelenkt werden, wir müssen mit einem Wort die Besonnenheit verlieren, um sie zu acceptiren.

367. MOZART. Minuetto.

Eine der kühnsten und schönsten Dissonanzen, die wir kennen, findet sich im Adagio der *Cis* moll-Sonate Beethovens. Welche Kraft, welche Sonorität muss man anwenden, um sie dem Ohr aufzuzwingen.

---

*) Die Dissonanzen rühren her: 1) von der Umkehrung der Septimen- und Nonenakkorde, 2) von den Chromatisirungen und akkordfremden Tönen, 3) von dem Vorhalt einer oder mehrerer Noten, 4) von der Anticipation einer oder mehrerer Noten u. s. w. So oft ein Akkord in seinen Umkehrungen grosse und kleine Sekunden — Töne und Halbtöne — nebeneinander enthält, dissonirt er. Die Sekunde ist das Zeugungselement der Dissonanzen, wie die Terz dasjenige der Konsonanzen ist.

368.

§ 5. Praktische Uebungen.

Man sollte nie ein Stück spielen, ohne sofort nach dem
ersten Vomblattlesen zu prüfen, ob es nicht pathetische Elemente enthält, d. h. Noten, die nach metrischem, rhythmischem,
tonalem, modalem und harmonischem Gesichtspunkt A u s
n a h m e n bilden: Synkopen, ausnahmsweise auftretende
grosse oder kleine Zeitwerthe, Wiederholungen, hohe
oder benachbarte Gipfelnoten oder tiefste Noten, Wiederschläge, chromatische Noten, Intervalle oder Akkorde,
einfache Gipfelnoten, hohe Noten an Stelle von tiefen
Noten, welche die Richtung und Disposition der rhythmischen Zeichnung ändern, V o r h a l t e oder A n t i c i p a
tionen u. s. w. Der Schüler soll die Noten und Notenverbindungen angeben, welche zu accentuiren sind, selber die
Zeichen setzen, A c c e n t e (∧) Punkte, Kommas, die *f, mf, sf,*
ff, die *p, pp* u. s. w., endlich alle irrigen Angaben korrigiren.

Der pathetische Accent ist in Stücken lebhaften Tempos
absolut zu vermeiden.

In den Stücken langsamen oder mittleren Tempos, die
ausdrucksvoll und leidenschaftlich sind, ist er anzuwenden,
aber immer mit Mässigkeit und Vorsicht. Nichts macht sich
so pretentiös, wie der Vortrag eines Stückes einfacher und
gleichförmiger Struktur, das mit pathetischen Accenten überladen wird.

Siebentes Kapitel.

Pathetische Tempoführung, Accelerando und Rallentando.

———

Wir treten an den schwierigsten Theil unserer Aufgabe heran, denn hier stehen wir zwei Schulen gegenüber, welche diametral entgegengesetzte Prinzipien vertreten. Die eine fordert ein gleichförmiges Tempo ohne Beschleunigung noch Verlangsamung; die andere ist im Gegentheil gewöhnt, in jedem Rhythmus und bei jedem Anlass zu eilen oder zu zögern. Für die Ersteren besteht der Gipfel der Vollendung darin, dass man mit der Regelmässigkeit und Präzision einer Maschine spielt; für die Letzteren hat es nichts Unangenehmes, wenn man das Tempo mit jedem Rhythmus ändert und dadurch einen hinkenden Vortrag erzeugt. Die Einen opfern das Einzelne dem Ganzen, die Anderen das Ganze dem Einzelnen. Immerhin glauben wir bemerkt zu haben, dass es keine wärmeren Verfechter der unabänderlichen Gleichförmigkeit des allgemeinen Tempos gibt, als gerade diejenigen, welche kein Gefühl für den Ausdruck besitzen.

Sie behaupten, da der wahre Virtuose keine Schwierigkeiten, keine mechanischen Hindernisse kennen dürfe, brauche er sich in seinem Schwung nicht aufhalten zu lassen und habe daher keinen Grund, das Tempo zu modifiziren. Dieser Einwurf, der auf den ersten Blick vernünftig scheinen könnte, ist nicht begründet. Es handelt sich hier nicht um mechanische Schwierigkeiten, sondern um ästhetische Thatsachen, welche das Gefühl anregen oder lähmen. Nun geht aber daraus, dass die Fertigkeit des Spielers über alle Schwierigkeiten erhaben ist, durchaus nicht hervor, dass seine Seele gegenüber allen **tonalen, modalen, metrischen und rhythmischen Aus**nahmserscheinungen, die das zu spielende Stück enthält, unempfindlich bleiben solle. Die Drehorgel ist ebenfalls unempfindlich gegenüber diesen Ausnahmserscheinungen und darin besteht gerade der Grund ihres einförmigen Tempos, ihres ausdruckslosen, schalen, poesielosen Spiels.

Die Extreme berühren sich also hier: die, welche nichts empfinden, reichen denen die Hände, die **aus transcendenter Ascetik**, aus rein ästhetischem Rigorismus, aus archaistischer Steifheit schliesslich den Ausdruck der Vollkommenheit des Mechanismus, den wunderbar genau beobachteten **dynamischen** Effekten aufopfern.*)

Was uns selbst betrifft, so glauben wir, dass man hier wie überall das allgemeine Interesse mit dem Recht des Einzelnen vereinigen und eine richtige Mitte halten muss; dazu bedarf es des Urtheils und des Geschmackes. Wenn es uns passend scheint, in lebhaften Stücken, in **Prestos, Allegros, Galopps,** **Walzern** u. s. w. das **Generaltempo** beizubehalten und es nur zu opfern, wenn Kraft und Schwung erschöpft sind oder wenn die **Struktur** eine offenbare Aenderung erfährt, so erscheint es uns deswegen nicht minder nothwendig, es in ausdrucksvollen Stücken langsamen Tempos, wie **Nocturnes,** **Rondos, Reverien, Andantes, Adagios, Capricen, Ro**manzen u. s. w. zu modifiziren. In dergleichen Stücken rathen wir zu eilen oder zu zögern, den Trieben und Regungen der Seele überall zu folgen, wo die pathetische Struktur der Phrasen, ihre steigende oder fallende Bewegung, sie hervorruft. Stücke, die reich an harmonischen, rhythmischen und pathetischen Evolutionen sind, in einem gleichförmigen Tempo spielen, heisst alle ihre Ciselirungen, alle ihre Reliefs abhobeln, ihnen alle Poesie rauben. Lebhafte Stücke, **Allegros, Prestos,** **Galopps** u. s. w. mit fortwährenden Aenderungen des Tempos spielen, heisst ihnen allen Schwung, alle Kraft nehmen. Wir werden übrigens lediglich die Stellen und Strukturen **signali**siren, bei denen die berühmtesten Künstler unserer Zeit

---

*) **Dynamisch,** vom griechischen δύναμις (dynamis), Kraft, Gewalt. In der Musik nennt man dynamisch die verschiedenen Stärkegrade, wie **Forte, Piano, Crescendo** und **Decrescendo.**

rallentiren oder acceleriren. Mag der Leser dann entscheiden, ob er ihrer Spur folgen, oder systematisch jedes Tempo rubato verschmähen will.

Bevor wir die Prinzipien und Regeln angeben, die unsere eigene Erfahrung uns enthüllt hat, wollen wir dem Leser die einzigen praktischen Anweisungen vor Augen führen, die wir über die pathetische Tempoführung haben finden können. Wir sind auf sie gestossen in der Méthode de Piano*) von Czerny. Im Uebrigen haben wir in keiner Methode, in keinem Lehrbuch eine Spur einer praktischen Bemerkung gefunden, nicht nur über die pathetische Tempoführung und die Nuancen, sondern nicht einmal über die metrischen, rhythmischen und pathetischen Accente. Ausser den wenigen Zeilen, die hier folgen, enthält daher der vorliegende Band nur durchaus originale Anleitungen.

Folgende Regeln gibt Czerny S. 21, Absatz 3: „Das Ritardando oder Rallentando wird angewandt: 1) bei einem Uebergang zur Wiederholung des Hauptthemas; 2) wenn man eine Phrase von der Melodie abtrennt; 3) auf langen, stark betonten Noten; 4) beim Uebergang zu einer anderen Taktart; 5) nach einer Pause; 6) auf dem Diminuendo einer munteren und raschen Passage; 7) auf Verzierungen, deren Ausführung *a tempo giusto* unmöglich wäre; 8) auf fest angeschlagenen Crescendos, welche einer wichtigen Stelle als Anfang oder als Schluss dienen; 9) an den Stellen, wo der Autor oder der Spieler sich seiner Laune überlässt; 10) wenn der Komponist *espressivo* vorschreibt; 11) am Ende der Läufe, welche in einen Triller oder eine Kadenz ausmünden.

Statt *ritardando* schreibt man auch *calando, smorzando* u. s. w.

„Das Accelerando wird bei steigender Bewegung angewandt und kündigt Leidenschaft und Unruhe an."

Dies ist nach Czerny die Summe der Regeln über die Behandlung des Tempos, welche den Schüler durch die Schwierigkeiten, die in dieser Beziehung ein Musikstück bieten kann, hindurchleiten sollen.

Wir werden nun die Regeln Czernys vervollständigen und berichtigen.

Wiederholen wir kurz, was wir S. 11 und 142 gesagt haben: So oft der pathetische Accent sich auf einer oder mehreren sich folgenden Noten einstellt, geräth die Seele des Musikers in Leidenschaft, gereizt durch die zu besiegenden Hindernisse, oder sie lässt sich lähmen. In beiden Fällen erfährt

---

*) *Grande Méthode de Piano* von Czerny, Paris, Richault.

das Generaltempo eine Abänderung: man accelerirt oder rallentirt. Das pathetische Tempo bricht sich Bahn auf Kosten des Generaltempos, dessen Regelmässigkeit es zu Gunsten der Belebung des Ausdrucks durchbricht. Der pathetische Accent, die pathetische Tempoführung und in Folge dessen die Abstufungen der Stärkegrade sind also unzertrennlich. Das ist augenscheinlich. Man kann nicht ringen, eine grössere Menge von Energie ausgeben, ohne dass daraus eine gewisse Belebung im Tempo entsteht, auf welche bald ein Nachlassen der Kraft und der Schnelligkeit folgen muss. Als Begleitung dieser Erscheinungen stellen sich tausend Nuancen, d. h. Abstufungen oder Gegensätze von Stärke und Schwäche des Klanges ein.

Anderseits bedeutet Steigen einen Kampf; es bedeutet physisch und moralisch genommen, sich entgegen allen Neigungen unseres Seins auf eine höhere Stufe emporheben. Je steiler, je mehr mit Hindernissen und Rauhheiten besetzt der Abhang ist, um so mehr Kraft muss man aufwenden, je mehr Kraft man aufwendet, um so rascher schlägt der Puls, um so grösser wird die Lebhaftigkeit, um so schneller fühlt man sich aber auch erschöpft. Immerhin empfindet man, ist der Gipfel einmal erreicht, ein gewisses Wohlbehagen, man athmet freier: der Sieg beglückt! Dieser Vergleich liefert uns eine einfache und natürliche Erklärung der Neigung, welche die Musiker empfinden, zu Beginn einer Phrase steigender Structur zu acceleriren und gegen das Ende derselben zu rallentiren. Er erklärt uns zugleich das stentare, d. h. die Neigung auf hohen Noten anzuhalten, sie zu verlängern.

Niedersteigen bedeutet im Gegentheil eine geringere Stufe einnehmen; im physischen wie moralischen Sinne bedeutet es, seinen natürlichen Neigungen folgen, und die Schnelligkeit der Abwärtsbewegung steht im Verhältniss zur Tiefe und Steilheit des Abhanges.

Daher rührt bei den Musikern die fatale Neigung, bei Laufen von einförmig fallender Structur zu eilen und die Nothwendigkeit sich zurückzuhalten. Wenn an solchen Stellen der Spieler, der unwillkürlich zur Eile getrieben wird, im Tempo nicht zurückhält, so läuft er Gefahr, mit rasender Geschwindigkeit hinabgestürzt zu werden.

Wenn jedoch eine Folge einförmiger und ähnlicher Notengruppen in fallender Bewegung sich am Ende eines Stückes einstellte, so dürfte man sich ohne Bedenken fortreissen lassen, denn in diesem Fall würde sich der Aufschwung gleichsam ins Leere verlieren, ohne der strengen Form der Rhythmen noch auch der Regelmässigkeit des Ganzen zu schaden. (Siehe S. 189 und 192.)

Der Vorgang des musikalischen Vortrags gleicht also dem Marsch eines Wanderers. Wie dieser seinen Schritt nach der Bodenbeschaffenheit seines Weges einrichtet, so muss der Vortragende seine Bewegung, sein Tempo je nach der Struktur der Komposition modifiziren. Doch wie eben auch die Fläche sein mag, die der Wanderer durchzieht, wenn der Weg lange dauert, so entsteht Müdigkeit und lähmt seinen Schritt; seine Haltung belebt sich erst beim Erscheinen des ersehnten Ziels, das alle seine Kräfte, all' seine Energie wieder anspornt.

Jede ausnahmsweise Note oder Notenverbindung bringt ein Hinderniss für das allgemeine Tempo, und lähmt dasselbe, wie die Unebenheiten des Weges den Schritt des Wanderers lähmen. Ein Graben, ein Loch, ein Stein, eine fehlende Staffel in einer Leiter sind Hindernisse für die regelmässige Fortbewegung, wie jene Noten und Notenverbindungen für das regelmässige, allgemeine Tempo.

Aus diesen physiologischen Analogien ergeben sich folgende Prinzipien.

Man accelerirt:

1) Auf mehreren sich folgenden pathetischen Noten oder auf einer einzigen, welche ausnahmsweise zu Anfang oder in der Mitte eines Rhythmus einen grossen Werth hat.

2) Auf mehreren Noten oder ähnlichen Notengruppen, welche ausnahmsweise eine steigende oder fallende Progression darstellen.

3) In Ausnahmestellen, welche inmitten eines Andante oder eines Adagio eine sehr einfache Struktur darbieten, die Erregung und Leidenschaft hervorruft.

Man rallentirt:

1) Auf einer oder mehreren sich folgenden pathetischen Noten, welche sich plötzlich am Anfang eines Rhythmus darbieten, ohne dass man Zeit noch Raum hat, einen Anlauf zu nehmen.

2) Infolge von Ermüdung, Erschöpfung der in einem steigenden oder fallenden Lauf ausgegebenen Schwungkraft.

3) In Ausnahmestellen, welche inmitten eines Allegro eine ausdrucksvolle oder komplizirte Struktur darbieten, die Ruhe, Gravität, Traurigkeit hervorruft.

4) Auf pathetischen Noten und Wendungen, Wiederschlägen, benachbarten Gipfelnoten, die sich am Ende einer Phrase einstellen.

Bevor wir die Einzelanwendung dieser Prinzipien unternehmen, müssen wir eine Bemerkung grösster Wichtigkeit vorausschicken. Die Verzögerungen und Beschleunigungen, welche die pathetischen Noten hervorzurufen im Stande sind, hängen ab:

1) Von ihrer Stellung. So erfordert eine ausnahmsweise mehrmals nach einander wiederholte Note zu Anfang eines Rhythmus ein accelerando, am Ende ein rallentando.*)

2) Von der allgemeinen Struktur des Stückes. Wir haben gesagt, dass man beschleunigt oder zögert bei Stellen, welche ausnahmsweise steigende oder fallende Richtung haben; wenn aber die allgemeine Struktur eines Stückes steigend oder fallend ist, so accelerirt man nicht und rallentirt ebensowenig, z. B.:

369. AUBER. Un Jour de bonheur.

Immerhin beschleunige man das Tempo, wenn in einem Stück steigender Struktur der erste Rhythmus bei der Wiederholung eine bewegtere Begleitung erhält, z. B.:

370.

*) Die benachbarte Gipfelnote erfordert sowohl am Anfang als am Ende eines Rhythmus eine Verlangsamung.

3) Von der Zahl der Stimmen oder Instrumente, welche eine Komposition ausführen: der Solist darf sich Modifikationen im Tempo erlauben, die dem Orchester untersagt bleiben. Im Orchester muss jeder Spieler vor der Gesammtwirkung zurücktreten und auf jede pathetische Tempobehandlung verzichten, zu der die specielle Struktur seines Parts Anlass bieten könnte.

4) Vom Sinn der Worte in der Gesangsmusik. Die Partien, welche Traurigkeit, Melancholie u. s. w. ausdrücken, werden langsamer gesungen, als die, welche Freude, Glück, Triumph u. s. w. ausdrücken.

---

§ 1. Das Accelerando.

Beschleunigungen, welche von mehreren auf einander folgenden pathetischen Noten oder von einer einzigen solchen, die ausnahmsweise einen grossen Werth hat, herrühren.

Man beschleunigt:

1) Auf einem ausnahmsweise grossen Zeitwerth, z. B.:

371. MOZART. Don Juan.

872. L'Absence.

Quand ton des-tin au mien al - lait s'u-nir! Ange a - do-

ré, près de tol____ c'est la vi - e.

2) Auf einer am Anfang oder in der Mitte eines Rhythmus ausnahmsweise mehrmals hinter einander wiederholten Note, z. B.:

873. DONIZETTI. Favoritin.

Quand d'être ai - mé pour tou-jours il se flatte, Ne

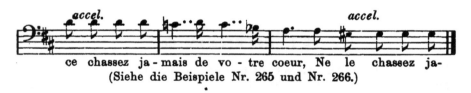

ce chassez ja-mais de vo - tre coeur, Ne le chassez ja-
(Siehe die Beispiele Nr. 265 und Nr. 266.)

Der ausnahmsweise grosse Werth und die wiederholte Note beleben das Tempo, besonders wenn sie sich als Synkopen darstellen oder wenn sie von einem Bass in steigender oder fallender Bewegung begleitet sind, z. B.:

874. V. MASSÉ. Noces de Jeannette.

375. MOZART. Fantasie.

3) Auf einer ausnahmsweise wiederholten Notengruppe, wenn der Bass steigende oder fallende Bewegung hat, z. B.:

376.

377. BELLINI. Norma.

Man accelerirt nicht auf dergleichen Stellen, wenn der Bass stationär bleibt, d. h. weder steigt noch fällt, z. B.:

378. WEBER. Oberon.

Auf der am Anfang eines Rhythmus mehrfach wiederholten benachbarten Gipfelnote, z. B.:

879. WEBER. Oberon.

880. BELLINI. Norma.

5) Auf Modulationen, welche am Anfang oder in der Mitte eines Rhythmus zum Durchbruch gelangen. (Siehe das Beispiel von Field, Nr. 332.)

881. BEETHOVEN.

Der vorletzte Takt dieses Beispiels ist durch seine Vielseitigkeit besonders pathetisch und verlangt eine sehr breite Behandlung, denn er enthält: 1) Modulation (nach der Dominante); 2) kleine Werthe; 3) in der Melodie steigende Bewegung; 4) eine zweite Stimme in Gegenbewegung; 5) gegensätzliche Bewegung zwischen Melodie und Begleitung.

6) Auf fallenden **Läufen**, die aus kleinen Werthen bestehen, am Ende eines Rhythmus, wenn die Note, die auf diese Läufe folgt, grossen Werth hat, oder wenn auf sie eine Gipfelnote folgt, z. B.:

382. WEBER. Oberon.

383. CHOPIN. Op. 7, 2.

(Siehe Takt 3 und 4 des Beispiels von Chopin, Nr. 87.)

7) Auf den **Uebergängen zur Melodie** von einförmiger Struktur, die aus kleinen Werthen gebildet sind, z. B.:

384. MOZART. Fantasie.

385. AUBER. Fra Diavolo.

(Siehe Mozart, Sonate in *A* dur, 5. Variation, Takt 8 und 9.)

Beschleunigungen, welche von ähnlichen Noten und Notengruppen herrühren, die ausnahmsweise eine steigende oder fallende Fortschreitung darstellen.

Man beschleunigt:

1) Auf Noten, welche ausnahmsweise schrittweise steigen, z. B.:

386. HAYDN.

387. FIELD. 5. Nocturne.

(Siehe Nr. 272, Takt 3, das Meyerbeersche Beispiel.)

2) Auf Noten, welche ausnahmsweise am Anfang eines Rhythmus steigende oder fallende Richtung und eine unbewegliche Note zum Ausgangspunkt haben,*) z. B:

388.

389. RICCI. Barcarole.

*) Diese Beschleunigung findet sogar in Tänzen statt. Siehe den Faustwalzer und das Beispiel, Nr. 241. Am Ende eines Uebergangs zur Melodie verzögert man im Gegentheil das Tempo auf dergleichen Stellen. Siehe unten.

(Siehe auch Beethoven, Op. 27, Nr. 2, *presto agitato*, Takt 24; Clementi, Op. 36, Nr. 2, *allegretto*, Takte 12 und 13.)

3) Wenn zu Anfang eines Rhythmus Melodie und Bass ausnahmsweise sich in entgegengesetzter Richtung bewegen, sei es gegen einander, sei es aus einander, z. B.:

390. KUHLAU. Op. 88.

(Siehe Allegro der Sonate pathétique, Takt 5 und folgende, Takt 83 und folgende.)

4) Auf einer kleinen rhythmischen Zeichnung (ähnlichen Gruppen), die bei steigender oder fallender Bewegung ausnahmsweise wiederholt wird, z. B.:

891. GOLDBERG. Printemps bien-aimé.

accel.

rall.

892. CHOPIN. Op. 6.

accel.

(Siehe Chopin, Op. 7; Beethoven, Presto agitato der *Cis*moll-Sonate.)

5) Am Ende von Stücken lebhaften Tempos auf einer kleinen, trotz stationär bleibenden Basses mehrfach wiederholten Notengruppe, z. B.:

898. BEETHOVEN. *Cis*moll-Sonate.

accel.

894. MOZART. Menuett der *A* dur-Sonate.

accel.   *rall.*

(Siehe Mozart, Allegro der *F* dur-Sonate.)

6) Auf steigenden oder fallenden, ähnlich gestalteten Läufen und Gruppen, am Ende von Perioden lebhaften Tempos, zum Beispiel:

395. MOZART. *F*dur-Sonate.

stretto.

(Siehe den letzten Takt der **S o n a t e p a t h é t i q u e** und der *C i s* moll-Sonate
von Beethoven.)

**Beschleunigungen, welche von Stellen herrühren, die
ausnahmsweise eine Struktur darbieten, welche Aufregung oder Leidenschaft hervorruft.**

Man accelerirt:

1) Auf Stellen, die kleine Werthe enthalten und auf ähnlich gestalteten, sich folgenden Notengruppen, welche inmitten
ausdrucksvoller oder grosse Werthe enthaltender Phrasen die
Rolle eines Scherzo spielen, z. B.:

896. BEETHOVEN. Sonate pathétique.

accel.

897. MOZART. *F*dur-Sonate.

(Siehe Chopin, Op. 64, Nr. 2, Takt 31; A d i e u von Dusseck.)

2) Auf Phrasen, welche ausnahmsweise mit voll ange-schlagenen Akkorden begleitet werden, und auf Phrasen folgen, in denen die Akkorde arpeggirt sind oder in denen die Begleitstimmen eine regelmässige Bewegung verfolgen, z. B.:

398. FIELD. Nocturne 5.

(Siehe das Adagio der Sonate pathétique, Takt 17.)

3) Auf Phrasen und Läufen, die synkopirt oder durch Pausen unterbrochen sind, z. B.:

399. MOZART. *D* moll-Fantasie.

più mosso.

400. MOZART. *F* dur-Sonate.

più mosso.

(Siehe Mendelssohns Rondo Op. 14.)

4) Auf Phrasen und Läufen mit ausnahmsweise synkopirter Struktur, z. B.:

401. BEETHOVEN. Op. 26.

accel.

5) Auf Phrasen, die ausnahmsweise durch steigende oder fallende Arpeggien begleitet werden, z. B.:

402. MENDELSSOHN. Rondo, Op. 14.

più mosso.
(Siehe Hellers Fantaisie über Schuberts Forelle.)

Damit sind wir blos am Ende des ersten Theiles dieses Kapitels angelangt. Da wo Czerny nur eine Regel gab: „Das Accelerando wird bei steigender Bewegung verwandt und kündigt Leidenschaft, Aufregung an", haben wir achtzehn Regeln gefunden, von denen einige mit der seinigen im flagranten Widerspruch stehen. Das ist Beweises genug, wie uns dünkt, dass die grössten Meister die Frage kaum berührt haben.

---

§ 2. Das Rallentando oder Ritardando.

Verlangsamungen, welche in Stücken **langsamen** oder **gemässigten** Tempos von einer oder mehreren auf einander folgenden pathetischen Noten am Anfang eines Rhythmus herrühren.

Man rallentirt:

1) Auf der Pause, welche auf die erste Note eines Staccato-rhythmus folgt, wenn diese Note Gipfelnote der rhythmischen Zeichnung ist und ihr eine zweite tiefere Note gleichen Werthes folgt. *)

---

*) Siehe die Beschreibung des anzuwendenden Verfahrens, um diesen Effekt in seiner ganzen Kraft zu erhalten, S. 156, pathetischer Accent. Dieser Effekt kann angewandt werden in Nocturnes, Caprices, Reverien, Romanzen u. s. w. auf der .den zweiten Rhythmus beginnenden Gipfelnote, wenn dieser blos die Wiederholung des ersten ist, d. h. wenn die Noten und die rhythmische Zeichnung des ersten Rhythmus ein zweites Mal wiederkehren wie im Beispiele Schulhoffs Nr. 307. Dies Rallentando darf nur mit äusserster Vorsicht angewandt werden; wir erwähnen

403. DELIOUX. Carneval espagnol.

(Siehe die Beispiele Nr. 301 bis 303.)

2) Auf der Anfangsnote eines Legatorhythmus, wenn sie ausnahmsweise Gipfelnote ist und die vorhergehenden Rhythmen mit tiefen Noten begonnen haben.

In Stücken lebhaften Tempos muss man sich wohlverstanden gänzlich enthalten, auf einer hohen Anfangsnote zu verweilen. In der Aufforderung zum Tanz z. B. wäre es absurd, auf dem *f*, das den dritten Takt des Allegros beginnt, unter dem Vorwand, dass es ausnahmsweise die höchste Gipfelnote des Rhythmus ist, zu verweilen. Dennoch haben wir diesen Fehler von einigen der berühmtesten Lehrer begehen hören, z. B.:

404. MOZART. Don Juan.

(Siehe die Beispiele Nr. 200, 201, 202 und 292.)

es, weil wir es von Künstlern, welche als die höchsten Muster betrachtet werden, haben anwenden hören. In Wirklichkeit ruft es keine Verwirrung des Taktes herbei, denn die allzugrosse Dauer, die man der Pause gibt, wird aufgewogen durch die grössere Schnelligkeit, die man den folgenden Noten zertheilt, so dass im Ganzen die Gesammtdauer des Taktes weder vermehrt noch vermindert wird.

3) **Auf der Pause**, welche auf die erste Note eines Rhythmus folgt, wenn sie wiederholte **Gipfelnote** ist, durch ein grosses Intervall oder Sprung in die Höhe erreicht wird und wenn ihr eine tiefere Note folgt.

Es ist dies unseres Wissens der einzige Fall, wo man in der Instrumentalmusik rechtmässig die letzte (tiefe) Note eines Rhythmus an die erste (hohe) Note des zweiten Rhythmus binden darf, ohne sie durch eine Pause zu trennen. (Siehe die Beispiele Nr. 198, 199.)

4) **Auf der Pause**, welche auf die höchste Note eines steigenden Laufes folgt und nach der eine tiefere Note kommt.

405. CHOPIN. Op. 7, 4.

(Siehe Beispiel Nr. 308.)

5) **Auf der benachbarten Gipfelnote**, die sich zu Beginn eines Rhythmus in einer Gruppe von Aufschwungsnoten befindet. *)

406. CHOPIN. Op. 7, 3.

(Siehe Beispiel Nr. 311.)

6) **Auf den ersten Noten** eines Rhythmus, wenn sich in denselben eine fernliegende Modulation, ein Wechsel der Tonart oder des Tongeschlechts u. s. w. einstellt.

407.

*) Man nennt **Aufschwungsnoten** diejenigen, welche sich in dem letzten Takt eines Rhythmus befinden und dennoch dem folgenden Rhythmus angehören. (S. S. 73.) Hartmann und Westphal nennen sie Anakrusen.

408. AUBER. Un Jour de bonheur.

409. MOZART. *Dmoll-Fantasie.*

Verlangsamungen, welche von einer oder mehreren pathetischen Noten inmitten eines Rhythmus herrühren.

Man rallentirt:

1) Auf einer ausnahmsweise hohen Gipfelnote, welche das Gegenstück zu einer tiefen Note bildet.

411. AUBER. Haydée.

2) Auf einer Note, welche ausnahmsweise eine höhere oder tiefere ersetzt und dadurch die Richtung der vorherigen rhythmischen Zeichnung ändert. (Siehe Beispiele Nr. 286, 287, 288.)

412. MOZART. *A* dur-Sonate, Variation 5, Takt 3 u. 4.

Die zweite Note des ersten Taktes, das *e*, erfolgt durch einen Sprung in die Höhe und ändert die Gestalt der Zeichnung, das *f* der folgenden Gruppe ist benachbarte Gipfelnote und vertritt die Stelle einer tieferen Note; die erste Note des vierten Taktes ist Wiederschlag. Folgendermassen geschrieben würde die Stelle erst im vierten Takt ein Rallentando verlangen:

413.

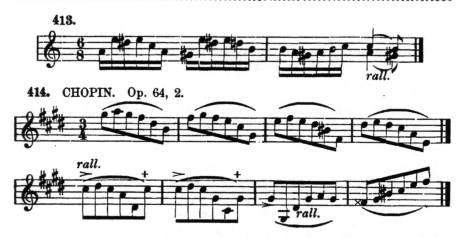

414. CHOPIN. Op. 64, 2.

Hier macht die letzte Note des fünften und sechsten Taktes eine steigende Bewegung; der sechste und siebente beginnen mit einem Wiederschlag, und überdies enthält der siebente eine benachbarte Gipfelnote. Alle diese Ausnahmsthatsachen machen diese Phrase ausdrucksvoll und verlangen ein Rallentando. (Siehe auch Bellinis Casta diva, Nr. 289.)

Verlangsamungen, welche am Ende einer steigenden oder fallenden Bewegung von Ermüdung, von Abspannung der ausgegebenen Kräfte herrühren.

Man rallentirt:

1) Am Ende einer steigenden oder fallenden Bewegung, besonders wenn eine Aenderung der Zeichnung eintritt. (Siehe das letzte Beispiel Chopins Nr. 414.)

415. CHOPIN. Op. 30, 2.

416. CHOPIN. Op. 7, 2.

Am Ende dieser Beispiele rallentirt man nicht nur aus Erschöpfung, sondern auch weil die rhythmische Zeichnung des dritten Takttheiles der letzten Takte die Richtung verändert hat.

2) Auf einer Folge hoher schrittweis steigender Noten, wenn auf sie eine durch einen grossen Sprung erreichte tiefe Note folgt. (Siehe Mozart, A dur-Sonate Variation 5, Takt 5 und 6.)

417. BEETHOVEN. Op. 49.

418. MOZART.

419.

Dieses Rallentando ist besonders nöthig, wenn jeder der hohen Noten eine Pause vorangeht oder wenn die höchste ausnahmsweise wiederholt wird. (Siehe Mozart, A dur-Sonate, Variation 5, Takt 7.)

420. MOZART.

3) Auf fallenden Gruppen, die unmittelbar auf steigende Gruppen folgen.

421. BELLINI. Norma.

422. GOUNOD. Faust.

accel.

rallent.

(Siehe das Beispiel von Goldberg Nr. 391.)

4) Auf einer Gruppe **tiefer** Noten, die auf hohe Noten folgen:

423. MEYERBEER. Robert.

rallent.

(Siehe den letzten Takt des Beispiels Nr. 346.)

Verlangsamungen, welche von ausnahmsweise eintretender Struktur herrühren.

Wir haben gesehen (S. 183), dass gewisse **Strukturen** Belebung, Aufregung hervorrufen. Andere stimmen im Gegentheil zur Ruhe, zur Traurigkeit, zur Träumerei.

Man rallentirt:

1) Auf ausdrucksvollen, gesangreichen Stellen, die grosse Werthe, reichere Harmonie darbieten, wenn sie sich ausnahmsweise in einem aus kleinen Werthen gebildeten Allegro einförmiger Struktur einstellen. (Siehe Beispiel 357 von Beethoven Op. 13 und Takt 43 des Rondos der Sonate pathétique.)

424. MOZART. *F*dur-Sonate.
più lento.

2) In ausdrucksvollen Stellen, welche zur Träumerei verlocken und inmitten eines lebhaften Stückes stehen.

425. MENDELSSOHN. Op. 14.*)

426. ROSSINI. Barbier.
più lento.   *a tempo.*

427. CHOPIN. Op. 18.

Die benachbarten Gipfelnoten und tiefsten Noten, die chromatischen Noten, die Triolen, die Wiederschläge, die sich in dieser Stelle finden, drücken ihr einen ausdrucksvollen, pathetischen Charakter auf, der ein Rallentando verlangt.

3) In Stellen, die sich in Moll darbieten, nachdem sie zuvor in Dur gehört wurden.

428. MOZART. Fantasie-Sonate.

rall.

Das häufigste Rallentando findet am Schluss sanfter und ausdrucksvoller Phrasen statt. Sogar Spieler von mittelmässiger musikalischer Begabung bedienen sich desselben instinktiv. Die Erklärung dieser Thatsache ist leicht: Die Schlussnote ist gleichsam der Stützpunkt, der Gewölbeschlussstein der ganzen musikalischen Phrase. Alle Anziehungskräfte konzentriren sich in ihr, alle Bestrebungen lösen sich in dieselbe auf. So lange das Ohr noch einen Wunsch hegt, so lange es noch eine Folge von Tönen fordert, ist kein vollkommener Abschluss möglich. Eine musikalische Phrase ist nicht definitiv beendigt, bevor nicht ihre letzte Note alle Bedürfnisse des Ohres vollkommen befriedigt hat.

---

*) Siehe auch S. 7 des gleichen Stückes.

Zwei Thatsachen ausser den Bedingungen, welche wir S. 75 aufgezählt haben, tragen dazu bei, der Schlusstonica im höchsten Grade abschliessenden Charakter zu verleihen. Diese beiden Thatsachen sind: die langsamere Bewegung und die verzögernden Verzierungen oder Appoggiaturen.

Die langsamere Bewegung vermindert, dadurch, dass sie die Dauer der Schlussnoten vergrössert und indem sie die Distanz, welche eine jede derselben von den Nachbarnoten trennt, erweitert, ihre weiterwirkende Kraft, ihren Aufschwung. Jede verliert progressiv an Anziehungskraft, so dass die letzte derselben gänzlich entbehrt und dadurch die Bestrebungen des Ohres paralysirt. Durch Beschleunigung des Tempos dagegen vermindert man den Werth der Noten und nähert sie dadurch einander. Aus dieser Annäherung erfolgt eine Verstärkung ihrer Anziehungskraft und eine grössere Anreizung der Bedürfnisse des Ohres. *)

Verlangsamungen, welche von einer oder mehreren pathetischen Noten am Ende eines Rhythmus oder einer Phrase herrühren.

Man rallentirt:

1) Auf einem grossen Zeitwerth, der vor der Schlussnote steht, besonders wenn er einen Triller trägt.

429. Alte Weise.

---

*) Damit die letzte Note von Phrasen, die in lebhaftem Tempo schliessen, durchaus abschliessend wirke, muss der Schlussakkord so lange wiederholt werden, bis der letzte Antrieb, die letzten Bedürfnisse des Ohres, welche durch die rasche Bewegung gewachsen sind, befriedigt und erloschen sind. Bietet sich die Schlusstonica zu früh dar oder tritt sie plötzlich ein, so lässt der verstümmelte Schluss ein unangenehmes Gefühl der Leere zurück. Jeder Musiker ergänzt ihn, indem er im Gedanken eine Coda zufügt (siehe den Schluss der Sonate pathétique). Man singe accelerando folgenden Schluss:

430.

2) Auf einer ausnahmsweise mehrmals nach einander wiederholten Note.

431. BEETHOVEN. Serenade.

432.

3) Auf der Gipfelnote am Ende des vorletzten Taktes, besonders wenn sie synkopirt, verlängert oder chromatisch ist.

433. LINDPAINTNER.

Mit oder ohne Willen fügt das Ohr eine Coda zu, sei es auch nur die höhere Oktave, etwa so:

oder: oder:

Man singe ihn rallentando und man wird ohne Coda das Gefühl vollkommener Ruhe gewinnen:

484. DONIZETTI. Lucia.

(Siehe den letzten Takt des Weberschen Beispiels 454.)

4) Auf der benachbarten Gipfelnote am Ende des vorletzten Taktes.

485. AUBER. Stumme.

486. MERCADANTE.

487. CHOPIN. Op. 55, 1.

(Siehe Chopin, Polonaise, Op. 3, Takt 8.)

5) Auf Wiederschlägen am Schluss des vorletzten Taktes.

488. MOZART. Fantasie.

489. CHOPIN. Op. 64, 2.

6) Auf der vorletzten Note, wenn die letzte Wiederschlag
ist, d. h. wenn ihr eine Anticipation vorhergeht.

440. CHOPIN.

441. MOZART.

(Siehe den letzten Takt des Beispiels **Nr. 346** und den letzten Takt von Händels Marsch aus **Judas Maccabäus**.)

7) Auf den Wiederholungen einer kurzen Zeichnung im vorletzten Takt, besonders wenn er benachbarte Gipfelnoten einschliesst.

442. Schwedische Melodie.

443. DONIZETTI. Lucia.

8) Auf ausnahmsweise erscheinenden Viertelnoten im vorletzten Takt. (Siehe Beispiel Nr. 274.)

444.

9) Auf ausnahmsweise erscheinenden kleinen Werthen oder Gruppen, welche Wiederschläge, benachbarte Gipfelnoten u. s. w. enthalten und sich am Ende einer Phrase einstellen. Sind sie jedoch blosse Ziernoten, die einen grossen vorletzten Werth ersetzen, so **rallentirt** man nicht. (Siehe S. 150.)

445. BELLINI. Nachtwandlerin.

rallent.

446. MEYERBEER. Hugenotten.

rall.

447. DONIZETTI. Favoritin.

rall.

448. BEETHOVEN. Op. 27.

f rall.

Die beiden Achtel am Schluss des letzten Beispiels erhalten Accent und Rallentando aus folgenden Gründen: 1) sie bilden eine ausnahmsweise auftretende Zeichnung von kleinen Werthen; 2) sie finden sich auf dem letzten Takttheil des vorletzten Taktes des Rhythmus; 3) sie sind Theile des vierten Akkords von *Des (ges, b, es)*, der ersten Umkehrung des Untermediantenakkords; 4) die erste dieser Noten, das *b*, ist Gipfelnote; 5) sie wird ausnahmsweise von der Decime begleitet; 6) sie werden durch einen grossen Sprung nach oben erreicht. Alle diese Ausnahmeelemente geben diesem Schluss eine grosse Bedeutung, eine besondere Grossartigkeit und bedürfen stärkster Hervorhebung. In keiner Ausgabe haben wir ein **rallentando** unter diesen Noten gelesen, während die besten Künstler, die wir gehört, diesen Schluss mit grösster Breite behandelten. Das Gleiche ist der Fall für den Schluss des Scherzo, Op. 27, der ausser kleinen Werthen eine Anticipation enthält.

10) Auf den letzten Noten eines auf eine Gipfelnote folgenden schrittweise fallenden Rhythmus. (Siehe S. 155.)

449. MOZART. Don Juan.

rall.

11) Auf fallenden Noten am Ende des vorletzten Taktes.

450. ROSSINI.

451. ROSSINI.

12) Auf den letzten Noten eines mit Trugschluss endigenden Rhythmus.

452. WEYRAUCH. Adieu. (Schubert zugeschrieben.)

453. MEYERBEER. Robert.

454. Ebendaselbst.

13) Am Ende einer Phrase, das ausnahmsweise mehrere Stimmen, eine komplizirtere Harmonie, Auflösungen von Dissonanzen, Verzögerungen, Kontrapunkte darbietet.

455. WEBER. Oberon.

456. MERCADANTE.

(Siehe das Beispiel Mozarts Nr. 375.)

14) Auf den Bindenoten, den letzten Noten eines Uebergangs zur Melodie, der eine benachbarte Gipfelnote, Wiederschläge, Wiegenoten enthält:

457. DONIZETTI. Favoritin.

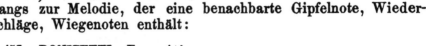

458. CZERNY. Op. 139.

459. MOZART. *A*dur-Sonate.

15) Auf Fermaten, Synkopen und grossen Werthen, welche sich am Ende eines verzierenden Laufes, einer cadenza ad libitum*) befinden. (Siehe Takt 10 der Sonate pathétique.)

16) Am Ende einer ausdrucksvollen Phrase, auf rhythmischen Wiederholungen, d. h. auf mehrfach hinter einander wiederholten Zeichnungen und Notengruppen.

460. CHOPIN. Op. 55, 1.

*) Für die Ausführung der Läufe, Triller. Cadenzen, Ziernotengruppen konsultire man: L'Art du chant von G. Duprez; — Méthode de chant appliquée au piano von F. Godefroid, Paris, Heugel.

461. CHOPIN. Op. 7, 2.

462. MOZART. *Fdur-Sonate.*

(Siehe Beethoven, die letzten Takte des Adagios der *Cis* moll-Sonate und die letzten Takte der fünften Variation der Sonate Op. 26.)

17) Auf Schlussnoten, welche durch Pausen unterbrochene Akkorde darstellen.

463. BEETHOVEN. Op. 13.

464. ROSSINI. Barbier.

14*

Wir haben uns in diesem Paragraph weitläufig ausgedehnt, sicher nicht aus Vergnügen, Regeln aufzustellen, sondern einzig um den Spieler an eine genaue Analyse zu gewöhnen und seine Aufmerksamkeit auf die Vielfältigkeit der Gesichtspunkte zu lenken, unter denen sich die Phänomene des Rallentando und Accelerando darbieten. Beobachtung und Ueberlegung sind die Schlüssel zu selbstbewusstem künstlerischen Vortrag.

Wir enthalten uns, Beispiele von Fehlern zu citiren, obgleich sie sehr häufig sind. Eine Menge Musiker rallentiren unter dem Vorwand der Freiheit da, wo aufregende Elemente der Komposition ihren Vortrag beleben sollten, und accelleriren da, wo plötzliche Hindernisse ihren Antrieb paralysiren sollten.

Möge der Leser sich unserer Prinzipien ganz bemächtigen, möge er mit Sorgfalt unsere Regeln auf jede Komposition, auf jede Phrase anwenden, und bald werden ihm die Widersprüche zwischen den Angaben, die er antrifft und denen, die er antreffen sollte, in die Augen springen. Möge er einige Stücke einer ernsthaften Prüfung unterwerfen und er wird die Gewissheit erwerben, dass unsere Behauptung nichts Uebertriebenes hat.

§ 3. Praktische Uebungen.

Wir haben soeben die Hauptstellen signalisirt, wo wir Rallentandos und Accelerandos, sei es in den Ausgaben der hervorragendsten Lehrer, sei es im Vortrag der grössten Virtuosen, beobachtet haben. Wir wiederholen, wir signalisiren blos.

Wenn der Leser Freund eines massvollen Gebrauchs des Rallentando und Accelerando ist, so wird er sich zuerst Rechenschaft geben müssen über den Charakter und das Generaltempo*) des Stückes, um zu sehen, ob pathetische Tempoführungen angewandt werden können, ohne den Grundcharakter der Komposition zu entstellen. In ausdrucksvollen Stücken sind die Rallentandos und Accelerandos anzuwenden auf Diminuendos und Crescendos, auf pathetischen Noten und Passagen, auf Modulationen, auf steigenden und fallenden Bewegungen, selbst wenn sie im Notentext nicht bemerkt sein sollten.

Irrige Angaben, Widersprüche und Unsinnigkeiten sind zu verbessern. Dazu ist es nothwendig, den Sinn der italienischen Ausdrücke wohl zu kennen, welche Veränderungen des

---

*) Siehe unten: Generaltempo.

Generaltempos (tempo giusto) anzeigen. Die gebräuchlichsten sind: rallentando (langsamer werdend), ritardando (zögernd), calando (beschwichtigend), calmando (beruhigend), allargando oder slargando (breiter werdend), ritenuto (zurückhaltend), più lento (langsamer), meno mosso (weniger bewegt), smorzando (absterbend), perdendo si (sich verlierend), estinto (erloschen), accelerando (schneller werdend), agitato (aufgeregt), con passione oder passionato (leidenschaftlich), con fuoco (mit Feuer), animato (belebt), con moto (mit Bewegung), più mosso (bewegter), precipitato (überstürzt), stretto oder rapido oder veloce (rasch), stringendo (drängend), impetuoso (stürmisch), marziale (marschmässig), a tempo oder primo tempo (im früheren Tempo), istesso tempo (im gleichen Tempo), tempo rubato (in freiem Tempo).

Wenn accelerando oder rallentando, crescendo oder diminuendo unter einer längeren Stelle stehen, so darf man nicht allzu plötzlich schneller oder langsamer, stärker oder schwächer spielen; man würde so in Uebertreibung verfallen. Man muss sich vielmehr bemühen, möglichst fein abgestufte Uebergänge in der Stärke wie im Tempo hervorzubringen.

Achtes Kapitel.

Die Nuancen (Stärkegrade), Crescendo und Decrescendo.

ie Wirkung der metrischen, rhythmischen und pathetischen Accente besteht, wie wir gesehen haben, darin, Abwechselung von Kraft und Schwäche und in Folge dessen Kontraste hervorzurufen; denn die Kraft, die man einer Note zutheilt, zieht nothwendig Schwäche für ihre Nachbarnoten nach sich, wie jeder Lichteffekt Schatten produzirt. Daher wären diese Accente nicht im Stande, das musikalische Gemälde poetisch zu verklären, wenn nicht geschickt abgewogene Abstufungen diese plötzlichen, schroffen Kontraste vermittelten, die allzustarken Noten abstumpften, die allzusehr in Schatten stehenden Noten durch sanfte Uebergänge höben, mit einem Wort durch fein abgestufte Nuancen die Kontraste zu einer harmonischen Einheit verschmelzten.

Man muss überdies jeder Komposition und jeder Phrase diejenige Intensität des Klanges, diejenige Sonorität geben, welche ihrer Struktur entspricht.

Die Crescendos und Diminuendos werden graphisch ausgezeichnet dargestellt, wenn man je nach der steigenden oder fallenden Richtung der Melodie und der Begleitung zwei in einem spitzen Winkel zusammenlaufende gerade Linien zieht. Durch ihre Nähe wird die Schwäche, durch ihr Auseinanderstehen die Stärke des Tones angegeben. Die Form, das Verhältniss der beiden Linien $\longrightarrow$ oder $\longrightarrow$ deuten vorzüglich den Charakter der Nuancen an.

Nuanciren heisst auf eine Reihe von Noten progressiv mehr oder weniger Kraft anwenden, indem man die verschiedenen Stärkegrade unmerklich in einander übergehen lässt. Der Accent bedeutet Stärke, die einer einzigen, isolirten Note zu gute kommt, Nuance bedeutet Stärke, die sich auf eine Reihe von Noten zu- und abnehmend vertheilt. Sie verhindert die Einförmigkeit und Gleichheit der Stärke der Tongruppen.

Die Nuancen umfassen daher nicht nur die Rhythmen von ihrer ersten bis zu ihrer letzten Note, sondern auch eine musikalische Komposition von ihrer ersten bis zu ihrer letzten Periode. Sie bilden den Mörtel, das Band, welches diese ihre verschiedenen dynamischen *) Elemente einander nähert, einigt und solidarisch macht.

Von allen Phänomenen des Ausdrucks scheinen sie am meisten von der Willkür abzuhängen. Dem ist jedoch nur scheinbar so. Die Nuancen stehen in so engem Zusammenhang mit der Struktur der Phrasen, dass es unmöglich ist, sie davon zu trennen: für jede Phrase passt nur eine bestimmte Intensität des Klanges und keine andere. Hier, wie überall, existiren Regeln, welche der Mann von Geschmack instinktiv beobachtet und denen sich der Künstler nicht entziehen darf.

Es ist übrigens anzuerkennen, dass unter allen Kundgebungen des Ausdrucks diese mit der meisten Sorgfalt behandelt zu werden pflegt. Die alten Komponisten gaben blos Bezeichnungen, die sich auf die Nuancen bezogen; nur sie findet man in alten Ausgaben. Auch heute noch schweigen die grössten Lehrer über die metrischen, rhythmischen und pathetischen Accente und beschränken sich darauf, ihren Schülern das mechanische Verfahren um gut zu nuanciren, um die Crescendos und Decrescendos fein zu beobachten, beizubringen.

Um unsere Aufgabe zu vollenden, wollen wir hier einige evidente Prinzipien, welche den Gebrauch der Nuancen zu

---

*) Dynamisch, vom griechischen δύναμις (dynamis) Gewalt, Kraft. In der Musik nennt man dynamisch die verschiedenen Elemente der Stärkegrade forte, piano, crescendo, decrescendo.

regeln haben, aufstellen und sie dann zur kritischen Prüfung einiger Kompositionen benutzen.

Bei solchem Vorgehen werden wir den dreifachen Vortheil haben, zu prüfen, ob die Autoren diese Prinzipien getreulich beobachtet haben; im Nothfall die Korrekturen, die uns vernünftig erscheinen, unternehmen zu können, und endlich uns durch einen Anfang praktischer Uebung mit der Art ihrer Anwendung vertraut zu machen.

§ 1. Regeln über die Beobachtung der Nuancen.

Folgende Prinzipien sollen sowohl den Spieler als den Autor in der Anwendung der Nuancen und der Intensität leiten:

1) Man muss das Crescendo anwenden, d. h. stufenweise mehr Kraft, mehr Klang entwickeln in den steigenden Passagen. Wir wiederholen: Steigen bedeutet gegen die Tendenzen des menschlichen Wesens vorgehen; es bedeutet kämpfen, Hindernisse überwinden. Und dieser Kampf spricht sich aus durch eine Entfaltung von Energie, welche Erschöpfung und Müdigkeit zur Folge hat. (Siehe S. 182 Accelerando und Rallentando.

465. ROSSINI. Stabat mater.

Per te, vir-go, sim de-fen-sus, per te, vir-go, sim de-

fen-sus in di - e ju - di - - ci - i.

2) Man muss das Decrescendo anwenden, d. h. stufenweise weniger Kraft und Klang entwickeln in fallenden Passagen. Niedersteigen bedeutet sich ohne Widerstand passiv den natürlichen Tendenzen überlassen.

466. BEETHOVEN. Op. 75, Nr. 2.

Herz, mein Herz, was soll das ge-ben? Was be-dränget dich so

sehr! Welch ein fremdes neues Leben, Ich er-ken-ne dich nicht mehr.

467. CHOPIN. Op. 55.

Wenn jedoch die **fallenden Passagen** plötzliche, unvorhergesehene Hindernisse, wie Noten, die eine Modulation einführen, oder pathetische Noten enthalten, verlangen sie Stärke trotz ihrer fallenden Richtung.

468.

Obgleich im dritten Takt die Melodie fällt, bedarf die Stelle doch einer grossen Energie, denn wir haben: 1) eine Gipfelnote (*f*); 2) den Unterdominantenakkord oder dritten Akkord von *As* dur; 3) eine Modulation nach der Unter-

mediante; 4) eine Folge grosser Werthe, drei Viertelnoten
nach einander; 5) einen Sprung (*f—des*) inmitten einer schrittweise verlaufenden Melodie; 6) Verdoppelung der Stimmen sowohl in der Melodie als in der Begleitung; 7) **Gegenbewegung** zwischen Melodie und Bass; 8) vier Viertelnoten im
Bass statt zweier Halben.

3) Je mehr **kontinuirliche Stimmen** eine Passage enthält,
um so grösser muss ihre Klangstärke sein. Es ist klar, dass
z. B. auf dem Klavier mehr Kraft des Anschlags nöthig ist, um
sechs oder acht Saiten in Schwingung zu versetzen, als eine
einzige. (Siehe das zu 5) folgende Beispiel.)

4) Je grösser der Werth, die Dauer der Noten ist, um so
mehr Kraft des Anschlags verlangen sie, damit ihr Klang aus-
gehalten werden kann.

5) Je weniger Werth oder Dauer die Noten haben, um so
weniger Kraft erfordern sie.

469. STEIBELT.

6) Je energischer die **metrische Form** ist, um so mehr
Kraft wird verlangt. Die Passagen der siebenten und achten
Form mit Verlängerung oder Pausen, und
verlangen mehr Sonorität, als die der sechs ersten Formen.
(Siehe Die Zeiteinheit und ihre Formen, S. 48.)

470. CLEMENTI. Op. 26, 2.

471. WEBER. Aufforderung zum Tanz.

472. MEYERBEER. Hugenotten.

(Siehe das Menuett der 12. Symphonie von Haydn.)

7) Man muss einigen grossartig wirkenden Akkorden viel Sonorität geben; so verlangen die zweite Umkehrung des dritten, des Unterdominantenakkords und die erste und zweite Umkehrung des vierten, des Untermediantenakkords Kraft und Energie, wenn sie sich ausnahmsweise oder am Anfang einer sekundären Phrase einstellen. (Siehe S. 166.)

473. WEBER. Oberon.

474. ROSSINI. Tell.

(Siehe auch Allegro und Adagio von Beethovens *Cis* moll-Sonate.)

8) Man muss den dissonirenden und chromatischen Akkorden viel Sonorität geben, sowie auch den Stellen, welche in einer von der eben verlassenen allzu entfernten Tonart stehen. Diese Akkorde und diese Stellen müssen sozusagen dem Ohr aufgezwungen werden. (Siehe S. 160, 161.)

9) Je komplizirter eine Stelle ist, d. h. je mehr metrische, rhythmische, tonale und modale Ausnahmen und Ueberraschungen sie zu gleicher Zeit enthält, um so klangvoller muss sie sein. Diese Klangfülle kann bis zum Grandioso (grossartig) ansteigen, wenn die Stelle ausnahmsweise Gegenbewegungen, steigende Melodiegänge mit parallelen Oktaven, wenn sie Takte, welche ausnahmsweise zwei oder drei Noten auf jeden Takttheil haben, statt einer einzigen, wenn sie fernliegende oder enharmonische Modulationen enthält. Solche Stellen können sogar den Paroxysmus der Kraft erreichen, wenn sie durch steigende oder fallende Arpeggien in Doppelbewegung, durch volle dissonirende Akkorde, durch Tremolos u. s. w. begleitet sind.

475. LYSBERG. Op. 90, les Ondines.

Die Begleitung dieser Stelle in auf- und absteigenden Arpeggien enthält 28 Zweiunddreissigstel auf den Takt und durchläuft fast die ganze Ausdehnung des Klaviers. Ueberdies steigt die Anfangsnote jedes Taktes schrittweise abwärts, während die Melodie eine steigende Richtung hat. Die Wirkung dieser Stelle ist grossartig, erhaben! Das Stück, dem sie angehört, ist übrigens eine der schönsten Kompositionen im Stil Thalbergs, die wir kennen. (Siehe auch das Adagio der Sonate pathétique, Takt 41, 42; Mendelssohn, Rondo capriccioso, S. 3 und 8, A dur-Polonaise von Chopin, Schulhoffs Nocturnes, Op. 11 und 19 u. s. w.)

10) Man muss die Sonorität variiren und kontrastiren. Dies ist die Hauptregel. Monotonie ist gleichbedeutend mit Langeweile. Mächtige Klangfülle ermüdet das Ohr, man muss es durch zarte Stellen ausruhen lassen. Daher rührt die Nothwendigkeit, lange und wiederholte Noten anschwellen und abschwellen zu lassen. (Siehe Pathetischer Accent, S. 146.)

Jede sekundäre Phrase verlangt nach einer Modulation oder einem energischen Phrasenschluss Zartheit, besonders wenn sie mit dem Dominantseptimenakkord der Anfangstonart beginnt, oder wenn sie aus kleinen Werthen in steigender Bewegung zusammengesetzt ist.

476. LINDPAINTNER. Porte-Étendard et Ménestrel.

477. BOIELDIEU. Weisse Dame.

Wohlverstanden, wenn die sekundäre Phrase grosse Werthe enthält, wird sie accentuirt trotz des begleitenden Dominantseptimenakkords; ebenso wenn der Schluss der vorhergehenden Phrase piano war.

Wenn nach einer Folge hoher Noten nach einem grossen Sprung eine kleine Gruppe tiefer Noten folgt, macht man pianissimo subito.

478. VERDI. Troubadour.

479. MOZART. A dur-Sonate, Minuetto.

480. MENDELSSOHN. Auf der Wanderschaft. Op. 71.

Und wie ge-win-ket ih - re Hand. Und sah, wie sie den

Mund ge - regt. Und wie ge-win-ket ih - re Hand.

481. KÜCKEN. L'Hirondelle, Duo.

Et sous nos yeux El-le reprend son vol joy-eux.

482. DONIZETTI. Regimentstochter.

Spielt man die letzten vier Takte eine Oktave höher, so wirken sie als Steigerung und erhalten eine sehr grosse Stärke.

Nach einer steigenden Fortschreitung, bei der man viel Kraft ausgegeben hat, macht man auf der höchsten Note ein **pianissimo subito.** *)

483. MENDELSSOHN. Op. 14.

484. BEETHOVEN. Zweiter Walzer.

*) Dieser Effekt ist äusserst wirkungsvoll. Die Tragödinnen Rachel und Ristori machten nie mehr Eindruck, als wenn sie nach Anwendung der ganzen Kraft ihres Organs mit erloschener Stimme das Zusammenbrechen einer ohnmächtigen Leidenschaft darstellten.

Dr. Hugo Riemann (Der Ausdruck in der Musik S. 23) sagt von diesem Effekt: „Das ist Pathos, oder wenn man will, Effekt, musikalische Laune, Caprice, etwas durchaus Abnormes, das man ohne Vorschrift des Komponisten nie voraussetzen darf." Dieser Effekt ist im Gegentheil durchaus rationell und ästhetisch berechtigt. Die Brutalität ist die Feindin des Schönen. Da nun die steigende Progression der Kraft schliesslich zu einem Paroxysmus derselben, d. h. zur Brutalität führen müsste, so springt der Komponist, gleichsam zusammenschreckend vor den Folgen dieser Progression, plötzlich in das Gegentheil, das Pianissimo über, wodurch er zugleich das Gesetz des Kontrastes befriedigt.

485. Ebendaselbst.

(Vergleiche auch Andante aus Webers *As* dur-Sonate, Op. 39.)

Im vorletzten Beispiel Beethovens tritt im fünften Takt ein **pianissimo subito** ein, wegen plötzlichen Zurückfallens in die Grundtonart; im letzten dagegen findet im fünften Takt kein Pianissimo statt, weil man unvermuthet von *F* moll nach *Des* dur **modulirt**. Es bedarf denn auch einer grossen Energie und Klangfülle, um diesen Wechsel dem Ohr **aufzuzwingen**. Obgleich die Noten, vom vierten Takt an, fallen, entfaltet man doch eine stets zunehmende Energie, besonders auf dem vierten Akkord von *Des* dur: *ges, b, es* im sechsten Takt. Dies Beispiel zeigt, wieviel Vorsicht bei der Anwendung der **Nuancen** nöthig ist.

Oft macht man vor der ersten Note des Themas, wenn es nach einigen Uebergangstakten wiederkehrt, oder vor der vom Ohr verlangten Note plötzlich eine Pause, statt ohne Unterbrechung das Thema zu beginnen.

486. BEETHOVEN. Op. 27.

487. ASCHER. Sans-Souci.

Im Adagio der *C* moll-Fantasie und Sonate hat Mozart ähnliche Pausen angebracht. Siehe auch Seite 2 von Mendelssohns Rondo Op. 14, wo man sich solcher Pausen bedienen kann. In Capricen, Galopps, Walzern u. s. w., die als Salonstücke vorgetragen werden, mit Verstand und Mass gehandhabt, verfehlt dieser Kunstgriff nie seine Wirkung. Aus ernsten Stücken, wie Beethovens *Cis* moll-Sonate, ist er absolut zu verbannen.

Man macht ein **pianissimo subito**, wenn in einer klangvollen Phrase eine kurze Passage unvermuthet in die **obere kleine Sekunde** modulirt, z. B. von *c* nach *des*, von *a* nach *b*.*)

---

*) Es ist der merkwürdigste Effekt, den wir kennen. Wir können dieses *pp subito* nur aus plötzlicher Erlahmung der Schwungkraft, aus einer vom Gefühl empfundenen Ueberraschung erklären.

488. BEETHOVEN. Adagio der *Cis*moll-Sonate, Op. 27.

Achtundzwanzig Takte später bietet das gleiche Stück eine Modulation von *cis* nach *d,* wo das *pp subito* ebenfalls eine vorzügliche Wirkung hervorbringt.

489. AUBER. Un Jour de bonheur.

In diesem letzten Beispiel erfolgt die Modulation nach der oberen kleinen Sekunde auf einem Orgelpunkt, ein zweiter Grund für das pianissimo, obschon das Ende des vorher-

gehenden Rhythmus, das durch einen grossen **absteigenden**
Sprung gewonnen **wird**, bereits p i a n o ist. Wir bemerken
übrigens, dass man in der Vokalmusik, wenn die Gesangsworte
Stärke, Energie ausdrücken, trotz dieser Modulation ein f o r t e
eintreten lassen kann.

So setzt im fünften Takt des folgenden Beispiels Rossini
in der Partitur ein f o r t e, während Thalberg in seiner Phantasie ein p i a n o anwendet. Das hat nichts Wunderbares: das
Gefühl acceptirt mit gleicher Genugthuung diese Ablenkung,
mag sie ihm nun durch übermässige Kraft oder durch die
zarteste Morbidezza bemerkbar gemacht werden. Man möchte
sagen, es sei befriedigt, sobald es nur durch einen schroffen
Kontrast erregt wird.

490. ROSSINI. T e l l.

**Das Gleiche ist der Fall für das *as* des zweiten Taktes im
folgenden Beispiel:**

491. BELLINI. N a c h t w a n d l e r i n.

Wenn aber die Begleitung bewegter ist oder mit der Melodie Terzen oder Sexten bildet, singt oder spielt man f o r t e.

492. STEIBELT.

Diese Struktur verdankt ihre Stärke der sehr bewegten Begleitung. Ueberdies bildet die Anfangsnote jedes Taktes eine Sexte mit der Note der Melodie.

Man entfaltet eine grosse Klangfülle, wenn man nach einer zarten Stelle schroff nach der kleinen Sexte oder vertieften Unterleiteton modulirt, z. B. von C dur nach As dur, von Des nach Bes oder enharmonisch A u. s. w.

493. WEBER. Oberon.

Auch gibt man wenig Klangfülle den Phrasen einfacher Struktur, die auf einen Orgelpunkt verlaufen.

494. AUBER. Premier Jour de bonheur, Lied der Djins.

495. ROSSINI. Tell.

496.

Diese Wirkung erklärt sich aus der Ruhe, welche vom Orgelpunkt herrührt, das Ohr hat einen Haltepunkt und lässt sich ohne Zwang leiten. Die metrische Form kann übrigens diese Regel modifiziren. So könnte z. B. eine einzig aus der Form ♩♪♩ zusammengesetzte Phrase trotz der Stabilität der Begleitung stark sein. (Siehe Chopin, Op. 9, 1; Op. 57, Op. 7, 1 u. s. w.

Man lässt pianissimo subito eintreten auf Stellen, welche ein steigendes Echo bilden.

Die fallenden Echos dagegen, welche sich im Einklang mit dem Bass zeigen, erhalten ein fortissimo subito.

Man verleiht viel Klangfülle den Stellen, welche eine kleine in steigender Bewegung durch eine Art von Neubelebung wiederholte Zeichnung einschliessen. (Siehe das Beispiel aus Norma, Nr. 421.)

500. BEETHOVEN. Zweiter Walzer.

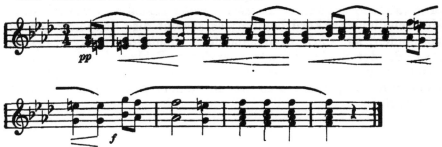

Man verleiht viel **Klangfülle und Grossartigkeit** den Stellen, welche ausnahmsweise grössere Werthe haben und die Formen  oder bieten.

501. MERCADANTE.

502. BELLINI. Norma.

503. DONIZETTI. Favoritin.

504. AUBER. Stumme.

Die Nothwendigkeit der Kontraste ist so gross, dass vor ihr alles zurücktritt. Jede Stelle, welche wegen ihrer Struktur, wegen der energischen Elemente, die sie enthält, kräftigen Vortrag verlangte, wird piano, wenn ihr eine Stelle von sehr grosser Klangfülle vorhergeht. Die Kraft, die man einer bestimmten Stelle geben soll, hängt also vorzugsweise von ihrer Stellung und von der Sonorität der vorhergehenden Phrase ab.

Im Adagio von Chopins Impromptu Op. 29 z. B. findet sich
eine fallende sekundäre Phrase, welche ausnahmsweise mit dem
Untermediantenakkord beginnt; es scheint also doppelter Grund
vorhanden, sie stark zu behandeln. Nichtsdestoweniger erzielt
man, da der Stelle ein sehr energischer Schluss (zwei steigende
Triolengruppen mit chromatischen Intervallen) vorausgegangen,
mehr Wirkung, wenn man sie mit einem pianissimo subito
wiedergibt:

505. CHOPIN. Op. 29, 1.

Ebenso im folgenden Beispiel:

506. BEETHOVEN. Op. 13.

Im fünften Takt haben wir trotz des Untermedianten-septimenakkords von *Es* pianissimo und nicht forte spielen gehört, weil dem *f*, das mit einem grossen fallenden Intervall eintritt, vorhergeht: 1) eine Modulation von *Es* dur nach *C* moll; 2) eine pathetische Note, das hohe *f* des vierten Taktes; 3) ein Wiederschlag, welcher das *es* stark und das *f* durch Kontrast sanft macht. (Siehe die beiden letzten Takte von Schuberts „Des Mädchens Klage".)

Ebenso bedient man sich, obschon die Modulation Energie und Klangfülle verlangt, dennoch des pianissimo, wenn ihr eine energische Stelle unmittelbar vorhergeht.

507. WEYRAUCH. Adieu.

O toi, seul bien que j'aime, Sans moi, retourne aux cieux!

508. DONIZETTI.

Sogar ein chromatischer Akkord wird pianissimo und umsomehr die dritten und vierten Akkorde, wenn sie einen Rhythmus beginnen, dem ein energischer Schluss vorhergeht.

11) In der Vokalmusik muss man natürlich die Kraft und die Klangfülle dem Sinn der Worte unterordnen.

---

§ 2. Anwendung der Regeln über die Nuancen.

Prüfen wir nun einige Kompositionen und sehen wir, ob die Nuancenangaben, die sich in den Ausgaben finden, mit denen übereinstimmen, die sich aus unseren Prinzipien ergeben.

In L'Adieu von Dusseck findet man häufig folgende Angaben:

511.

Im dritten Takt scheint uns trotz des Fallens der Melodie ein crescendo besser als ein diminuendo; denn hier tritt eine mit dem vierten Akkord beginnende Modulation von *B* nach *F* ein. Ueberdies läuft der Bass in Gegenbewegung zur Melodie und seine Akkorde sind voller als die früheren. Bemerken wir noch, dass die folgende Phrase mit dolcissimo bezeichnet ist.

Im gleichen Stück finden wir 12 Takte weiter:

512.

Im letzten Takt dieser Phrase scheint uns ein diminuendo mit folgendem piano vorzuziehen zu sein; um so mehr, da sie fällt, auf einen Orgelpunkt verläuft, ihr ein mehrtaktiges Crescendo vorhergeht, keine Modulation vorkommt und die folgende Phrase forte beginnt.

513. WEBER. Euryanthe.

Sie, die Rei - ne, Ei - ne, Mei - ne,

Keusch wie Schnee, wie Ro - sen mild.

Das Pianissimo des vorletzten Taktes beruht offenbar nur auf dem Wortsinn des Textes. An sich würde die steigende Modulation von *As* dur nach *C* dur, eine der grossartigsten, die es gibt, entschieden forte verlangen, umsomehr da der vorhergehende Einschnitt sanft endet. Wird die Melodie blos instrumental vorgetragen, so wird man daher gut daran thun, die Originalbezeichnung im angedeuteten Sinne abzuändern.

Schulhoff Op. 11, S. 4 schreibt folgende Stelle ohne rhythmische Bezeichnung für die rechte Hand. *)

514.

pp dolente.

p

sempre pp

---

*) Seite 3, Zeile 2. Takt 3 des gleichen Stückes markirt der Autor mit *p* statt mit *f*, eine Stelle, auf die unmittelbar ein appassionato folgt!

Analysiren wir diese acht Takte! Schicken wir voraus, dass die vorhergehende Phrase in *As* dur schliesst, während die vorliegende in *F* moll beginnt; **Tonart und Tongeschlecht sind also verändert**, was ein forte verlangt. Ausserdem ist das Anfangs-*c* des Rhythmus die höchste Note des Taktes, erhält also **rhythmischen wie pathetischen Accent.** Das *b* des ersten Taktes, das **Wiederschlag, vorletzte Note eines Einschnittes, Vorhalt und Dissonanz** ist, muss sehr stark sein, während das folgende *as* als Schlussnote eines weiblichen Einschnittes schwach sein muss. Das zweite *as* beginnt einen neuen Einschnitt, ist Dissonanz, höchste Note des Einschnittes und grosswerthig, also stark. Das Gleiche gilt vom Anfangs-*g* des zweiten Taktes, das **Wiederschlag, vorletzte Note** eines weiblichen Einschnittes, Vorhalt und Dissonanz ist. Das folgende *f* muss als Schlussnote eines weiblichen Rhythmus schwach sein: es beschliesst die Modulation nach *Des* dur. Das letzte *f* des zweiten Taktes ist als Anfangsnote eines Rhythmus, verlängerte Note, grosser Werth und Theil eines dissonirenden Akkords stark. Das *as* und *g* des dritten Taktes, sowie das *f* des vierten müssen als ausnahmsweise grosse Werthe accentuirt werden. Der zweite Rhythmus schliesst in *F* moll. Das hohe *f* des vierten Taktes ist Anfangsnote eines Rhythmus, höchste Note einer Gruppe, grosser Werth, verlängert und Theil des Dominantseptimenakkords von *B*, also stark. Wir bemerken, dass der Rhythmus, den es eröffnet, die Zeichnung des ersten Rhythmus eine Quart höher reproduzirt, es findet also ein **Anwachsen** statt. Der erste Einschnitt dieses Rhythmus ist in *B* moll, es hat also, da der frühere Rhythmus in *F* moll schloss, eine Aenderung der Tonart stattgefunden. Der folgende Einschnitt ist in *Ges* dur und der letzte in *Des* dur. Alle diese Einschnitte, Modulationen, Dissonanzen, Wiederschläge, Vorhalte u. s. w. sind ebensoviel Elemente des Ausdrucks, welche **Kraft** erfordern. Nach unserer Ansicht sollte die Phrase zwar im Ganzen in einer schwachen Tongebung gespielt werden, aber mit den folgenden Bezeichnungen geschrieben und gemäss denselben ausgeführt werden:

Im Duetto, Nr. 18, in Mendelssohns Liedern ohne Worte, Takt 38, gehen die Stimmen in Gegenbewegung aus einander, was ein Crescendo implizirt. Dennoch bieten die meisten Ausgaben an dieser Stelle ein Diminuendo, das unpassend ist, und wenn es vom Komponisten selbst herrühren sollte.

515.

Diese Beispiele mögen genügen, um dem Leser eine Idee davon zu geben, in welcher Weise unsere Regeln über die Nuancen anzuwenden sind.

§ 3. Praktische Uebungen.

Die Beispiele mangelhafter Bezeichnung der Nuancen, die wir gegeben, werden den Leser überzeugt haben, dass er sich ebensowenig auf die vorgeschriebenen Nuancen als auf die vorgeschriebenen rhythmischen Betonungen verlassen darf, selbst in den Werken der grössten Meister. Man muss daher die Struktur der Stücke prüfen, nachsehen, ob sie ausnahmsweise steigende oder fallende Stellen enthalten, um auf den ersten an Kraft zuzunehmen, auf den zweiten abzunehmen. Wenn sich jedoch in diesen Stellen Modulationen und harmonische Komplikationen einstellen, muss man ihnen Rechnung tragen und auch fallende Phrasen mit Kraft wiedergeben. Man muss ferner nachsehen, ob ähnlich gestaltete Gruppen oder rhythmische Wiederholungen vorhanden sind und sie wechselweise kräftig und zart behandeln. Die Kenntniss der Rhythmen ist daher die Hauptbedingung für richtige Nuancirung. Bietet das Stück eine Art Dialog, Fragen und Antworten, so spiele man die ersteren stark, die letzteren schwach oder umgekehrt! Man variire ebenfalls die Klangstärke der verschiedenen Wiederholungen! Man spiele das erste Mal stark, das zweite Mal schwach oder umgekehrt. Wenn Takte oder ganze Stellen in der höheren Oktave wiederholt werden, so spiele man sie das zweite Mal zart und suche die Wirkung von Echos zu erzielen! Wenn ein Thema oder eine Stelle in Oktavenverdoppelung wiederkehrt, so spiele man sie stark! Welches auch der Stärkegrad sei, in dem eine Stelle ausgeführt wird, forte oder fortissimo, piano oder pianissimo, man trage den metrischen, rhythmischen und pathetischen Accenten Rechnung und hebe sie hervor! Man darf nicht, unter dem Vorwand der Nuancirung, diese Accente ausgleichen und dadurch ihre Wirkung zerstören. Viele Musiker glauben, diese Accente verschwinden mit dem pianissimo. Dies ist nicht richtig. Diese Accente bleiben bestehen und müssen hervorgehoben werden im Verhältniss zur allgemeinen Tonstärke, ebensowohl in einer im zartesten mezza voce hingehauchten Cavatine, als in einem geräuschvollen, mit glänzendstem Brio vorgetragenen Finale. Die Nuancezeichen, die

Crescendos (——◁), die Decrescendos oder Diminuendos (▷——) sollen sich blos auf je einen Rhythmus beziehen und mit demselben ihr Ende erreichen.

In lebhaften Stücken sollen die von den Crescendos und Diminuendos, von den Gegensätzen von Forte- und Pianophrasen herrührenden Nuancen ausschliesslich dominiren. In den Tänzen Quadrillen, Polkas u. s. w., wo die gleichen Phrasen häufige Wiederholungen erfahren, kommt es wenig darauf an, ob man forte oder piano spiele, vorausgesetzt, dass man durch Abwechselung beider Kontraste erzeuge. In der Klaviermusik spielen die Pedale eine sehr grosse Rolle in Betreff der Nuancen. Dank den Pedalen kann ein geschickter Klavierspieler dazu gelangen, wenn auch nicht die Töne, so doch die Phrasen bis zur Erzeugung der Illusion anschwellen und abschwellen zu lassen. Im Uebrigen mögen die jungen Klavierspieler die Sänger, Violinspieler und Cellospieler anhören und nachahmen; von ihnen werden sie nuanciren lernen.

Wenn die vorhandenen Bezeichnungen offenbar fehlerhaft sind, wenn sie, wie in den angeführten Beispielen, im Widerspruch mit der Struktur der Phrase stehen, muss man sie korrigiren. Der Vortragende muss daher ausser den Nuancirungsregeln die italienischen Ausdrücke kennen, die sich auf dieselben beziehen. Die gebräuchlichsten derselben sind: crescendo (zunehmend), decrescendo oder diminuendo (abnehmend), forte (stark), fortissimo (sehr stark), mezzaforte (halbstark), con tutta forza (mit aller Kraft), strepitoso (geräuschvoll), con brio (glanzvoll), sforzando (stark und sofort nachlassend), rinforzando (wieder stärker werdend), maëstoso, pomposo, grandioso (grossartig, majestätisch), piano (leise), pianissimo (sehr leise), dolce (sanft), dolcissimo (sehr sanft), sotto voce (mit unterdrückter Stimme), mezza voce (mit halber Stimme), con sordino (mit Dämpfung), una corda (auf einer Saite), tre corde (auf drei Saiten), cantabile (gesangsmässig), grazioso (mit Anmuth), armonioso (harmonisch), con morbidezza (mit Zartheit), semplice (einfach), tranquillo (ruhig), morendo (sterbend) u. s. w.

Neuntes Kapitel.

Das allgemeine oder metronomische Tempo.

M an nennt **allgemeines Tempo** oder **General-tempo** das Tempo, welches den normalen Fort-gang eines Stückes regelt und welchem sich der Vortragende so lange zu unterziehen hat, als keine **Ausnahmestruktur** den allgemeinen Charakter des Stückes verändert.

Es gibt drei Haupttempos:
1) Lebhaft oder **Presto, Allegro.**
2) Gemässigt oder **Moderato, Andante.**
3) Langsam oder **Lento, Adagio.**

Meist bezeichnen die Komponisten das Tempo zu Anfang eines jeden Stückes durch einen dieser italienischen Ausdrücke, oft auch durch den Namen gewisser Kompositionsgattungen: **Rondo, Menuett, Polonaise, Marsch** u. s. w. Diese Be-zeichnungen entbehren offenbar der Genauigkeit. Sie könnten nur dann zur genauen Angabe der Tempos genügen, wenn jede derselben einer bestimmten Anzahl von Takten oder Takttheilen entspräche, die in einer bestimmten Zeitfrist vorgetragen werden sollen. Leider ist dies nicht der Fall; diese Bezeichnungen er-halten je nach den Autoren, die sie anwenden, die verschieden-sten Bedeutungen.

So bieten die verschiedenen Ausgaben der Sonate pathétique, die von Moscheles, Marmontel, Le Couppey, Lemoine und Bülow herrühren, in der Tempoangabe die folgenden Unterschiede:

		Grave.	Allegro.	Adagio.	Rondo.
	Moscheles .	♪ 60	♩ 144	♩ 60	♩ 104
Metronomische	Marmontel.	♩ 92	♩ 144	♩ 54	♩ 96
Angaben von	Le Couppey	♩ 44	♩ 160	♩ 40	♩ 132
	Lemoine . .	♪ 63	♩ 144	♩ 60	♩ 104
	Bülow. . . .	♪ 66	♩ 144	♩ 60	♩ 96

Das fünfte Nocturne von Field hat in Ermangelung metronomischer Angaben des Autors selbst zu folgenden verschiedenen
Schätzungen Anlass gegeben:*) Marmontel ♩ 80, Le Coupey
♩. 92, Lemoine ♩. 70.

Hummel hat am Schluss seiner Grande Méthode de
piano eine Tabelle der verschiedenen Schätzungen gegeben,
welchen bei verschiedenen Komponisten die gleichen Tempobezeichnungen unterliegen. Man sieht daraus, dass z. B. das
Allegro Beethovens nicht die gleiche Schnelligkeit hat, wie
dasjenige Cramers und Clementis u. s. w.

Nicht nur widersprechen sich die Komponisten unter
einander in der Schätzung einer gleichen Bezeichnung, sondern
diese Schätzung variirt sogar in den Werken eines und desselben Komponisten. So schwankt in den Etudes pour le
piano von Cramer für gleiche Taktarten die Bedeutung der
Angabe Allegro zwischen ♩ 92 (Etude 31) und ♩ 168 oder
♩ 84 (Etude 8); während das Wort Presto in $\frac{2}{4}$ Takten bald
als ♩ 138 (Buch 2, Etude 17), bald als ♩ 132 (Etude 29) und
das Prestissimo als ♩ 76 (Etude 37) angesetzt ist.

Die Unbestimmtheit der zur Bezeichnung des allgemeinen
Tempos verwandten Ausdrücke ist nicht die einzige Schwierigkeit,
welcher der Vortragende in der Beurtheilung des Charakters
eines Stückes antrifft.

---

*) Spielt ein Schüler vor einem andern Professor als dem seinigen
eines dieser Stücke im Tempo, das seine Ausgabe angibt, so läuft er Gefahr, hart beurtheilt zu werden, und zwar ohne seine Schuld; möglicher-
weise hat er sogar seinem persönlichen Gefühl Gewalt angethan, um das
Tempo seiner Ausgabe zu adoptiren.

Die fremde Herkunft der italienischen Wörter, die angewandt werden und die Nichtkenntniss ihrer ursprünglichen Bedeutung veranlassen neue Irrthümer. So nehmen einige das Wort Allegretto, Deminutiv von Allegro als dessen Verstärkung und geben es statt durch ein langsameres durch ein lebhafteres Tempo wieder. Die gleiche Verwirrung findet für das Wort Andantino, Deminutiv von Andante, schnelleres Andante bedeutend, statt und für andere mehr. Man füge zu diesen Uebelständen die Fehler hinzu, welche von der Eile, mit der die Komponisten die Bezeichnung geben, und von der Nachlässigkeit herrühren, womit sie die Korrekturen des Druckes besorgen. Sie bilden sich oft ein, die Schnelligkeit, mit der sie ein bestimmtes Stück spielen, entspreche einer bestimmten metronomischen Ziffer und schreiben dieselbe hin, ohne diese angenommene Uebereinstimmung verifizirt zu haben. Auch kann es vorkommen, dass der Komponist sich über den wahren Charakter seines Werkes täuscht und deshalb ein unpassendes oder ganz falsches Tempo vorschreibt. *)

Doch die grössten Schwierigkeiten in der Ansetzung des Tempos rühren vom Vortragenden selbst her. Einerseits kann ihm das Gedächtniss untreu werden, um in Abwesenheit des Metronoms abzuschätzen, welcher genauen Zahl von Schwingungen das vorgeschriebene Tempo entspricht. Auf der andern Seite üben sein Nervenzustand und die augenblicklichen Dispositionen seines Gefühls einen verwirrenden Einfluss auf die Wahl der Tempos aus. Man spielt z. B. nüchtern anders als nach einer reichlichen Mahlzeit. Ist das Gefühl in wachem Zustande, so wird es von den mindesten Thatsachen, von den unmerklichsten tonalen, modalen, metrischen und rhythmischen Unregelmässigkeiten affizirt und das Tempo demgemäss modifizirt. Ist das Gefühl dagegen erstarrt und unempfindlich, so gehen alle diese Thatsachen unbemerkt vorüber, der Vortragende empfindet nichts und arbeitet bloss maschinenmässig weiter.

Wir haben endlich (Seite 12 in der Note) gesehen, dass einigen Musikern das Gefühl für das Tempo gänzlich mangelt. Alle Welt weiss, das Orchesterdirigenten häufig das richtige Tempo fälschen, indem sie den Takt zu schnell oder zu langsam schlagen und dadurch den Werken, die sie aufführen lassen, schaden.

---

*) Im *Es* dur-Quartett Op. 127 hatte Beethoven eine Stelle mit Andante bezeichnet. Doch wird erzählt, dass der Violinist Böhm, der das Quartett in seiner Gegenwart vortrug, das vorhergehende Tempo beibehielt, weil er glaubte, so eine bessere Wirkung zu erzielen. Beethoven erhob sich hierauf, zog einen Bleistift aus der Tasche, strich das Wort Andante in den vier Stimmen durch, wandte sich zu den Spielern und dankte ihnen. — Dr. Märrath: Silhouetten des alten und des neuen Wien.

Infolge der verschiedenen Umständen, die wir erwähnt, kommt es dazu, dass das allgemeine Tempo für ein Musikstück mehr oder weniger der Willkür des Komponisten und des Vortragenden anheimfällt. Soll das heissen, dass jedes Stück ohne Unterschied in jedem Tempo ausgeführt werden könne? Nein, gewiss nicht, ein Stück nimmt je nach der Bewegung, die man ihm gibt, einen ganz anderen Charakter an: heiter oder ernst, kalt oder feurig, gewinnt oder verliert es an Ausdruck und bringt daher einen verschiedenen Eindruck hervor. In dieser Beziehung ist also das Tempo das Hauptelement des musikalischen Ausdrucks.

Damit ist schon gesagt, dass das Tempo nicht das Erzeugniss der Willkür sein kann; es hängt weder vom Komponisten noch vom ausübenden Künstler ab. Das wahre Tempo einer Komposition, das am besten die ihr eigenthümliche, natürliche Physiognomie zum Ausdruck bringt, das am genauesten den innern Gedanken klar legt, ist dasjenige, welches aus ihrer Struktur selbst hergeleitet wird und der ihr innewohnenden Bewegungskraft entspricht. Dieses Tempo allein wird den wahren Charakter der Komposition offenbaren und beim Zuhörer alle Gefühle entstehen lassen, welche sie zu erwecken im Stande ist. Es allein wird ihrer wahren Bestimmung entsprechen. Es stellt die Mitte dar, in die sie gehört, die Heimathluft, in der allein sie sich voll erschliessen und in ihrer Kraft und Schönheit entfalten kann; in der sie, um es kurz zu sagen, alles bieten kann, was sie zu bieten im Stande ist.

Es ist also von grösster Wichtigkeit, aus der Struktur eines Stückes dessen wahres Tempo erkennen zu können. Aber welches sind die Merkmale, an die man sich dabei zu halten hat?

Jedermann weiss, dass ein Gemälde, um in seinem Grundgedanken, in seiner Einheitlichkeit richtig verstanden zu werden, aus einer um so entfernteren Distanz betrachtet werden muss, je weiter abstehend, je weniger zahlreich, je einfacher seine Linien sind, und aus einer um so näheren Distanz, je komplizirter, je manigfaltiger, je mehr der Verwirrung ausgesetzt diese Linien sind. Je mehr er sich entfernt, um so mehr sieht der Beschauer durch das Gesetz der Perspektive die in einem weiten Rahmen zerstreuten Linien sich einander nähern; je mehr er sich nähert, um so mehr sieht er im Gegentheil Linien von einander sich unterscheiden, welche aus der Ferne verwirrt schienen.

Es verhält sich in der Musik nicht anders.

Ebenso wie der Punkt, von dem aus ein Gemälde betrachtet wird, um so näher sein muss, je reicher an Details,

je komplizirter die Malerei ist, so muss auch das Tempo eines
Musikstückes um so langsamer sein, je dichter, je reicher an
ausdrucksvollen Elementen, d. h. tonalen, modalen, metrischen
und rhythmischen Unregelmässigkeiten die Musik ist. Diese
Elemente vertragen sich nicht mit einem lebhaften Tempo. Das
geübteste Ohr hat die grösste Schwierigkeit, bei lebhaftem
Tempo eine Komposition zu erfassen, welche mehrere Stimmen,
eine von Dissonanzen erfüllte Harmonik, Antizipationen, Vorhalte, fernliegende Modulationen u. s. w. enthält. Nach einigen
Versuchen erlahmen seine Kräfte und Müdigkeit, Zerstreutheit,
Unfähigkeit der Wahrnehmung sind die Folgen davon. Das
Tempo muss daher durch seine Langsamkeit zwischen diesen
vielfältigen Elementen genügende Zwischenräume eintreten lassen,
um dem Ohr zu gestatten sie zu erkennen und sich ihrer der
Reihe nach zu bemächtigen.

Wie dagegen eine Freske oder eine Skizze von wenigen,
hervorspringenden Strichen ziemlich aus der Ferne betrachtet
werden muss, damit das Auge das Ganze erfassen und übersehen kann, ebenso muss eine einfach und nüchtern aussehende
Komposition, die neben ihren grossen Zügen wenig Beiwerk
enthält, in ziemlich lebhaftem Tempo vorgetragen werden,
damit sich ihre Elemente einander nähern und verschmelzen.
Sonst würde das Ohr sich umsonst bemühen, den leitenden Gedanken dieser zerstreuten Elemente, den gemeinsamen Plan dieser unverbundenen Materialien, die Einheit des Werkes zu erfassen. Diese Kompositionen gleichen gewissen Feuerwerken
und optischen Spielen, die nur durch die rasche Bewegung, die
man ihnen giebt, Gestalt annehmen.*)

Durch diese Erwägungen geleitet, ist jeder Ausübende im
Stande, aus der Struktur eines Stückes das ihm angemessene,
innewohnende Tempo abzuleiten. Um das Tempo zu bestimmen, muss man daher zuerst die Zahl der in jedem Takt
und Takttheil enthaltenen Noten prüfen, dann die Zahl der von
der Begleitung zu jeder Melodienote ausgeführten Noten, endlich die herrschende metrische Form. Man muss nachsehen, ob
sich die Noten mit oder ohne Regelmässigkeit, schrittweise oder
sprungweise, in steigender oder fallender Bewegung, in der
Terz oder in der Sext folgen; ob die Takte chromatische
oder weite Intervalle, Wiederschläge, benachbarte Gipfel-

---

*) Das grosse Publikum liebt die Adagios nur wenig, weil es sozu-
sagen kurzsichtig mit den Ohren ist. Es vermag den Umfang breiterer
rhythmischer Konstruktionen, wie sie den Adagios eigen sind, nicht zu
erfassen. Gewisse Thiere, wie die Elephanten, ziehen im Gegentheil lang-
same Musik vor.

noten oder benachbarte tiefste Noten, Triolen u. s. w. enthalten.

Alle diese Elemente deuten auf langsames Tempo. Je klarer die metrische Struktur, je einfacher und einförmiger die metrische Form ist, um so lebhafter muss das Tempo sein, um die auf weitem Raum zerstreuten Noten zusammenzuhalten und ihnen die Kohäsion musikalischer Einheiten zu verleihen.

Die gleiche Untersuchung muss man für die Rhythmen anstellen: man muss nachsehen, ob sie regelmässig oder unregelmässig, abwechselungsvoll oder gleichförmig sind, ob sie unter kleinwerthigen Noten ausnahmsweise grosse Werthe enthalten; nachsehen endlich, ob sie auf starken oder schwachen Takttheilen oder Theilen von Takttheilen beginnen u. s. w. Die unregelmässigen Rhythmen zu drei, fünf und sieben Takten und diejenigen, welche auf schwachen Takttheilen oder Theilen von Takttheilen beginnen, erfordern, um richtig aufgefasst zu werden, langsames oder gemässigtes Tempo. Regelmässige Rhythmen dagegen verlangen einen munteren Vortrag.

Man beobachte auch die Zahl der Stimmen oder Instrumente und ihre harmonischen Verhältnisse. Je mehr chromatische Akkorde, Dissonanzen, Antizipationen, Vorhalte, Trugschlüsse die Harmonie darbietet, um so mehr muss man durch ein langsames Tempo dem Zuhörer Zeit lassen, alle diese Eigenthümlichkeiten zu unterscheiden und wahrzunehmen. Eine einfache Harmonie wird dagegen leicht erfasst und ihr Tempo darf beschleunigt werden.

Man beachte endlich die Höhe, die Tonalität und Modalität der Komposition!

Die Stücke, welche im tiefen Theil eines Instruments vorgetragen werden, können nur in langsamem Tempo deutlich wiedergegeben werden. Die tiefen Töne verlangen, weil sie von langen und dicken Saiten mit wenig Schwingungen hervorgebracht werden, mehr Stärke des Anschlags und langsameres Tempo, um die nöthige Bedeutung zu gewinnen.

Die Molltonart ruft Traurigkeit und Melancholie hervor, welche das Herz einengen und seine Bewegungen verlangsamen. Da die Molltonart ausserdem übermässige und verminderte chromatische Intervalle enthält, schickt sie sich besser für langsames Tempo, das dem Zuhörer volle Leichtigkeit gewährt, ihre pathetischen Schönheiten zu erfassen und ihre zarten Nuancen wahrzunehmen.

Aus dem Vorhergehenden folgt, dass es drei Haupttempos gibt:

1) Die Stücke reicher Harmonie, voll von Antizipationen, Vorhalten, Dissonanzen, ausnahmsweisen Wiederschlägen, benachbarten Gipfelnoten, und ebenso die Stücke mit unregelmässigen Rhythmen, von tiefer Lage, mit vielen ausnahmsweise grossen Werthen verlangen langsames Tempo. Ihm gehören die Adagios, Largos, Andantes, Nocturnes, Reverien u. s. w. an. In diesen Stücken dominiren die rhythmischen und pathetischen Accente, das Accelerando und Rallentando, das Crescendo und Diminuendo. Sie erfordern ein ausdrucksvolles, warmblütiges Spiel voll Zartheit und Gefühl.

2) Die Stücke von regelmässiger, wenig variirender metrischer und rhythmischer Struktur, diejenigen, in denen die rhythmischen Accente mit den metrischen zusammenfallen, die einfache Harmonien haben, verlangen ein lebhaftes Tempo. In solchen Kompositionen sollen der metrische Accent und das Anfangstempo dominiren. Sie erfordern viel Gegensätze, scharfe Kontraste zwischen ForteundPianophrasen, zwischen Crescendo und Decrescendo, wenig oder gar keine Rallentandos, Accelerandos und pathetischen Accente. Denn das lebhafte Tempo ist ein wahrhafter Hobel; es geht über alle Unebenheiten und Unregelmässigkeiten hinweg, nichts widersteht ihm. Es nivellirt alles. Kaum gestattet es dem Vortragenden, auf die erste Note der Rhythmen, wenn diese nicht mit dem metrischen Accent zusammenfällt, einiges Gewicht zu legen. Die Kompositionen, welche in diesem Tempo auszuführen sind, erfordern ein brillantes, deutliches, äusserst genaues, alle Affektation und Manierirtheit vermeidendes Spiel. Ihm gehören an die Prestos, Allegros Tarantellen, Galoppe u. s. w.

3) Die Kompositionen, welche weder eine allzu gelehrte und komplizirte Harmonie noch allzu unregelmässige Rhythmen haben, und dennoch nicht des harmonischen und rhythmischen Reichthums entbehren, erfordern das gemässigte Tempo. In solchen Stücken können alle drei Accente, der metrische, rhythmische und pathetische, das Rallentando und Accelerando, das Crescendo und Diminuendo angewandt werden, aber mit Mässigkeit und Zurückhaltung.

Es versteht sich von selbst, dass das zu Anfang eines Stückes angegebene Tempo dasselbe nicht nothwendig von einem Ende zum andern beherrschen muss. Wenn die rhythmische

und harmonische Struktur im Verlauf der Phrasen sich ändert,
so hat diese Aenderung häufig einen Tempowechsel zur Folge.
Oft nimmt das ausgelassenste, brillanteste Allegro plötzlich
den träumerischsten, melancholischsten Charakter an. Man
könnte es mit einem Rennpferd vergleichen, das erschöpft auf
einmal innehält und seinen Lauf verzögert, bald aber seinen
wahnsinnigen Lauf wieder aufnimmt. Würde man wohl daran
thun, an solchen Stellen ein gleichförmiges Tempo zu bewahren? Nein, diese Gleichförmigkeit würde die ganze Komposition der poetischen Wirkung berauben, indem sie dieselbe
auf ein Prokrustesbett spannen würde. Andererseits gibt es
Adagios, in denen man gelegentlich Phrasen antrifft, deren
Struktur ein lebhafteres Tempo verlangt. Man muss sich daher
ebensowohl mit dem Tempo jeder Periode als mit dem des
Stückes im Allgemeinen befassen.

Dies ist der Weg, den man einzuschlagen hat, um das
richtige Tempo einer Komposition zu finden.

Zur Prüfung der metrischen, rhythmischen, harmonischen,
tonalen und modalen Strukturen verwandt, werden die von uns
auseinandergesetzten Prinzipien jeden Ausübenden befähigen,
das Normaltempo eines Stückes zu bestimmen und auf seiner
Hut zu sein gegen Irrthümer, welche herkommen können, sei
es von einer falschen Schätzung des Autors selbst, sei es von
einem Widerspruch zwischen den italienischen Ausdrücken und
den angewandten metronomischen Zahlen*), sei es von der Un-
möglichkeit, im vorgeschriebenen Tempo zu spielen**), sei es
von der Unvereinbarkeit dieses Tempos mit der Struktur des
Stückes***), sei es endlich von der Abwesenheit jeder Vorschrift, wie in sehr viel Originalausgaben alter Stücke.

Natürlich steht es nur Lehrern, Künstlern und weit fort-

---

*) Wie z. B. das Wort Grave begleitet von ♩ 92 in einem so kom-
plizirten, so gefüllten Takt, wie derjenige der Einleitung der Sonate
pathétique.

**) Wie in Liszts Regata Veneziana. (Siehe Seite 250.)

***) Siehe das Menuett von Mozarts A dur-Sonate. Man prüfe die
Struktur der zweiten Phrase, ihre Dissonanzen, ihre Vorhalte, ihre
chromatischen Akkorde u. s. w. Gibt es viele Phrasen, die eine so pathetische Struktur darbieten? Alle diese Schönheiten, alle diese Accente
werden verschlungen, nivellirt durch ein allzu beschleunigtes Tempo.
Uebrigens lässt das Menuett eine gewisse Gravität zu und das Wort
zeigt eher ein gemässigtes als ein lebhaftes Tempo an. Hüten wir uns
daher, diesen bewundernswerthen Satz in zu lebhaftem Tempo zu spielen.
Unter dem Vorwand, das Stück schwieriger zu machen und sich das Vergnügen zu verschaffen, Schwierigkeiten zu überwinden, würde man alle
seine Schönheiten zerstören.

geschrittenen Dilettanten zu, sich gegen Schwierigkeiten des Tempos aufzulehnen. Man wird aber das eine oder das andere nicht ohne lange Studien und eine beharrliche Praxis lernen. Das Tempogefühl ist, wie jede andere Fähigkeit, der Erziehung fähig. Namentlich durch stetes Spielen und Anhören klassischer Musik, deren Vortrag durch die Tradition so ziemlich fixirt ist, erwirbt schliesslich der Musiker ein sehr feines Tempogefühl, das er alsdann von selbst auf jede Art Musik anwendet, wie der Malereiliebhaber durch häufigen Gallerienbesuch das Gefühl der Distanz erwirbt, in der gesehen jedes einzelne Bild seine Schönheiten am besten entfaltet.

Praktische Uebungen.

Es ist wesentlich, den Schüler mit den metronomischen Zahlen vertraut zu machen, welche jedem der Hauptempos entsprechen und sich beim Beginn jedes Stück zu vergewissern, dass der Schüler diese Verhältnisse genau kennt.

Um dem Vortragenden diese Aufgabe zu erleichtern, haben wir eine Tabelle ausgearbeitet, welche das Verhältniss zwischen den gebräuchlichsten Tempobezeichnungen und der Zahl metronomischer Schwingungen, welche jeder derselben entspricht, feststellt. Wir müssen jedoch, ehe wir diese Tabelle dem Leser vor Augen führen, mittheilen, auf welchen Grundlagen unsere Rechnungen basiren.

Es scheint uns logisch, die metronomische Vorzeichnung nur entweder auf die Dauer eines Takttheiles oder eines Taktes zu beziehen. Es sind die beiden einzigen Einheiten, die das Ohr im Tempo wahrnimmt.

Will man die Dauer des Takttheiles metronomisch markiren, so gehe man so vor: Da für den $\frac{4}{4}$ oder C Takt das Notenzeichen des Takttheiles die Viertelnote ist, so bedeutet M. M.*) ♩ 60 = 60 Takttheile oder Zeiteinheiten auf die Minute; M. M. ♩ 80 = 80 Takttheile auf die Minute.

Will man metronomisch die Dauer des Taktes bezeichnen, so erhält man für den ersten genannten Fall M. M. ᴐ 15; für den zweiten: M. M. ᴐ 20; d. h. 15 oder 20 Takte auf die Minute.

---

*) Das Metronom, das Winckel von Amsterdam erfunden, trägt den Namen Mälzels, der es im Jahr 1816 vervollkommnet hat. Man bezeichnet das Instrument durch die beiden Initialen: M. M. (Mälzels Metronom).

Es wäre unvernünftig, metronomische Angaben zu machen, mit Bezug auf Notenwerthe, welche weder die Dauer eines Takttheiles noch die eines ganzen Taktes haben. Für einen $\frac{2}{8}$-Takt gebe man z. B. nicht den Werth einer Viertelnote, welche in dieser Taktart nur zwei Drittel eines Takttheiles ausmacht, sondern den einer punktirten Viertelnote (♩.). In einem Stück im $\frac{2}{4}$-Takt gebe man nicht den Werth einer Halben ♩, welche in dieser Taktart nur zwei Drittel des Taktes darstellt, sondern entweder den einer punktirten Halben (♩.), oder den einer Viertelnote (♩). In einer im Uebrigen vorzüglichen Ausgabe der Aufforderung zum Tanz ist das Tempo des Allegro angesetzt als: ♩ 88. Warum diese halbe Note? Das Stück ist im $\frac{2}{4}$-Takt. Wenn jeder Schlag des Metronoms einen Takttheil bedeutet, muss man dies durch eine Viertelnote ♩ anzeigen; wenn er dagegen einen ganzen Takt bedeutet, durch eine punktirte Halbe ♩.. Jede andere Formulirung ist falsch und irreleitend.

Liszt hat eine solche Anomalie in seiner Regata Veneziana begangen, indem er für einen $\frac{2}{8}$-Takt die Tempoformel ♩ 192 gegeben hat. Diese Viertelnote bedeutet hier weder einen Takttheil noch einen Takt, noch auch einen Drittel eines Takttheiles, sondern zwei Drittel desselben. Man hat übrigens Ursache, an einen Druckfehler zu glauben. Die Vorzeichnung ♩ 192 würde ein allzu rasches Tempo ergeben, nämlich: bis zu neun Noten auf eine Schwingung wegen der Triolen, was bei 192 unmöglich ist. Liszt hat wahrscheinlich setzen wollen ♪ 192, was wir der Regel gemäss umschreiben in: ♩. 64; denn der Takttheil beträgt in dieser Taktart eine punktirte Viertelnote.

Wir haben daher bei der Abfassung der folgenden Tabelle jede Schwingung des Metronoms als einen Takttheil geltend betrachtet, welches immer die Note sei, durch welche der Takttheil dargestellt wird und zwar sowohl für einfache, wie für zusammengesetzte Takte.

Im Tempo Moderato z. B. ♩ 80, sagt das metronomische Zeichen, dass der Pendel 80 Schwingungen in der Minute macht, von denen jede eine Viertelnote verlangt. Man soll also in einer Minute 80 Viertelnoten, oder 40 Halbe, oder 20 Ganze, oder 160 Sechszehntel, oder 320 Zweiunddreissigstel ausführen u. s. w.

Da die zusammengesetzten Takte und die einfachen Takte mit ternärer Untertheilung immer drei Noten auf den Takttheil haben, muss man diesem Zuwachs an Noten Rechnung tragen, welcher offenbar dem Tempo einen lebhafteren, gedrängteren Charakter verleiht.

Tabelle der hauptsächlichsten Tempobezeichnungen mit den ihnen entsprechenden metronomischen Schwingungszahlen.

Langsam	Largo oder Adagio	40—60	Schwingungen in der Minute.
	Larghetto	60—72	,, ,, ,, ,,
Gemässigt	Andante	72—84	,, ,, ,, ,,
	An antino / Allegretto	84—120	,, ,, ,, ,,
Schnell	Allegro	120—150	,, ,, ,, ,,
	Presto	150—180	,, ,, ,, ,,
	Prestissimo	180—208	,, ,, ,, ,,

Selbstverständlich prätendiren wir nicht, jeder Bezeichnung eine fixe Schwingungszahl zuzutheilen.

Wir rathen den Komponisten, die italienischen Ausdrücke ganz fallen zu lassen und sie zu ersetzen durch die Angabe genau und gewissenhaft abgewogener metronomischer Zahlen. Sie werden hiezu gelangen, wenn sie vor der Feststellung der metronomischen Zahl die Struktur der neuen Komposition prüfen, wenn sie dieselbe mit Unterbrechung drei- oder viermal spielen, bald des Morgens, bald des Abends. Mögen sie jedesmal das Metronom konsultiren, nicht vor dem Spiel, sondern während desselben, und jedesmal die Zahl markiren, die ihrer Temponahme entspricht. Das Mittel aus den so erhaltenen Zahlen wird eine nahezu exakte Tempoangabe ergeben.

Dilettanten und Schülern rathen wir, häufig folgende Uebungen anzustellen: man schlage den Takt gemäss der vorgeschriebenen metronomischen Zahl oder dem italienischen Ausdruck zu Anfang des Stückes, ohne das Metronom vorher konsultirt zu haben, dann prüfe und berichtige man das gewählte Tempo mit dem Metronom.

Man spiele den Anfang irgend eines Stückes mit dem Metronom, dann stelle man es weg. Nach einer Unterbrechung spiele man das Stück wieder, zuerst ohne, dann mit Metronom, zur Vergleichung und Berichtigung.

Man merke sich die metronomischen Zahlen, welche verschiedene Autoren für eine italienische Bezeichnung geben, z. B. für das Wort A n d a n t e, in mehreren sowohl klassischen als modernen Stücken und vergleiche die Unterschiede.

Wenn die Pendelbewegung zu rasch ist, führt sie Verwirrung herbei; es ist daher besser, in sehr lebhaften Tempos
die Zahl der Schwingungen des Metronoms auf die Hälfte zu
reduziren, in einem Stück zu $\frac{4}{4}$ mit 160 Schwingungen z. B.
deren nur 80 in der Minute zu machen und jede Schwingung
als Aequivalent einer Halben ($\half$) statt einer Viertel ($\quarter$)
zu betrachten. Ist die Bewegung zu langsam, so tritt die
gleiche Unsicherheit ein und ist es alsdann besser, die Schwingungen zu verdoppeln, 80 Viertel, statt 40 Halbe zu
machen.

Die Reverien, Nocturnes und Adagios, wie alle
ausdrucksvollen Stücke überhaupt, leiten zum gesanglichen
Spiel der Melodien an, haben aber den Uebelstand, das Tempogefühl zu trüben. Der Schüler nimmt, wenn er lange in
langsamem Tempo gespielt hat, die Gewohnheit an, zu
langsam zu spielen. Die Stücke lebhaften Tempos stum-
pfen andrerseits das Gefühl ab und bringen den Schüler zu
rein mechanischem Vortrag. Man muss daher mit schnellen
und langsamen Stücken abwechseln.

Oft hat der Vortragende kein Metronom zur Verfügung.
Folgendes Mittel kann dasselbe vollständig ersetzen. Wir
wählen einige Melodien, von deren Tempo wir ganz durchdrungen sind; die bekanntesten, populärsten Melodien eignen
sich am besten hiezu. Drei bis vier Melodien verschiedenen
Charakters genügen; denn indem man ihre Schnelligkeit verdoppelt oder halbirt, das heisst, indem man sie doppelt so
schnell oder doppelt so langsam, als gewöhnlich, singt, erhält
man die zwölf Haupttempos, Nehmen wir z. B. als Typus
das Lied: „Ich hatt' einen Kameraden", dessen Nor-
maltempo ein $\frac{4}{4}$-Takt Moderato ($\quarter$ 60) ist. Nehmen wir nun
an, wir hätten das Tempo eines Stückes zu suchen, das bezeichnet ist Allegro ($\quarter$ 120). Wie sollen wir ohne Metronom
dieses Tempo richtig treffen? Es genügt, „Ich hatt' einen
Kameraden" zuerst in seinem Normaltempo ($\quarter$ 60) zu
singen und dann plötzlich doppelt so schnell, was 120 Schwingungen ergeben wird für eine Viertelnote, d. h. das verlangte
Tempo des Allegro ($\quarter$ 120).

Wenn wir dagegen auf ein Stück fallen, das die Bezeichnung trägt Largo ($\quarter$ 30), so müssen wir unsere Melodie
doppelt so langsam singen, um das gewünschte Tempo zu erhalten.

Das Tempo der Polka ist ♩ 116; in dem man die Schwingungen verdoppelt, d. h. in der gleichen Zeit, in der man einen Taktschlag gab, deren zwei gibt, erhält man das Tempo für Prestissimo (♩ 232); indem man die Schwingungszahl halbirt, d. h. in der gleichen Zeit, indem man zwei Taktschläge gab, nur noch einen gibt, erhält man 58 Schwingungen in der Minute, was dem Larghetto entspricht.

Das Tempo des Walzers ist $\frac{3}{4}$ (♩. 84); da es ein leicht im Gedächtniss haftendes Zeitmass ist, so kann man mit Hülfe desselben, d. h. indem man innerlich irgend einen Walzer trällert, leicht zu den Tempos 168 und 42 gelangen.

Kein Verfahren ist einfacher, praktischer, nützlicher. Mit einigen derart benutzbaren Melodien besitzt man buchstäblich ein mnemonisches Taschenmetronom. Dies Verfahren ist demjenigen analog, das man früher zur Bezeichnung des Tempos anwandte. So wurden die Wörter Menuett, Gavotte, Chaconne u. s. w. nicht verwandt, um anzuzeigen, das folgende Stück sei ein Menuett, eine Gavotte, eine Chaconne, sondern einfach, dass das Stück in dem diesen verschiedenen Kompositionsarten zugehörigen Tempo gespielt werden solle.

Da jede Kompositionsgattung ihre eigene charakteristische Struktur besitzt, welche natürlich ein eigenes Tempo nach sich zieht, so muss der Musiker sich mit allen Gattungen vertraut machen, um vom Tempo einer jeden durchdrungen zu sein. Er muss das Tempo der Tarantelle, des Galopps, des Marschs, des Boleros, des Menuetts, des Walzers u. s. w. kennen.

Benutzen wir die Gelegenheit, um die Aufmerksamkeit der Lehrer auf die wichtige Rolle zu lenken, welche das Tempo in der Beurtheilung der Schwierigkeiten eines Stückes zu spielen hat. Mögen sie den „weissen" Seiten misstrauen! Wie oft haben wir nicht Steibelts Orage und Webers Aufforderung zum Tanz u. s. w. von Schülern spielen hören, für die ein oder zwei Jahre weiteren Studiums nicht genügt hätte, um sie zu einer befriedigenden Wiedergabe dieser Stücke zu befähigen! Was ist die Folge davon? Da das Stück zu schwer ist, um im richtigen Tempo gespielt zu werden, ist der Lehrer genöthigt, es viel zu langsam spielen zu lassen. Auf diese Weise kommt er dazu, sowohl sein persönliches als das Tempogefühl seines Schülers zu fälschen. Warum gibt man den Schülern Stücke, die weit über ihre Kräfte gehen? Weil bei oberflächlichem Anblick diese Stücke leicht erscheinen; da sie nur aus Vierteln und Achteln bestehen, bieten sie dem Blick verhältnissmässig weisse, sozusagen „unschuldige" Seiten dar. Hätte jedoch der Lehrer die Tempoangabe zu Anfang der Stücke zu Rathe gezogen, so hätte ihn das schreckliche Wort A l l e g r o zum Rückzug bewegen müssen, denn was vor allem eine Komposition leicht oder schwierig macht, das ist das T e m p o.

Was wir hier von der Aufforderung zum Tanz sagen, bezieht sich auf eine Menge von Kompositionen; auf die S o n a t e p a t h é t i q u e, auf Beethovens *Es* dur-Sonate Op. 26 u. s. w., Stücke, in denen die „weissen" Seiten sehr grosse mechanische Schwierigkeiten bieten, während die „schwarzen" Seiten verhältnissmässig viel erreichbarer sind.

Fügen wir noch hinzu, dass jedes Instrument seine eigenthümlichen Schwierigkeiten hat, die von seiner Konstruktion herrühren. Auf dem Klavier z. B. bietet jeder als Tonleiter oder als Arpeggie absteigende Lauf, der sich a u s n a h m s w e i s e in der linken Hand einstellt, Schwierigkeiten. Diese Schwierigkeiten mehren sich bedeutend, wenn der Lauf s t a c c a t o (♫),

mit Verlängerung (♫ oder ♫) oder mit Schleifung (♫ ♫)*) gespielt werden soll, wenn er a u s n a h m s w e i s e Unterbrechungen im sprungweisen oder schrittweisen Fortgang enthält, wenn er a u s n a h m s w e i s e eine Folge von Terzen oder Sexten enthält u. s. w.

Die Lehrer können nicht genug auf dergleichen Umstände Acht geben.

Wir haben hiermit die Phänomene des ausdrucksvollen, musikalischen Vortrags der Reihe nach vorgeführt. Wir haben den p a t h e t i s c h e n A c c e n t in seinem Prinzip und in seiner dreifachen Kundgebung der B e t o n u n g, der T e m p o f ü h r u n g und der S t ä r k e g r a d e analysirt. Diese Analyse bezeugt uns aufs deutlichste die intuitive Macht des Ausdrucksgefühls, dieser wunderbaren Fähigkeit, vor der wir uns mit Entzückung beugen.

Wir stehen verwirrt und wie in Extase vor den Resultaten dieser göttlichen Intuition, welche mit unbegreiflicher Sicherheit und Schnelligkeit die feinsten und unmerklichsten t o n a l e n, m o d a l e n, m e t r i s c h e n und r h y t h m i s c h e n Unregelmässigkeiten wahrnimmt und erfasst.

---

*) Siehe „Die Zeiteinheit und ihre Formen", S. 48.

Doch ob auch schon seit Jahrhunderten das Ausdrucksgefühl diese so zarten, so vielfältigen, so komplizirten Verhältnisse wahrnimmt und den Künstlern jene erhabenen Inspirationen
eingeflösst hat, welche die empfänglichen Seelen rühren und ent-
zücken, so ist doch erst heute die Wissenschaft dazu gelangt,
den Grund der Phänomene des Ausdrucks und die dieselben
beherrschenden Gesetze zu erkennen. Erst heute kann die
Wissenschaft dem Gefühl eine wirksame Stütze bieten und es
in schwachen Augenblicken aufrecht halten. So langsam dringt
das Licht der Vernunft da ein, wo das Gefühl in seiner blitz-
ähnlichen Spontaneität sofort die Phänomene in ihren Einzelheiten und zugleich in ihrer erhabenen Synthese erfasst, und
auch dann nur nach jahrelangen Studien und Versuchen!

Wer könnte den Musikern, welche diese Fähigkeit besitzen,
seine Huldigung versagen? Erweitern wir unsern Gesichtskreis!
Wer könnte seine Bewunderung den Künstlern, Malern, Bild-
hauern, Rednern, Dichtern versagen, welche mit hohem und
feinem Gefühl ausgestattet, dasselbe den Gesetzen eines reinen
Geschmacks zu unterwerfen wissen?

Druck von C. G. Röder in Leipzig.

Berichtigungen.

Seite 1, letzte Zeile lies **sei** statt **wäre.**

Seite 23, 8. Zeile von unten lies ♩ ♪ ♪ ♩ statt ♩ ♪ ♪ ♩.

Seite 47, lies **§ 6. Die Zeiteinheit und ihre Formen** statt **§ 6. Vom Tempo oder Zeitmasse.**

Seite 48, zweite Zeile von oben lies **ihre** statt **seine.**

Seite 49, zehnte Zeile von unten lies **acht** statt **fünf.**

Seite 60, letzte und vorletzte Zeile lies **fünf statt vier** statt **vier statt fünf.**

Seite 63, achte Zeile von oben setze Komma nach **Fermate.**

Seite 63, zehnte Zeile von unten streiche die Worte **mit gewöhnlichem Druck,** lies **es** statt **es.**

Seite 64, zehnte Zeile von unten streiche die Worte **oder den Orgelpunkt.**

Seite 64, vorletzte Zeile streiche **und.**

Seite 65, erstes Notenbeispiel Schlussnote lies **es** statt *d.*

Seite 65, zweites Notenbeispiel lies **Alles** statt **Alle.**

Seite 66, vierte und achte Zeile von oben lies **Wenn** statt **Indem.**

Seite 89, vorletzte Zeile lies: könnte durch die nächst höhere diatonische Note **ersetzt.**

Seite 119, letztes Notenbeispiel lies **Grétry** statt **Krétry.**

Seite 121, erstes Notenbeispiel stelle die Silbe **ken** unter *d* statt unter *es.*

Seite 123, letztes Notenbeispiel lies **homines** statt **hominos.**

Seite 133, erste Zeile lies **Favoritin** statt **Favorites.**

Seite 138, Note lies **Verzierungsnoten** statt **Verziernoten.**

Seite 141, siebente Zeile von unten streiche **unter oder ober.**

Seite 156, zehnte Zeile von oben lies **verzögere** statt **verzögert.**

Seite 157, Note lies **an Stelle des letzten Satzes:** Bei der benachbarten tiefsten Note dagegen erhält nicht diese selbst, sondern die ihr vorhergehende Note die Verzierung, um ihr als Stützpunkt gegen die Tendenz zu tiefen Hinabgleitens zu dienen.

Seite 161, vierte Zeile von oben lies **erst nach, nachdem** statt **nur nach, wenn.**

Seite 162, Beispiel 334 zweite Zeile lies *ces* statt *des.*

Seite 164, Beispiel 337 lies *cis* statt *dis* und *b* statt *be.*

Seite 167, dritte Zeile von oben lies *c, e, g, h, d, f, a, c.*

Seite 168, erste Note, fünfte Zeile lies **Wir wollen** statt **Wollen wir.**

Seite 170, fünfte Zeile von oben lies *f* statt *b.*

Seite 173, dritte Zeile von oben lies **seine** statt **eine.**

Seite 173, dritte Zeile von unten lies *c* statt *e.*

Seite 176, fünfte Zeile von unten lies *ais* statt *cis.*

Seite 177, zehnte Zeile von oben lies **aufgeben** statt **verlieren.**

Seite 195, dritte Zeile lies **Phantasie** statt **Fantasie.**

Seite 196, vorletzte Zeile streiche **z. B.**

Seite 197, Note, erste Zeile ergänze nach **diejenige** das Wort **Note,** dritte Zeile lies **Gottfried Hermann** statt **Hartmann.**

Seite 201, Beispiel 421, dritter Takt lies *cisis* als Sechszehntel.

Seite 206, erste Zeile lies **455** statt **454.**

Seite 213, sechste Zeile von oben lies **erlöschend** statt **absterbend.**

i

t
a
:

e
.

a
r
t
,

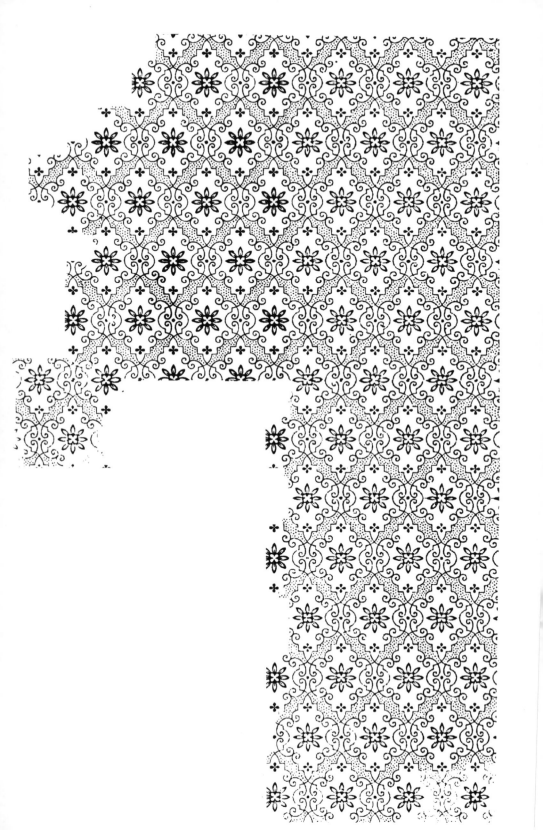